刘显成　杨小晋　著

巴蜀天龙八部
造（图）像研究

上海古籍出版社

本书系2015年度文化部文化艺术科学研究项目(15DF41)、西华师范大学英才基金项目(17YC288)成果,受西华师范大学出版基金资助

六道轮回图

佛教水陆画《天龙八部罗叉女众》(现藏美国克利夫兰美术馆)

韩国襄阳陈田寺址三层石塔天龙八部(统一新罗时代,9世纪)

千佛崖第806窟天龙八部

麦积山石窟第 4 号洞窟天龙八部

千佛崖第 689 窟天龙八部全景

日本兴福寺八部众（奈良时代 710–784）

皇泽寺第 28 号大佛窟天龙八部

皇泽寺 51 号窟天龙八部

巴中南龛第 53 龛天龙八部

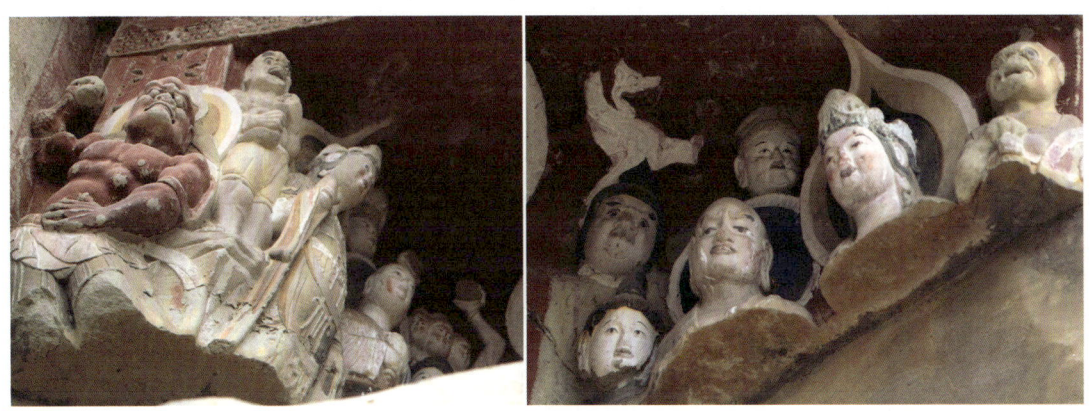

巴中水宁寺第 9 窟天龙八部

巴中水宁寺第 8 龛天龙八部

梓潼卧龙山第 2 龛左壁造像、右壁造像

太蓬山透K37号龛天龙八部

佛子岩石窟K1天龙八部

左：弥勒立像（2-3世纪，犍陀罗，大都会博物馆藏）
中：贴金彩绘菩萨立像（北齐，山东青州龙兴寺出土）
右：石佛嘴摩崖造像 A2 龛的主尊弥勒菩萨

遂宁梵慧寺摩崖造像第 3 号龛天龙八部

奎星阁摩崖造像第 30 号窟正面全景

安岳县卧佛院摩崖造像天龙八部

邛崃天宫寺 31 号龛天龙八部

潼南新胜镇五硐岩 2 号龛天龙八部

大足北山第 51 号龛天龙八部

莫高窟第158窟壁画天龙八部尊格辨识

目 录

第一章 佛教天龙八部及其造像的渊源 1
    第一节 神话与宗教文本中的天龙八部 1
        一、古印度神话与宗教中的天龙八部溯源 1
        二、传世佛经中天龙八部的存在样态 5
    第二节 佛教宇宙观中的天龙八部 13
    第三节 天龙八部的部系特征 23
        一、天众（devās） 23
        二、龙众（nāgās） 28
        三、夜叉（yakṣas）与罗刹（raksasās） 30
        四、乾闼婆（gandharvās） 36
        五、迦楼罗（garuḍās） 41
        六、紧那罗（kiṁnarās） 44
        七、阿修罗（asurās） 50
        八、摩睺罗伽（mahoragās） 53
    第四节 天龙八部艺术群像 55
        一、天龙八部造（图）像的历史追溯 56
        二、天龙八部造（图）像系统的样式 76
        三、天龙八部造（图）像仪轨 80

第二章 成都以东地区的天龙八部造像
    ——广元、巴中、达州、绵阳、德阳、南充、广安、遂宁 84
    第一节 广元地区的天龙八部造像 84
        一、广元千佛崖的天龙八部造像 84
        二、广元皇泽寺的天龙八部造像 93

三、广元旺苍县普济镇佛爷洞摩崖石刻1号龛的天龙八部
（初唐·四身形制）..99

第二节 巴中地区的天龙八部造像..100
一、巴中南龛的天龙八部造像..100
二、巴中北龛的天龙八部造像..106
三、巴中西龛的天龙八部造像..112
四、巴中东龛第1龛的天龙八部造像（隋至初唐）..121
五、巴中兴文沙溪摩崖石刻第7龛的天龙八部（初唐，
唐高宗前期·线刻）..121
六、巴中水宁寺摩崖造像中的天龙八部..122
七、巴中三江佛爷湾摩崖石刻第1龛的天龙八部（初唐）..125
八、巴中恩阳佛尔崖摩崖石刻第3龛的天龙八部（隋至初唐）..125
九、巴中麻石佛尔崖摩崖石刻第4龛的天龙八部
（盛唐，开元二十八年）..125
十、巴中通江县的天龙八部..126
十一、巴中市平昌县的天龙八部..130

第三节 达州地区的天龙八部造像..132
一、大竹县明星村第1龛［MXC-1，盛唐前期（约684—779）］..132
二、大竹县乌桥第1龛［WQ-1，盛唐后期（约684—779）·
六身形制］..134
三、杜家湾第1龛［DJW-1，唐开元三年（715）·六身形制］..136
四、宣汉县浪洋寺第3龛［LYS-3，唐至德元载（756）·
持芦笙迦楼罗］..138
五、宣汉县浪洋寺第12龛［LYS-12，唐至德元载—永泰元年前后
（756—765前后）·摩竭鱼神、持芦笙迦楼罗］..141

第四节 绵阳地区的天龙八部造像..143
一、梓潼卧龙山千佛崖天龙八部造像
——已知唐代巴蜀人形天龙八部造像的最早纪年..143
二、绵阳碧水寺第20龛（唐贞观年间）..146
三、三台县胡文寺第4龛（晚唐·摩竭鱼神）..147
四、涪城区吴家镇佛祖岩摩崖造像的天龙八部..149

第五节 德阳地区的天龙八部造像..150
一、德阳市中江县苍山镇大旺寺摩崖造像的天龙八部..150
二、中江县黄鹿镇愿果寺唐代摩崖造像龛的天龙八部..152

第六节 南充地区的天龙八部造像..154

　　　　　一、营山县太蓬山透明崖的天龙八部造像……………………154
　　　　　二、阆中地区天龙八部造像……………………………………159
　　　　　三、南充市辖三区的天龙八部造像……………………………165
　　　　　四、蓬安县桐梱寨摩崖造像第2、7号龛的天龙八部（唐代）……171
　　　　　五、仪陇县西寺湾摩崖造像第8龛的天龙八部（初唐）……172
　　第七节　广安地区的天龙八部造像…………………………………173
　　　　　一、广安县冲相寺的天龙八部造像……………………………173
　　　　　二、岳池县东岩寺摩崖石刻的天龙八部（唐代·佛道合龛）……178
　　第八节　遂宁地区的天龙八部造像…………………………………179
　　　　　一、遂宁安居区摩崖石刻的天龙八部…………………………179
　　　　　二、大英地区的天龙八部………………………………………184

第三章　成都以南地区的天龙八部造像
　　　　——简阳、资阳、眉山、乐山、内江、自贡、泸州、宜宾………186
　　第一节　简阳地区的天龙八部造像…………………………………186
　　　　　一、奎星阁摩崖造像第30窟的天龙八部（宋代·佛道合龛）……186
　　　　　二、简阳瓦房沟（大林）唐代摩崖石刻第6号龛天龙八部残像
　　　　　　　（中晚唐）……………………………………………………189
　　　　　三、简阳董家埂乡朝阳寺摩崖造像的天龙八部………………190
　　　　　四、简阳安乐乡长岭山摩崖造像第2号窟的天龙八部造像
　　　　　　　（中晚唐）……………………………………………………191
　　第二节　资阳地区的天龙八部造像…………………………………192
　　　　　一、安岳县天龙八部造像………………………………………192
　　　　　二、乐至县天龙八部造像………………………………………207
　　第三节　眉山地区的天龙八部造像…………………………………209
　　　　　一、丹棱县天龙八部造像………………………………………210
　　　　　二、仁寿县天龙八部造像………………………………………213
　　第四节　乐山地区的天龙八部造像…………………………………220
　　　　　一、夹江千佛岩摩崖造像中的天龙八部………………………221
　　　　　二、夹江牛仙寺摩崖造像225号龛中的天龙八部
　　　　　　　（晚唐，元和十五年）………………………………………233
　　第五节　内江地区的天龙八部造像…………………………………235
　　　　　一、资中重龙山摩崖造像中的天龙八部………………………235
　　　　　二、威远老君山石刻的天龙八部………………………………237
　　　　　三、内江市区摩崖造像的天龙八部……………………………237

第六节 自贡地区的天龙八部造像······239
　　一、荣县窝棚湾第1龛（WPW-1，盛唐）······240
　　二、荣县二佛寺摩崖造像的天龙八部······240
　　三、荣县佛耳坝第4龛（FEB-4，中晚唐）······242
　　四、荣县小井沟造像中的天龙八部（中晚唐）······242
　　五、贡井区贡井千佛崖第15龛（GJQ-15，初唐）······243
　　六、贡井区菩萨石第8龛（PSS-8，中晚唐）······243
第七节 泸州地区的天龙八部造像······245
第八节 宜宾地区的天龙八部造像······247

第四章　成都及以西地区的天龙八部造像
——蒲江、邛崃······248

第一节 蒲江县天龙八部造像······249
　　一、蒲江看灯山摩崖石刻6号龛的天龙八部（晚唐）······249
　　二、蒲江鸡公树山摩崖石刻造像的天龙八部······250
　　三、蒲江飞仙阁第9号龛的天龙八部（初唐·菩提瑞相龛）······252
　　四、蒲江佛儿湾摩崖造像的天龙八部······253
　　五、蒲江尖山寺摩崖造像的天龙八部······254
　　六、蒲江白岩寺摩崖石刻寺后山崖上第5号龛的天龙八部
　　　　（中晚唐）······255
　　七、蒲江大佛寺造像的天龙八部······255

第二节 邛崃市天龙八部造像······256
　　一、邛崃磐陀寺2号千佛龛的天龙八部
　　　　（中晚唐·七尊部众与千佛组合）······256
　　二、邛崃花置寺摩崖造像8号龛的天龙八部
　　　　（中唐·九尊与千佛组合）······257
　　三、邛崃石笋山摩崖造像的天龙八部······258
　　四、邛崃天宫寺摩崖石刻天龙八部······262
　　五、邛崃鹤林寺摩崖石刻造像的天龙八部······265

第五章　重庆地区的天龙八部造像
——合川、潼南、大足、忠县······269

第一节 合川区摩崖石刻的天龙八部······269
　　一、涞滩石刻东寨门山王与天龙八部造像合龛
　　　　（晚唐至五代·道教龛的佛护法）······270

二、龙多山摩崖石刻东下K19的天龙八部造像（晚唐至五代）..........271
　第二节　潼南区摩崖石刻的天龙八部..........271
　　一、潼南崇龛镇薛家村千佛寺摩崖造像的天龙八部..........271
　　二、潼南崇龛镇万佛岩摩岩（南家湾摩崖）造像的天龙八部..........273
　　三、潼南新胜镇五硐岩摩崖造像中的天龙八部..........274
　第三节　大足区石刻中的天龙八部造像..........276
　　一、大足石刻北山第51号龛的天龙八部（晚唐光化二年）..........277
　　二、宝顶山珠始山"佛与八护法神像"疑似八部众（宋代）..........278
　　三、南山第6号佛道合龛疑似天龙八部（南宋后·佛道合龛）..........278
　　四、大足法华寺石窟第1号窟内的天龙八部像（盛中唐）..........278
　第四节　忠县临江岩第2龛的天龙八部（唐中期）..........279

第六章　巴蜀天龙八部造像研究的几个基础性问题..........281
　第一节　巴蜀地区八部众造像系统标准的确立..........281
　　一、第一类标准窟龛——常规天龙八部..........282
　　二、第二类标准窟龛——带摩竭鱼的组合..........283
　　三、第三类标准窟龛——佛道合龛..........286
　　四、巴蜀八部众造像尊位数量分析..........288
　第二节　巴蜀地区八部众的尊格特征..........288
　第三节　巴蜀地区八部众的地区风格和布局差异..........291
　第四节　巴蜀地区天龙八部窟龛造像的时间问题..........293
　第五节　巴蜀地区天龙八部造像的盛行原因与价值..........303
　　一、巴蜀天龙八部造像的盛行原因..........303
　　二、巴蜀天龙八部造像的价值..........305

后记..........306

第一章
佛教天龙八部及其造像的渊源

第一节　神话与宗教文市中的天龙八部

一、古印度神话与宗教中的天龙八部溯源

"天龙八部",①也称八部天龙、天人八部、②龙神八部、③八部鬼神、④诸天龙神、八部众,等等,属于佛教护法善神体系之一,通常包括天、龙、夜叉、阿修罗、迦楼罗、乾闼婆、紧那罗、摩睺罗伽。如求那跋陀罗⑤于元嘉二十三年(446)后译出的《过去现在因果经》就有"天、龙、夜叉、乾闼婆、阿修罗、迦楼罗、紧那罗、摩睺罗伽、人非人等,见此奇特"⑥字句,加上其后"尔时复有天龙八部,亦皆随从"等句,表明《过去现在因果经》已经包含"天龙八部"的简称,以及八部众的具体所指了。

《佛说长阿含经》卷一二《第二分大会经第十五》有"诸天、龙、鬼、神、阿修罗、迦楼罗、真陀罗(即紧那罗)、摩睺罗伽、人与非人,闻佛所说"⑦之句。由于前文有"如是,诸王乾沓婆及罗刹皆有神足、形貌、色像,怀欢喜心来诣比丘众林中",所以,虽然这里的"鬼、神"没有点明,但结合上下文来看,该经所言天龙八部是系统完备的。《佛说长阿含经》属于原始佛教基本经典《阿含经》(梵语⑧:āgama)的法藏部诵本。早在佛陀涅槃后三个月的第一次结集(五百结集)中,《阿含经》就由阿难诵出基本内容;佛陀涅槃百年后的佛教第二次结集(七百结集),到公元前三世纪前后的阿育王时代第三次结集,《增一阿含经》

---

① 如《卢至长者因缘经》曰:"天龙八部四众围绕。"(《大正藏》第14册,第824页下,失译,附东晋录)
② 如昙无谶译《大方等大集经》卷三〇《日密分中分别品第四之余》曰:"一切天人八部,供养于佛。"
③ 如东晋帛尸梨蜜多罗译《佛说大灌顶神咒·灌顶冢墓因缘四方神咒经卷第六》曰:"诸贤圣塔尽有善神,四天大王(《大正藏》第21册,第514页下)龙神八部。"
④ 如《舍利弗问经》曰:"八部鬼神,以何因缘生于恶道?"(《大正藏》第24册,第899页下)而据《仁王护国般若经疏》卷二云,四天王所率领的八部众为鬼神属,没有天部(《大正藏》第33册,第262页下)。
⑤ 求那跋陀罗(394—468),中天竺人,刘宋元嘉十二年(435),经狮子国(今斯里兰卡)来到广州。宋文帝遣使将他迎入建康祇洹寺从事译经工作,译有《杂阿含经》《楞伽经》和《无量寿经》等经典。
⑥ 《大正藏》第3册,第622页中。
⑦ 《大正藏》第1册,第81页中。
⑧ 本书佛经名词凡附注梵语者,此后不再注"梵语"二字。

《长阿含经》《中阿含经》《杂阿含经》四部"阿含经"正式集成。由此可见,"天龙八部"在佛教经典中具有非常古老的历史。

另外,东晋佛驮跋陀罗译《大方广佛华严经》卷五六云:"彼佛众会一切天龙八部鬼神乃至无量净居诸天,地神、风神、海神、火神、山神、树神、丛林药草城廓等神,皆悉云集。"① 表明与八部天龙护法神众系统有关联的护法神王体系也是十分庞大的,在研究佛教造像艺术时要给予充分关照,留意二者的相互影响或演变问题。

天龙八部一众神祇原皆为古印度婆罗门教和其他外道的崇拜对象。从神话或古印度宗教追踪溯源,天龙八部诸神之间的因缘本身就很深厚。② 传说在宇宙肇始,躺在千头那伽之王舍沙〔Shesha,又称阿难陀龙王(Ananta)〕身上的毗湿奴(Viṣṇu,宇宙维护者),其肚脐上的莲花产生了梵天。还有一个说法,宇宙之海上漂浮的金蛋分裂成两半,诞生出梵天。梵天是创世神,他将裂开的蛋壳改造成天空和大地,然后如中国盘古神话一般,从他身体各部分别化生出七个儿子和一个女儿:心脏化成老大摩利支(Marīci,并非佛教中女相的摩利支天),眼睛化成老二阿底利,嘴化成老三安吉罗,右耳化成老四补罗私底耶,左耳化成老五补罗诃,鼻孔化成老六克罗图(此六个仙人由梵天"心意"或灵魂生出,被称为"心生之子"),右脚拇指化成老七达刹(梵天通过意志所生),左脚拇趾化成妹妹毗里妮。继而,梵天的儿女们各自繁衍后代。达刹和毗里妮结婚生了六十个女儿,其中十三个嫁给了摩利支的儿子迦叶波(Kasyapa,也称生主,因他带来了众生的繁荣)。迦叶波的十三个妻子,繁衍出了众多神族,其中:

- 大姐底提生下的儿子统称底提耶族;二姐檀奴生下的儿子统称檀那婆族。这两个种族合称为阿修罗。
- 老三阿底提生下十二个天神(如海洋之神伐楼那、风神伐由、百工之神陀湿多、太阳神苏里耶、③天帝和雷电神因陀罗,以及佛教中称毗纽天或那罗延天的毗湿奴等)。
- 毗那陀(Vinata)生下了迦楼罗。
- 伽德鲁(Kadru)生下了那伽族(龙族)。
- 牟妮生下了乾闼婆族。
- 后来,楼陀罗从梵天额头上诞生出来。楼陀罗即原始印度文化中三大主神之一的毁灭神湿婆,在佛教文献中,他又成为住于色界之顶的大自在天、三千界之主。这样,天龙八部的天、龙(天龙、地龙摩睺罗伽)、阿修罗、乾闼婆、迦楼罗就都身世清楚了,除了夜叉和紧那罗,都是迦叶波的后代。
- 而传说夜叉与罗刹同时为大梵天右耳化成的第四子补罗私底耶所生(或由大梵天

---

① 《大正藏》第9册,第757页上。
② 王慧:《印度神话》,中国林业出版社,2007年,第64页。
③ 太阳神苏里耶娶陀湿多的女儿苏拉尼尤为妻,生下了双胞胎阎摩和阎密。后来苏拉尼尤用自己的影子造了一个女人,自己则变成母马跑了。苏里耶与这个影子女人结合,生下了人类始祖摩奴。再后来,苏里耶变成了一匹公马找到苏拉尼尤,生下了佛教观音的原型——双马童。

的脚掌生出)。夜叉因对人类很友善而被誉为"真诚者",罗刹则不同,因此双方经常处于敌对状态。夜叉首领,是补罗私底耶的孙子俱毗罗(即多闻天王)。一说乾闼婆以及猿猴等也是补罗私底耶的后代。

- 紧那罗、狮子、老虎以及鹿等据说是梵天左耳化成的第五子补罗诃的后代,与乾闼婆一样,为天神歌唱。一说紧那罗是从大梵天脚趾生出来的,还有他是迦叶波孩子的说法。

故天龙八部诸部的古印度传说来源列表1-1如下:

表1-1 天龙八部诸部的传说来源表

天部	龙部	夜叉（罗刹）	阿修罗	迦楼罗	乾闼婆	紧那罗	摩睺罗伽
天部概念复杂,来源众多。其中梵天为创世神。生主达刹第三女阿底提与生主迦叶波的十二个天神儿子中有帝释天等	生主达刹之女伽德鲁与生主迦叶波的后代	1. 同时为大梵天右耳化成的第四子补罗私底耶所生 2. 同时由大梵天的脚掌生出	生主达刹大女底提生下底提耶族,二女檀奴生下檀那婆族,二者合为阿修罗,是生主迦叶波的后代	生主达刹之女毗那陀与生主迦叶波的后代	生主达刹之女牟妮与生主迦叶波的后代	1. 梵天左耳化成的第五子补罗诃的后代 2. 从大梵天脚趾生出 3. 迦叶波的后代	笔者未查到古印度神话记载。在佛教中记载很多。能否与那伽一族视为同根而出,姑且存疑

据《摩诃婆罗多》《毗湿奴往世书》《罗摩衍那》等神话记载,久远之时,因陀罗无意间因为轻慢而得罪了大自在天的分身——陶尔梵刹斯(Durvasas),致使因陀罗诸神以下三界受到诅咒而日渐丧失活力。阿修罗趁机攻打天界,于是宇宙维持神毗湿奴就让天神提婆族和阿修罗族谋划合作搅乳海提炼长生不老之甘露并均分,以平息纷争。他们以毗湿奴变成的巨龟在海底作基座,以须弥山放在龟背上作搅棒,用婆苏吉(Vāsuki,又译和修吉)龙王作拉索缠在须弥山腰。毗湿奴在变成海龟承杵时,同时又坐于须弥山巅,以神力加持诸天与龙王。诸天神(在龙王尾部)和阿修罗(在龙王头部)从乳海中搅出十种宝物:月轮(成为湿婆额头装饰)、吉祥天女拉克什米(Laksmi,成为毗湿奴的妻子)、宝石(成为毗湿奴的胸饰)、女酒神伐楼尼(Varuni,水神伐楼那之妻)、香洁牝牛苏拉比(Surabhi,是丰产的象征,用于祭祀)、帕利贾塔树(Parijata,宇宙之树,归因陀罗所有)、神马高耳(Uccaiḥśravā)、大象、婆苏吉吐出的灭世毒药(被湿婆吞入咽喉,故大自在天又称Ni-lakantha,即青喉者)、手捧甘露的神医檀般陀里(Phanwantari)。(图1-1)毗湿奴为了阻止阿修罗饮到甘露,化作美女舞蹈诱引阿修罗,使天神乘机分饮甘露。而罗睺阿

图1-1　印度神话"搅乳海"插图中的天、龙、阿修罗

修罗（Rahu，有遮掩之意）则混在天神中分饮甘露，被日神苏利耶（Surya）和月神旃陀罗（Chandra）举报。毗湿奴用轮盘将罗睺阿修罗砍成两截，但其被甘露滋润的头得以不死，身体则化为了计都星（彗星）。为了报仇，罗睺阿修罗经常追吞日月二神而形成日月蚀天象。

可见在古代印度神话宇宙观中，天龙八部的神格本质是善恶并存的有情体，后来带着浓厚的古文明信息被佛教吸收，形成了庞大瑰丽的佛教神众体系，并在传统中国赋予信众以流播话题，最终交织融入中国历史文化和生活之中。如《舍利弗问经》（失译，附东晋录）对八部天龙善恶皆有描述——天神："以车舆、舍宅、饮食，供养三宝、父母、贤胜之人，犹怀悭俭谄嫉妒者，受天神身"；龙神："修建德本，广行檀波罗蜜，不依正念，急性好嗔，故受人非人身"；夜叉："好大布施，或先损害，后加饶益，随功胜负，故在天上、空中、地下"；乾闼婆："前生亦少嗔恚，常好布施，以青莲自严，作众伎乐"；阿修罗："志强，不随善友所作净福，好逐幻伪之人，作诸邪福，傍于邪师，甚好布施，又乐观他斗讼"；迦娄罗："先修大舍，常有高心，以凌于物，故受今身"；紧那罗："昔好劝人发菩提心，未正其志，逐诸邪行"；摩睺罗伽："布施护法，性好嗔恚"。①

大自在天、梵天、龙王、阿修罗、迦楼罗等外道崇拜对象，在佛教文化中被佛陀感化降服。如隋代那连提耶舍②译《大乘大方等日藏经》卷四《菩萨使品第三》曰："如来于此降伏众魔及龙眷属，最胜无碍转妙法轮……能令诸天生大欢喜，能令夜叉心生知足，能怖阿

---

①　《大正藏》第24册，第901页下。
②　那连提耶舍（489—589），或称那连提离耶舍，北印度乌苌国（在今巴基斯坦）人，曾外出游方，北抵雪山，南至今斯里兰卡，经历大小六十余国。耶舍译经分前后两期：高齐时代译经七部；隋开皇年间译经八部。

修罗,能坏金翅鸟,能令紧陀罗生大欢喜,能令摩睺罗伽不敢回顾……"①

被降服的天龙八部在佛经中多出现在佛讲法道场,他们发誓愿护持佛、法、僧,积极回应佛陀讲法,因而受到佛教偶像崇拜的礼遇。如《过去现在因果经》卷一记载,无量天龙八部、人非人等"散众妙花,满虚空中,而发誓言:善慧将来成佛道时,我等皆愿为其眷属"。②

二、传世佛经中天龙八部的存在样态

在佛陀讲法时,天龙八部往往是忠实的听众或是需要调服的对象,因此,在传世佛经中天龙八部群体可谓处处可见。

首先,众多佛经对天龙八部各部众有明确而完备的称名记录。

自佛经开始在中国翻译流传,天龙八部各尊神就不断被提及,如昙摩蜱和竺佛念③于382年译《摩诃般若钞经》卷二《功德品第三》曰:"无央数阿僧祇佛刹诸天人、龙、阅叉、揵陀罗、阿须伦、迦楼罗、甄陀、摩睺休、人非人,当来到是间……"④(四世纪下半叶)

昙无谶译⑤《大方广三戒经》曰:"及余天、龙、夜叉、乾闼婆、阿修罗、迦楼罗、紧那罗、摩睺罗伽等,恭敬围绕于佛世尊。"⑥(四世纪下半叶至五世纪上半叶)

僧伽婆罗⑦译《文殊师利所说般若波罗蜜经》曰:"一切菩萨及诸比丘、比丘尼、优婆塞、优婆夷、天、龙、夜叉、乾闼婆、阿修罗、迦楼罗、紧那罗、摩睺罗伽、人非人等,咸皆踊跃得未曾有……"⑧(五世纪下半叶至六世纪上半叶)

毗目智仙共流支⑨等译《圣善住意天子所问经》曰:"如是复有无量百千天、龙、夜叉、乾闼婆、阿修罗、迦楼罗、紧那罗、摩睺罗伽、人与非人诸大众俱。"⑩(六世纪上半叶)

月婆首那⑪译《胜天王般若波罗蜜经》曰:"耆阇崛山纵广四十由旬地及虚空靡有间隙,天、龙、夜叉、乾闼婆、阿修罗、迦楼罗、紧那罗、摩睺罗伽、人非人等,一心合掌恭敬如来。"⑫(六世纪中期)

---

① 《乾隆大藏经》第21册,第647页上—下。
② 《大正藏》第3册,第622页中。
③ 竺佛念,四世纪凉州(甘肃武威)人。彼时常有西域或印度僧到长安传译佛经,但皆不通汉语,竺佛念被公推为传译人,成就了前秦时代的译经事业。他翻译经律十二部,如《菩萨璎珞经》《中阴经》等。
④ 《大正藏》第8册,第516页下。
⑤ 昙无谶(385—433),中天竺人,经龟兹到敦煌开始译经事业。译出《大涅槃经》《金光明经》《佛本行经》《海龙王经》等。他所传的涅槃学说及其译出的大乘佛教戒律系统典籍,对中国佛学产生了重大影响。
⑥ 《大正藏》第11册,第688页下。
⑦ 僧伽婆罗(460—524),扶南国(湄公河下游)人,乘舶至扬都事求那跋陀罗。梁天监二年(503),曼陀罗仙自扶南国来朝时,奉敕与之译经,译出《阿育王经》《孔雀王陀罗尼经》《文殊师利问经》等。
⑧ 《大正藏》第8册,第733页上。
⑨ 流支(或译流志、留支等),南印度波罗奈城人。北魏孝明帝熙平元年(516)与毗目智仙一同到洛阳。于538年至543年在邺都金华寺、昌定寺译出《正法念处经》等十四部经典。
⑩ 《大正藏》第12册,第115页下。
⑪ 月婆首那,古代中印度优禅尼国(今印度中央邦乌贾因)王子,于六世纪中期东来中国,在东魏、梁、陈诸代翻译佛经。
⑫ 《大正藏》第8册,第678页中。

图1-2 唐玄奘像,传高阶隆兼作,工笔重彩,镰仓(1185—1333)后期,日本东京国立博物馆藏,其原本可能为我国宋代无名画家所绘,由访华僧带回日本而流传至今

唐代玄奘①(图1-2)译《大般若波罗蜜多经》卷四三〇《第二分天来品第三十四之二》曰:"并余无量有大威德诸龙、药叉、健达缚、阿素洛、揭路荼、紧捺洛、莫呼洛伽、人非人等来至其所……"②(七世纪上半叶)

唐代菩提流志③等译《实相般若波罗蜜经》曰:"金刚手等诸菩萨,天、龙、夜叉、乾闼婆、阿修罗、迦楼罗、紧那罗、摩睺罗伽、人非人等,一切众会皆大欢喜……"④(七世纪下半叶)

菩提流志奉诏译《大宝积经》卷一曰:"及余无量天、龙、夜叉、乾闼婆、阿修罗、迦楼罗、紧那罗、摩睺罗伽等,围绕恭敬,而为说法。"⑤(八世纪上半叶)

唐不空⑥译《佛母大孔雀明王经》卷下曰:"天、龙、药叉、彦达嚩、阿苏罗、摩噜多、蘖噜拏、紧那啰、摩护啰誐、人非人等,闻佛所说,皆大欢喜……"⑦(八世纪中期至下半叶)其中"摩噜多"为超出八部众的神祇。

如是种种经卷,虽然在翻译时,不同译师对天龙八部名称有不同表述,但基本形制具有一贯的传统延续性。

关于佛经中天龙八部完整表述的问题,我们要注意四种现象:

现象一,天龙八部尊位是完整的,但组成成员有所变化。如隋代那连提耶舍译《大乘大方等日藏经》卷二《陀罗尼品第二之一》曰:"具四摄已,一切天王、龙王、夜叉王、阿修罗王、迦楼罗王、紧那罗王、摩睺罗伽王、人王,合掌烧香恭敬礼拜。"⑧此处无"乾闼婆王",换成"人王"之谓了。

现象二,在完整的天龙八部表述中,有些佛经增列"罗刹"。如《大乘大方等日藏经》

---

① 玄奘(602—664),法相宗创始人,与鸠摩罗什、真谛并称为中国佛教三大翻译家。他曾到印度那烂陀寺求经,花十七年求学大小乘,归国携弟子译出《大般若经》《心经》《成唯识论》等,并撰写《大唐西域记》。
② 《大正藏》第7册,第160页中。
③ 菩提流志(571—727),南印度人,享年156岁。长寿二年(693)应唐高宗迎请来到洛阳开始译经工作。在华三十四年译出经论据《开元释教录》卷九载有二十八部,如《大宝积经》等。
④ 《大正藏》第8册,第778页中。
⑤ 《大正藏》第11册,第4页上。
⑥ 不空(705—774),北印度人(或说狮子国人),唐代的著名译师,开元三大士之一、密教二祖。
⑦ 《大正藏》第19册,第439页中。
⑧ 《乾隆大藏经》第21册,第617页上。

卷七《魔王波旬品第八之一》曰："此大众一切天、龙、夜叉、罗刹、阿修罗、迦娄罗、紧陀罗、摩睺罗伽、鸠槃茶、薜荔多、毗舍遮、富单那、迦吒富单那，乃至一切人及非人，亦设种种供养。"①

据唐代窥基（632—682）撰《妙法莲华经玄赞》卷二曰："夜叉，此云勇健……罗刹云暴恶，亦云可畏。"②可见"罗刹"的负面意义更多，加之后面并列着鸠槃茶、薜荔多、毗舍遮、富单那、迦吒富单那等恶鬼名号，因此相关表述乃多强调八部"恶"之属性时所用。

现象三，"神鬼（鬼神）"的标点与意义问题。西晋竺法护③译《慧上菩萨问大善权经》曰："故使魔试其魔兵师八万四千亿，天、龙、鬼、神、揵沓和、阿须伦、迦留罗、真陀罗、摩睺勒，皆发无上正真道意。"④

这里"鬼、神"的句读可否为"鬼神"？因为竺法护译《文殊师利佛土严净经》卷上言："……金比鬼神、旷野鬼神、妙毛鬼神、普等鬼神、善普鬼神、善财鬼神、普像鬼神、无净鬼神，是诸鬼王，各与等类百千众俱来诣佛所……"⑤是否"鬼神"可理解为"夜叉"？据玄奘译《阿毗达磨顺正理论》卷三一曰："大势鬼者，谓诸药叉，及逻刹婆、恭畔茶等。所受富乐与诸天同。"⑥表明夜叉半神半鬼的身份。现在泰国的护法鬼王Yark，依然是身着盔甲，画面獠牙，手持法剑的夜叉形象。（图1-3）

现象四，同一佛经，也许由于各部分篇章的译师不同，导致前后翻译中天龙八部的用字不一致。如隋代那连提耶舍译《大乘大方等日藏经》卷五《定品第四》的称名为"一切天、龙、夜叉、罗刹、阿修罗、迦楼罗、乾闼婆、紧陀罗、摩睺罗伽、薜荔多、鸠槃茶、⑦毗舍遮、人非人等皆悉赞言"，而卷八《魔王波旬星宿品第八之二》称名为"佉卢虱吒仙人说法已，诸天、龙、夜叉、阿修罗、紧那罗、摩睺罗伽、人非人等，一切大众皆称善哉欢喜无量"。前句的"紧陀罗"和后句的"紧那罗"用法不同。卷九

图1-3 护法鬼王（Thao Vetsuwan），又被泰国人称为Yark，夜叉守护神、鬼皇夜叉、鬼王夜叉、夜叉王

---

① 《乾隆大藏经》第21册，第703页上。
② 《大正藏》第34册，第680页上。
③ 竺法护（231—308），是世居敦煌的月支侨民，被誉为"敦煌菩萨"。他深感曹魏末的佛教徒只重视寺庙图像，而忽略了西域大乘经典的传译，因此随师西游求法。他通晓西域三十六种语言文字，搜集到大量经典原本回到长安。从晋武帝泰始二年到怀帝永嘉二年（266—308），译出一百五十余部经论。
④ 《大正藏》第12册，第163页上。
⑤ 《大正藏》第11册，第890页下。
⑥ 《大正藏》第29册，第517页下。
⑦ 鸠槃茶犹鸠盘茶。古代民间常混淆"茶、荼"二字，如宋代李昉撰《太平广记》卷二五一引唐无名氏《笑言·邻夫》："吹火青唇动，添薪黑腕斜。遥看烟里面，恰似鸠盘茶。清陆以湉《冷庐杂识·鸠槃茶》言："'鸠槃茶'乃佛经语，或作'拘辨茶''究槃茶''恭畔茶''弓槃茶'，皆一也。"

《升须弥山顶品第十一》"乃至于此娑婆世界所有天王、龙王、夜叉王、乾闼婆王、阿修罗王、迦娄罗王、紧那罗王、摩睺罗伽王"一句中,"迦娄罗王"与前述"迦楼罗"也不同。

或同一佛经,翻译版本不同,对同一句话有不同译法,如鸠摩罗什、①流支、真谛②译《金刚般若波罗蜜经》。真谛本:"尔时世尊说是经已……人、天、阿修罗等,一切世间踊跃欢喜信受奉行",③涉及天、阿修罗二部。流支本:"……一切世间天、人、阿修罗、乾闼婆等,闻佛所说,皆大欢喜……",④涉及天、阿修罗、乾闼婆三部。真谛本:"……人、天、阿修罗等一切世间,踊跃欢喜信受奉行",⑤涉及天、阿修罗二部。鸠摩罗什本:"……一切世间天、人、阿修罗……",⑥涉及天、阿修罗二部。

当然,每次翻译都罗列八部诸神的名号,表达起来相当烦琐。所以,笔者推测有译者就将八部众合称"天龙八部"等称谓,以获得文本的简洁性。因天众、龙众为八部众上首,故称名以其指代,名之曰"天龙八部"。如唐代义净⑦译《药师琉璃光七佛本愿功德经》卷上曰:"薄伽梵游化诸国……及诸国王、大臣、婆罗门、居士、天龙八部、人非人等,无量大众恭敬围绕而为说法。"⑧

但我们也要注意,在佛经中八部众排序并非所有都是天部、龙部为上首,如东晋佛陀跋陀罗译《观佛三昧海经》卷一《六譬品第一》曰:"尔时天主、夜叉主、乾闼婆主、阿修罗主、迦楼罗主、紧那罗主、摩睺罗伽主、龙主等及诸眷属,皆悉已集",⑨将龙部排到了末尾。但细看其排序的对称性,可以发现这类似座次表,天对龙,夜叉对摩睺罗伽,乾闼婆对紧那罗,阿修罗对迦楼罗,对石窟寺天龙八部造(图)像排位设计一定发生过影响。这表明天龙八部的佛学文献意义并非流于表面,还有诸多甚深义理和现象需要我们去探究。

其次,佛经中言说天龙八部尊位不全者,如:

隋代达摩笈多译《佛说药师如来本愿经》有"天龙阿修罗犍达婆伽楼荼紧那罗摩呼罗伽等"⑩的表述,缺夜叉部。

---

① 鸠摩罗什(344—413),祖籍天竺,生于龟兹国(今新疆库车),是中国佛教八宗之祖,与玄奘、义净、真谛并称中国佛教四大译经家。他曾游学天竺诸国,后居甘肃凉州十七年习汉文弘佛法。后秦弘始三年(401)入长安,携弟子译成《大品般若经》《法华经》《维摩诘经》《阿弥陀经》《金刚经》《中论》等经典,系统介绍龙树中观学派的学说。总计翻译经律论传九十四部。

② 真谛(499—569),印度优禅尼国人,精通大乘佛教。在南北朝梁武帝时,他携带大量梵文经典,乘船经南海郡(今广州)来到梁都建康(今南京)。其携弟子译出佛典四十九部,如《摄大乘论》《俱舍释论》等,与鸠摩罗什、玄奘、不空(或义净)并称为中国佛教四大译经师。

③ 《大正藏》第8册,第766页中。
④ 《大正藏》第8册,第757页上。
⑤ 《大正藏》第8册,第761页下。
⑥ 《大正藏》第8册,第750页上。

⑦ 义净(635—713),唐代译经僧,于671年由广州取道海路,经室利弗逝(苏门答腊Palembang)至印度,在那烂陀寺勤学十年,后又至苏门答腊游学七年。历游三十余国,返国时携梵本经论约四百部、舍利三百粒至洛阳,武后亲迎,敕住佛授寺。自699年至711年,译出五十六部经典。与鸠摩罗什、真谛、玄奘等共称四大译经家。还著有《南海寄归内法传》《大唐西域求法高僧传》,并首传印度拼音之法。

⑧ 《大正藏》第14册,第409页上。
⑨ 《大正藏》第15册,第645页下。

⑩ 达摩笈多(?—619),南印度人,隋代译师之一。他曾历游大小乘诸国,后至瓜州(今甘肃敦煌县境)。590年,隋文帝诏他入京居大兴善寺开始译经。其后参与隋炀帝于洛阳上林园设"翻经馆"之事业,直至圆寂。《古今译经图记》卷四记其译经论十八部,如《起世经》《药师如来本愿功德经》等。

北凉昙无谶译《大方等大集经》卷六《宝女品第三之二》曰："以是持力，能作种种方便之身，所谓天身、龙身、阿修罗身、迦楼罗身、乾闼婆身、紧那罗身、摩睺罗伽身、梵身、释身、四天王身……"，①缺夜叉部。

唐代菩提流志等译《文殊师利所说不思议佛境界经》卷下曰："受持此咒日夜不绝，则为一切天、龙、乾闼婆、阿修罗、迦楼罗、紧那罗、摩睺罗伽、人非人等常所守护……"，②缺夜叉部。

梁僧伽婆罗译《佛说大乘十法经》载："及诸天、人、龙王、阿修罗、迦楼罗、紧那罗、摩睺罗伽等，闻佛所说，欢喜奉行"，③缺乾闼婆和夜叉部。

隋代那连提耶舍译《大乘大方等日藏经》卷九《送使品第九》曰："一切诸天、阿修罗众、龙及夜叉、乾闼婆、紧陀罗、摩睺罗伽、人非人等，各散种种众宝"，④缺迦楼罗。

北凉法众译《大方等陀罗尼经》卷三《梦行分第三》曰："王子、菩萨、居士、优婆塞、优婆夷、天、龙、夜叉、乾闼婆、阿修罗、五百大弟子、无量大众，及与阿难欢喜奉行"，⑤缺紧那罗、迦楼罗、摩睺罗伽部。

后秦鸠摩罗什译《大智度论》卷二《初品总说如是我闻释论第三》中关于佛涅槃时的记载："如是天人、夜叉、罗刹、乾闼婆、甄陀罗、摩睺罗伽及诸龙等，皆大忧愁"，⑥缺阿修罗、迦楼罗，多出罗刹。

佛经中这种表述不全，应该是在"天龙八部"观念基础上的简化或是疏漏，抑或是对讲法现场的"实录"。譬如隋代那连提耶舍译《大乘大方等日藏经》就很典型，其卷一《护持正法品第一》有"复有十方无量世界帝释天王、梵天王、四天大王，诸大龙王、夜叉王、乾闼婆王、阿修罗王、迦楼罗王、紧那罗王、摩睺罗伽王……俱来集会。复有欲界、色界天、龙、夜叉、罗刹、乾闼婆、阿修罗、迦楼罗、紧那罗、摩睺罗伽等……"⑦和"令诸天、龙、夜叉、罗刹、阿修罗、迦楼罗、紧那罗、摩睺罗伽、人非人等，未信者令信"两句话。前一句既有完整八部天龙的表述，也有增加"罗刹"的天龙八部组合。后一句在罗列天龙八部时，缺失乾闼婆部。可见同一经卷在"天龙八部"表述上的规范就不甚严格。

还有一些表述不全的现象，即佛经只是罗列部分天龙八部尊神。这种现象特别多，是否对石窟寺天龙八部造像形成了影响，还有待进一步研究探讨。暂举一些例子：

西晋竺法护译《佛说胞胎经》曰："贤者阿难、五百弟子、诸天龙神，闻经欢喜"，⑧涉及天、龙二部。

---

① 《大正藏》第13册，第36页上。
② 《大正藏》第12册，第111页下。
③ 《大正藏》第11册，第770页中。
④ 《乾隆大藏经》第21册，第735页。
⑤ 《大正藏》第21册，第656页上。
⑥ 《大正藏》第25册，第67页上。
⑦ 《乾隆大藏经》第21册，第586页下。
⑧ 《大正藏》第11册，第890页中。

曹魏白延①译《佛说须赖经》曰："佛说经已皆欢喜，须赖比丘、诸比丘僧、天帝释及王波斯匿，天、人、阿须轮，莫不乐闻"，②涉及天、阿须轮（即阿修罗）二部。

唐代玄奘、义净译《能断金刚般若波罗蜜经》曰："薄伽梵说是经已……一切世间天、人、阿苏罗等，皆大欢喜"，③涉及天、阿苏罗（即阿修罗）二部。

后秦鸠摩罗什译《仁王护国般若波罗蜜经》曰："五百亿十八梵王、六欲诸天、三界六道、阿须轮王等，闻佛所说护佛果因缘、护国土因缘"，④涉及天、阿须轮（即阿修罗）二部。

后汉安玄共沙门严佛调⑤译《佛说法镜经》曰："众祐以说是，阿难欢喜，及甚理家、天与人，亦质谅王，众祐说已，皆思惟也"，⑥涉及天、质谅王（即阿修罗）二部。

西晋竺法护译《文殊师利佛土严净经》卷下曰："诸菩萨众，比丘、比丘尼、清信士、清信女、诸天、龙、神、阿须伦、世间人，皆大欢喜"，⑦涉及天、龙、阿须伦（即阿修罗）三部。

西晋竺法护译《佛说普门品经》曰："离垢藏菩萨、溥首童真、贤者阿难，诸天世人、揵沓和、阿须伦，闻经欢喜……"，⑧涉及天、揵沓和（乾闼婆）、阿须伦（阿修罗）三部。

隋代达摩笈多译《金刚能断般若波罗蜜经》曰："彼天人、阿修罗、乾闼婆等，闻世尊说大欢喜"，⑨涉及天、阿修罗、乾闼婆三部。

元魏般若流支译《得无垢女经》曰："波斯匿王憍萨罗主及诸天人，并阿修罗、乾闼婆等，闻世尊说，欢喜奉行"，⑩涉及天、阿修罗、乾闼婆三部。

西晋竺法护译《佛说幻士仁贤经》曰："佛从坐起，与比丘及诸菩萨，天、龙、鬼、揵沓和，往诣佛所听受经法"，⑪涉及天、龙、鬼（夜叉和罗刹）、揵沓和（乾闼婆）四部。

西晋竺法护译《佛说离垢施女经》曰："佛说如是……天、龙、揵沓和、阿须伦、人民，闻经欢喜……"，⑫涉及天、龙、揵沓和（乾闼婆）、阿须伦（阿修罗）四部。

复次，有些佛经对天龙八部的表述自成一种体系。譬如支谦⑬译《大明度无极经》卷二《持品第三》中的"十方无数佛国诸天、人、鬼、龙、质谅神、执乐神、胸臆行神、似人形神，皆至经师所……"，⑭其中"执乐神"为乾闼婆，"胸臆行神"为摩睺罗伽，"似人形神"

---

① 白延，龟兹僧，可算见于文献记载的西域最早译经人。魏文帝曹丕黄初三年（222）从龟兹到洛阳攻习汉语和佛典，从甘露元年（256）至甘露四年，译出《首楞严经》等。
② 《大正藏》第12册，第57页上。
③ 《大正藏》第8册，第775页中。
④ 《大正藏》第8册，第834页上。
⑤ 佛教东传洛阳史载译经之始，起自汉桓帝。首达洛阳的是安息国王子安世高。继承者亦为安息人居士安玄。时汉人严佛调（约117—197）从安世高为师，出家为僧（中国第一位出家人），并助"二安"译经，合作译出《法镜经》等。严佛调还著有《沙弥十慧章句》一卷，开汉僧传述佛经的先河。
⑥ 《乾隆大藏经》第20册，第146页上。
⑦ 《大正藏》第11册，第902页上。
⑧ 《大正藏》第11册，第789页下。
⑨ 《大正藏》第8册，第771页下。
⑩ 《大正藏》第12册，第107页上。
⑪ 《大正藏》第12册，第34页中。
⑫ 《大正藏》第12册，第97页下。
⑬ 支谦，三国时（240年前后）佛经翻译家。本月氏（新疆伊犁河流域）人，汉灵帝时来华，授业于支谶门人支亮。东汉末迁居吴地，孙权拜其为博士。译出《大阿弥陀经》等八十八部佛经。
⑭ 《大正藏》第8册，第485页上。

为紧那罗,缺失迦楼罗,这种以神祇特征的表述方式在诸多佛经中别树一帜。

另外,为了凑成八位神祇,有的表述与通常的天龙八部相去甚远,不知此种佛经记载对石窟寺的天龙八部造像艺术产生了影响没有?笔者据目前资料认为影响甚微。如《大明度无极经》卷六《嘱累阿难品第三十》曰:"诸弟子、开士,诸天、质谅神、龙、鬼、王、人民,皆大欢喜……"此处"弟子、开士、诸天、质谅神、龙、鬼、王、人民"的组合构成八部数。

西晋无罗叉共竺叔兰译《放光般若波罗蜜经》卷一《放光品第一》曰:"尔时,众会诸天、魔、梵、诸龙、鬼、神、沙门、婆罗门、世界人民,诸菩萨摩诃萨及新发意者皆悉来集。"①此处"天、魔、梵,诸龙、鬼神(笔者以为其句读存在问题)、沙门、婆罗门、世界人民"的组合也构成八部数。

当然,佛经中提及的天龙八部,往往是包含于佛陀说法现场的诸多听众中,因此,如何理解"天龙八部",如何表现"天龙八部",如何将佛经表述与艺术表现联系起来破译考古现场,这些问题都亟须深入研究。如隋代那连提耶舍译《大乘大方等日藏经》卷六《恶业集品第五》言:"一切天、龙、夜叉、阿修罗、迦楼罗、紧陀罗、摩睺罗伽、薜荔多、毗舍遮、鸠槃茶、富单那、迦吒富单那、人及非人,一切大众同作是唱。"②虽然表面上看缺少"乾闼婆",但在艺术表现时,能否以"薜荔多、毗舍遮、鸠槃茶、富单那、迦吒富单那"的某一个代替呢?

还有一个"人非人"(Amanusya)或"人与非人""人及非人"(Manusia、Amanusya)的问题。在诸多佛经中表达天龙八部,总是带有一个"人非人(或人与非人、人及非人)"的小尾巴,如唐代玄奘译《大乘大集地藏十轮经》卷三《无依行品第三之一》曰:"犹能示导一切天、龙、药叉、健达缚、阿素洛、揭路荼、紧捺洛、莫呼洛伽、**人非人**等,无量功德珍宝伏藏。"③

北凉昙无谶译《大般涅槃经》卷四〇"憍陈如品第十三之二"曰:"一切天、龙、乾闼婆、阿修罗、迦楼罗、紧那罗、摩睺罗伽、**人与非人**、山神、树神、河神、海神、舍宅等神,闻是持名……"④

北凉昙无谶译《悲华经》卷六《诸菩萨本受记品第四之四》曰:"复令一切大众天、龙、鬼、神、乾闼婆、阿修罗、迦楼罗、紧那罗、摩睺罗伽、**人及非人**,叉手恭敬供养于我。"⑤

按丁福保《佛学大辞典》,"人非人等"有两个解释:一是紧那罗之别名,依据为《妙法莲华经文句》卷二下曰:"次列四紧那罗,亦云真陀罗,此云疑神。似人而有一角,故号人非人。"⑥二是天龙等八部众之总称,依据为《舍利弗问经》的阐释:"舍利弗复白佛言……八部鬼神,以何因缘生于恶道,而常闻正法?佛言:以二种业,一以恶故生于恶道,二以善故多受快乐。又问:善恶二异可得同耶?佛言:亦可得耳。**是以八部鬼神,皆曰人**

---

① 《大正藏》第8册,第2页中。
② 《乾隆大藏经》第21册,第685页。
③ 《大正藏》第13册,第736页上。
④ 《大正藏》第12册,第602页上。
⑤ 《大正藏》第3册,第203页下。
⑥ 《大正藏》第34册,第25页上。

非人也。"①

如此，是否此句读有问题？能否将"人非人等"看作是对前述诸人神的总代称，改成"犹能示导一切天、龙、药叉、健达缚、阿素洛、揭路荼、紧捺洛、莫呼洛伽，**人非人等**无量功德珍宝伏藏"？

就"人与非人"而言，也是争议不断，有人主张将人、非人分开认识。据智者大师《妙法莲华经文句》卷二下，列举了四大天王、大自在天、八龙、紧那罗、乾闼婆、阿修罗的故事之后，还"次列人者"，举韦提希母、频婆娑罗、阿阇世的"未生怨"故事为例。这意味着"人"就是人，"非人"则包含八部鬼神等。

关于"人与非人"的问题，我们还可从对比的角度来认识。唐代玄奘译《大乘大集地藏十轮经》卷二《十轮品第二》有言："令诸天、龙、药叉、罗刹、阿素洛、揭路荼、紧捺洛、莫呼洛伽、鸠畔荼、弥荔多、毕舍遮、布怛那、羯吒布怛那、人非人等……三转十二行相法轮。"②

又那连提耶舍译《大方等大集经》卷五二《月藏分第十二诸魔得敬信品第十》有言："复令一切天、龙、夜叉、罗刹、阿修罗、乾闼婆、紧那罗、摩睺罗伽、迦楼罗、鸠槃荼、饿鬼、毗舍遮、富单那、迦吒富单那等，精气具足……"③

两句对天龙八部诸神的排列基本相当，前句相比后句少了"乾闼婆"，多了"人非人等"，但并不影响二者的一致性。可见，关于天龙八部问题，佛经的翻译流传最终没有刻意于高度统一，里面模糊的语义，一方面给佛教造像艺术提供了自由的空间，另一方面也埋下了相关法义不彰的矛盾。

最后，在诸多载有天龙八部的佛经之外，还有一些佛经没有出现天龙八部的身影。如宋迦叶摩腾共竺法兰④译《佛说四十二章经》，其听众为憍陈如等弟子；后汉支娄迦谶译《佛说无量清净平等觉经》，其听众为"消尽诸垢，勇净者也"，⑤同时，其所讲述佛国世界也是"无阿须伦、诸龙鬼神也"。支娄迦谶（147—?）是贵霜帝国佛教僧人，东汉桓帝末年（167年前后）从月支来到洛阳将大乘、小乘佛教典籍翻译成中文（167—186），为第一位在我国翻译及传布大乘佛教般若学理论之僧人。在他翻译的《佛说阿閦佛国经》卷上"发意受慧品第一"中"得萨芸若慧时，三千大千世界，诸天、龙、鬼神、揵陀罗、阿须轮、迦留罗、真陀罗、摩休勒，皆向我叉手作礼"⑥句就有"天龙八部"的细分名号了。

其他没有出现天龙八部的佛经，如后汉安世高⑦译《佛说大乘方等要慧经》⑧，记载弥

---

① 《大正藏》第24册，第901页下。
② 《大正藏》第13册，第729页下。
③ 《大正藏》第13册，第345页中。
④ 迦叶摩腾，传为中天竺僧人。东汉明帝时，遣蔡愔等十八人为使到大月氏国求佛法，永平十年（67）请得迦叶摩腾和竺法兰，用白马载佛像和经典至洛阳。翌年，明帝建白马寺，令二僧讲经，并从事译经工作，现存《四十二章经》即于此时译出。这是佛教传入中国并译经之始，地位殊异。
⑤ 《大正藏》第12册，第279页下。
⑥ 《大正藏》第11册，第753页下。
⑦ 安世高（约二世纪），出家前是安息国王太子。于汉桓帝初年东来，在中原约20年，译出经典约35种，如《十二因缘》《八正道》等，主要传弘小乘佛教一切有部之毗昙学和禅定理论，故称"小乘佛经首译者"。
⑧ 《大正藏》第12册，第186页中。

勒菩萨与佛陀问答"菩萨八法";后魏瞿昙般若流支译《毗耶娑问经》,记载佛陀对毗耶娑仙等开示"布施果报",但还是提到了"乾闼婆天乐歌声美妙音声"。[①]还有隋代阇那崛多[②]译《发觉净心经》,曹魏康僧铠[③]译《佛说无量寿经》等,均没有提到天龙八部众……可见"天龙八部"在佛经中是有时间、地点、受众以及经意的限定性的,这些带有神性的天龙鬼神众生,佛陀是逐渐介绍给不断提升修炼层次的弟子信众的。

佛经记载浩繁,真要看遍吃透,也许会耗费人的一生而不得要旨。天龙八部只不过是佛法中让人观想譬喻的载体之一,真正修持是要告别鬼神阶段而直入罗汉、菩萨、佛境界的。因此,在佛教文化中,一个历史时期人们意识到天龙八部的善恶并存与自己的相似,所以就塑造他们,像镜子一样提醒自己:人耶?非人耶?我是谁?希望得到最终的圆满解脱。幸运的是,那个别崇奉天龙八部的时代欣逢大唐!

第二节 佛教宇宙观中的天龙八部

天龙八部是佛教文化中诸天鬼神世界的存在,他们相互之间有恩怨情仇,在因缘和合中修善辞恶。与古希腊诸神传说相比,后者多张扬情欲,前者更着眼解脱。天龙八部的因缘反映在他们存在的宇宙境界中。这种存在既是因,也是果,所以,要认识天龙八部,得先认识其安身立命的三界。

三界(trayo-dhātavah),指业力轮报中的迷惘有情众生所居渐次上升之欲界、色界、无色界,这是众生功德、心性与果报层次相对应的三种生存境界,又称"三有生死"。三界之果报虽有优劣、苦乐等差别,但皆属迷界,无法得到究竟解脱,故《法华经·譬喻品》记佛陀所讲"三界无安,犹如火宅;众苦充满,甚可怖畏",[④]告诫众生当以勤修解脱三界为念。

欲界(Kāma-dhātu)众生男女参居,贪于淫欲、情欲、色欲、食欲。欲界从地居(Bhauma)、虚空居(Āntarikṣ avāsina),到六欲天(四天王天 Cāturmahārājakāyika、忉利天 Trayastriṃśa、夜摩天 Yāma、兜率天 Tuṣita、化乐天 Nirmānarati、他化自在天 Parmanirmitavaśavartin),中间包括四大洲——南瞻部洲(阎浮提)、东胜神洲(弗婆提)、西牛贺洲(瞿陀尼)、北俱卢洲(郁单越),下至无间地狱。其间众生,据达摩笈多译《起世因本经》言欲界之中有十二种,所谓地狱、畜生、饿鬼、人、阿修罗、六欲天以及魔身天。(图1-4)

---

① 《大正藏》第12册,第233页下。
② 阇那崛多(523—600),北印度犍陀罗国人。他于北周明帝武成年间(559—560)至长安,住草堂寺。未久入四天王寺译出《十一面观世音神咒经》《金仙问经》等。北周武帝灭法时遭流放,乃经甘州入突厥译经。隋兴,文帝遣使请还,至大兴善寺译出《佛本行集经》《起世经》等计三十七部。
③ 康僧铠,音译为僧伽跋摩,从其所冠"康"姓,可推测或与中亚康居国有关。曹魏嘉平四年(252)至洛阳,于白马寺译出《郁伽长者经》《无量寿经》《昙无德律部杂羯磨》等。
④ 《大正藏》第9册,第14页下。

图1-4　三界中"欲界"示意图。欲界乃天龙八部之主要居所（网络图片）

色界（Rūpa-dhātu）之"色"有"变碍"或"示现"之义。色界有情众生皆由化生，具有清净色质，殊妙精好，但无有女形，远离欲界之淫、食二欲。此界依禅定的深浅粗妙而分四级：初、二、三、四禅天。色界凡有十八天，即梵众天、梵辅天、大梵天直至色究竟天。

无色界（Arūpa-dhātu）乃唯有心识（受、想、行、识）而无物质，住于甚深妙之禅定的有情众生所住居于色界之上的四天（或称四空处）——空无边处、识无边处、无所有处、非想非非想处。

佛家讲六道（地狱道Naraka-gati、饿鬼道Preta-gati、畜生道或称傍生Tiryagyoni-gati、人道Manusya-gati、阿修罗道Asura-gati和天道Deva-gati）轮回，四生（胎生、卵生、湿生、化生）轮转，互相通达，循环三界。（图1-5）欲界包括上述六道中的一部分——六欲天，色界和无色界都在天道，因此天龙八部的龙、夜叉、乾闼婆、阿修罗、迦楼罗、紧那罗、摩睺罗伽主要存在于欲界，诸天含六欲天、色界诸天、无色界诸天。但在艺术作品中，无色界无法表现，所以天部集中在欲、色两界，欲界以大梵天、四天王天为代表，色界有大梵天、五净居天（或首陀娑婆）[①]等为代表。

要问天龙八部属于哪一具体"道"（趣，gati）？[②]这个问题是很复杂的。换句话说，很难将八部众归结为哪一道（趣）。如唐代遁麟述《俱舍论颂疏记》"论本第八"谓："问：阿素落何趣摄……《瑜伽师地论》说为天趣、杂心鬼趣摄。《正法念经》是鬼、畜趣。《伽陀经》鬼、畜、天三趣……"[③]而《首楞严经》卷九则据阿修罗出生的不同（即胎、卵、湿、化四生），将之含摄在鬼、畜、人、天四趣中。由此类推，我们不必也无法详尽界定天龙八部在六道轮回中的道"趣"。

具体来说，四天王天（亦称照头摩罗天、四大王天、大王天）就聚集着天龙八部多位尊

[①] 五净居天者，即无烦天、无热天、善见天、善现天、色究竟天。首陀娑婆之意，据《玄应音义》卷一九曰："首陀，此译云净；娑婆此云宫，亦言舍，或言处。即五净居天是也。"《贤愚经》卷九有净居天请佛洗浴典故。

[②] 据唐玄奘译《大毗婆沙论》卷一七二所论，趣是"往"或"到"的意思，即往到善恶业之因所结的生处。《大乘义章》卷八曰："所言趣者，盖乃对因以名果也。因能向果，果为因趣，故名为趣。所言道者，从因名也。善恶两业，通因至果，名之为道。"地狱、饿鬼、畜生为恶趣，人、天、阿修罗为善恶杂业之所趣。

[③] 《卍新续藏》第53册，第434页上。

图 1-5　六道轮回图。图右上方立佛右手指着日月开示灭苦及出离轮回苦海的方法。无常死主掌管着六道轮回之大轮。图正中央小圆圈内有鸽、蛇及猪，分别表义痴、瞋、贪三毒。内第二圈有关生、死及中阴。黑暗的半边环代表三恶道（dugati），光明的半边环代表善道（sugati）。内第三圈描述六道：上方是天道，再逆时针为阿修罗、畜生、地狱、饿鬼及人道。外圈为十二因缘环：上端右边第一格为无明，其余依顺时钟分别是行、识、名色、六入、触、受、爱、取、有、生及老死的寓意画

神:(图1-6)

图1-6 四川遂宁安居区东禅镇龙居寺唐代摩崖造像四大天王像：东方持国天王、南方增长天王、西方广目天王、北方多闻天王

东方持国天王(Dhṛtarāṣṭra)，其名提头赖吒，谓能护持国土故，又称为治国天、安民天、顺怨天，居须弥山①黄金埵，提头赖吒天王城(贤上城)，领乾闼婆(或帝释天伎乐神)及毗舍阇神将(piśāca，癫狂鬼，啖精气鬼，食尸鬼，女鬼名毕舍质。一说其本体为鬼火)，护弗婆提人。有乾闼婆王亦名持国。持国天王的形象，常见有持刀或持琵琶两种。四川遂宁安居区东禅镇龙居寺唐代摩崖造像中的持国天王则持宝幡。

南方增长天王(Virūḍhaka)，名毗楼勒迦，谓能令他慧命善根增长，远离灾障、烦恼，更能护佑众生财宝充盈，居须弥山琉璃埵，毗楼勒迦天王城(善现城)，领鸠槃荼(kumbhāṇḍa，梦魇鬼，长得像瓮，无头无脚，不喜欢近人，故称远鬼。因其阴囊状如冬瓜，能使人做春梦，也称冬瓜鬼、守宫神)及薜荔多(preta，魍魅鬼，欢喜接近人到家里做祖先，故称近鬼)，护阎浮提人。南方增长天王的形象多见持金刚杵或持剑。

西方广目天王(Virūpākṣa)，名毗娄博叉，谓能以净天眼常观拥护此阎浮提故，居须弥山白银埵，毗娄博叉天王城(善观城)，领一切诸龙及富单那(Bhūta，名臭，主热病之鬼，大神鬼)，护瞿陀尼人，在寺庙雕塑中以手持龙为特征。

北方多闻天王(Vaiśramaṇa)，名毗沙门，谓福德之名闻四方故，是小乘、大乘与密藏经典及汉藏系统所共同推举的护法神，为四大天王之首，居须弥山水晶埵。多闻天王有三城(可畏、天敬、众归)，领夜叉(飞行鬼、能啖鬼)、罗刹(可畏鬼、暴恶鬼)神将，护郁单越(或

---

① 须弥山(Sumeru)，又译为苏迷卢山、弥楼山，意思是妙高山，又名妙光山，源自婆罗门教术语，后被佛教引用。须弥山是古印度神话中位于一小世界中心的山(一千个一小世界称为一小千世界，一千个小千世界称为一中千世界，一千个中千世界为一大千世界，此谓"三千大千世界")。

译郁多啰究留）人。相传多闻天王的妻子为吉祥天（Sri-maha-devi），岳母为夜叉鬼子母神。在汉地寺庙雕塑中，多闻天王主要为两种形制：一般右手持混元珠宝伞（宝幡），左手握吐宝鼠，脚踏夜叉；另一类为敦煌普遍形制，即左手执稍拄地，右手屈肘擎佛塔，如四川宝梵寺明代壁画中的北方多闻天王像。

据尊者世亲造、玄奘译《阿毗达磨俱舍论》卷一一《分别世品第三之四》载，在四天王天以下苏迷卢山（即须弥山）由上至下存在三级四大天王所统帅之夜叉神：恒憍、持鬘、坚手，此皆鬼类，非天道所摄。

另据隋达摩笈多译《起世因本经》卷九《劫住品第十》载："于海水上高万由旬，为空居夜叉，造颇梨宫殿城郭。"① 颇梨，sphatika，为佛教七宝之一，意译水精、水玉等，指状如水晶的宝石，可见空居夜叉的福报甚大。

除了空居夜叉，人间、地狱也有夜叉，如唐代实叉难陀译《地藏菩萨本愿经·观众生业缘品第三》曰："又（地狱之中）诸罪人备受众苦。千百夜叉及以恶鬼，口牙如剑，眼如电光，手复铜爪，拖拽罪人……万死千生，业感如是。"②

当然，北方毗沙门天王等既是药叉也是天王，药师③法系的十二夜叉神王和般若法系的十六药叉大将，皆是护法善神，他们的地位与一般药叉不可同日而语。

另外就是因战斗恩怨闻名的忉利天宫帝释天与阿修罗。忉利天即佛教"三十三天"，位居欲界六天中的第二重天，在须弥山顶上。④此天中央为善见城，是天主释提桓因（即帝释天，四天王天之主，在古印度为吠陀主神）的居处。三十三天各个城门皆有五百夜叉昼夜守护。尔时，鞞摩质多罗、罗睺罗、踊跃、幻化四阿修罗王欲共忉利诸天兴大战斗。难陀、优波难陀二大龙王带诸龙共地居夜叉、钵手（或译坚手）夜叉、持鬘夜叉、常醉（或译恒憍）夜叉、四大天王、天帝释、夜摩天、兜率陀天、化自乐天、他化自在天、虚空夜叉、诸小天王并三十三天所有眷属皆悉应战。

首楞严院慧心作《三界义》总结：如果依据《十地经》描述，那么，在须弥山北大海下，每过二万一千由旬存在一个阿修罗王宫，分别是罗睺阿修罗王宫、勇健宫、华鬘王宫、毗摩质多罗王宫；如果依据《起世经》描述，则在须弥山东西面的一千由旬外，有纵横八万由旬的毗摩质多罗宫。《起世经》还说，在人间山地中住着阿修罗中极弱者，现在西方山中的大深窟，有很多就是阿修罗宫。

据隋代阇那崛多等译《起世经·阿修罗品第六》说的更为详细：须弥山王东面，去山过千由旬的大海之下，有鞞摩质多罗阿修罗王国土，设摩婆帝宫城。在城中央置集会处，名曰阿修罗七头会处。集会处东面有鞞摩质多罗阿修罗王宫。南、西、北方各有诸小阿修罗王所住宫殿。在阿修罗七头会处四面，还有一切最小阿修罗等所住宫殿，以及鞞摩质多

---

① 《大正藏》第1册，第411页中。
② 《大正藏》第13册，第780页上。
③ 药师即药师琉璃光如来，简称药师如来、琉璃光佛、消灾延寿药师佛，为东方净琉璃世界之教主。
④ 欲界六天中，四天王天居须弥山腰，忉利居须弥山顶，此二天均未离开大地，因此称地居天。夜摩天以上诸天，居忉利天以上的空间，因此称为空居天。

罗阿修罗王苑,分别为娑罗林、奢摩梨林、俱毗陀罗、难陀那林。在娑罗林、奢摩梨林之间,有一大池名曰难陀。在俱毗陀罗、难陀那林中间,有一大树名苏质怛逻波吒罗。鞞摩质多罗阿修罗王侧恒常伴有五阿修罗:随喜、常有、常醉、牟真邻陀、鞞呵多罗。在彼鞞摩质多罗阿修罗王的宫殿之上,有深万由旬的大海水,由四种风轮(为住、安住、不堕、牢固)持令不堕坠。类似的,须弥山王南、西、北面各去山一千由旬的大海之下,有踊跃阿修罗王、奢婆罗阿修罗王、罗睺罗阿修罗王宫殿住处。

事实上阿修罗族在印度神话中最早还不是住在大海里的。他们为了巩固权力,在天上和地上用黄金、白银、黑铁构建了三个要塞,整体称为特里普拉,即三连城,后来被湿婆一箭摧毁了。

还有一对欢喜冤家,那就是迦楼罗和龙族。唐代不空译《佛母大孔雀明王经》卷上云,龙王或行地上,常居空中,恒依妙高山或水中。①据达摩笈多译《起世因本经·诸龙金翅鸟品第五》:大海水下,有娑伽罗龙王宫殿;须弥山王、佉低罗山,二山中间,复有难陀、优波难陀二大龙王宫殿住处;大海之北,有一名曰居吒奢摩离(隋言鹿聚)大树,在此大树东、南、西、北四面分别有卵生、胎生、湿生、化生的龙及金翅鸟等宫殿住处。②《起世因本经·阎浮洲品第一》还载:须弥山下……金胁山外雪山四面有四金峰,于山顶上有池,名曰阿耨达多。阿耨达多龙王与其眷属,在其龙王宫中居住游戏,受天五欲,快乐自在。③

在古印度,迦楼罗是大神毗湿奴的坐骑。毗湿奴与梵天、湿婆是印度教三相神之一,他掌维护宇宙之权,和神妃吉祥天住在最高天。而毗湿奴在佛教中被称为那罗延天,意译为坚固力士、金刚力士、人生本天等。据唐代慧琳撰《一切经音义》卷六"大般若波罗蜜多经卷四七〇"载:"那罗延(……一名毗纽天,欲求多力者承事供养,若精诚祈祷多获神力也。)"。④又《一切经音义》卷四一"大乘理趣六波罗蜜多经卷第一"载其形象:"此天多力,身缘金色,八臂,金翅鸟王,手持斗轮及种种器仗……"⑤总之,毗湿奴进入佛教,其身份就发生转变,后世以那罗延天具有大力之故,将他与密迹金刚共称为二王尊,安置于寺门或石窟(龛)门两侧。

复次,还有一对乐舞伉俪乾闼婆和紧那罗。据《起世因本经·阎浮洲品第一》载:阿耨达多龙王所住雪山南面不远有毗舍离城,城北有七黑山。七黑山北之香山,有无量无边紧那罗,常有歌舞音乐之声。彼香山中有二宝窟:杂色、善杂色。无比喻乾闼婆王与五百紧那罗女住其中,具受五欲,娱乐游戏,行住坐起。⑥在大乘诸经中,紧那罗众常列席法会。据鸠摩罗什译《大树紧那罗王所问经》卷一载,大树紧那罗王的住处在香

---

① 《大正藏》第19册,第417页中。
② 《大正藏》第1册,第387页中—下。
③ 《大正藏》第1册,第367页下。
④ 《大正藏》第54册,第340页上。
⑤ 《大正藏》第54册,第576页上。
⑥ 《大正藏》第1册,第368页中。

山,里面还有无量紧那罗、乾闼婆、摩睺罗伽等。① 在密教中,紧那罗为俱毗罗(毗沙门天王别称)之眷属,也为帝释天的执法乐神。另据北魏瞿昙般若流支译《正法念处经》卷六八曰:"过优陀延山……有大山,名曰善意……多有诸天乾闼婆王——鬘持天、三箜篌天……"②

最后,摩睺罗伽虽然没有明说处所,但大致归纳为:一、摩睺罗伽为腹行大蟒蛇、地龙,所居在地;二、据《起世因本经·阎浮洲品第一》载:须弥山下,在伕提罗至斫迦罗(隋言轮圆,即是铁围山也)诸山之外的大海北,在阎浮树、庵婆罗树林等树林间"复有诸池,毒蛇充满",③ 这是否与摩睺罗伽有关? 三、《大树紧那罗王所问经》卷一载,大树紧那罗王的住处在香山,里面有无量摩睺罗伽。

印度佛教哲学家世亲菩萨在公元四至五世纪时有《阿毗达磨俱舍论》(也简称《俱舍论》)传世,是我们理解佛教宇宙观的重要文献。《阿毗达磨俱舍论》④ 卷八描述的"三界九地"可以辅助我们深入地理解天龙八部存在的空间层次。"三界"于前已有阐释。"九地"是指众生于三界根据因果报应循环轮回中所处的居所或精神层面,其中欲界占一地(五趣杂居地),色界占四地(初禅离生喜乐地、二禅定生喜乐地、三禅离喜妙乐地、四禅舍念清净地),无色界占四地(即其四天之名各为一地)。当然,欲界五趣杂居地就是天龙八部的主要居所。据宋道诚《释氏要览》中讲:"即五趣也。一天,二人,三地狱,四畜生,五饿鬼。谓修罗四趣皆摄故,今开为一趣,故云六趣也。趣者何义……谓彼善恶业因能令有情到其生处……"⑤ 所以,阿修罗老是与诸天争战,盖与其在欲界的空间中有较多跨层次的能力相关,人道众生就受制于空间而处于"迷"中,地狱众生也受制于空间而受到恐怖的业报惩罚。

综上,天龙八部在三界中的居处境界大致如表1-2所示:

表1-2 佛教三界以及天龙八部居处境界示意表

虚 空		《俱舍论》卷一一云:"安立器世间,风轮最居下……次上水轮……余凝结成金……论曰:许此三千大千世界如是安立形量不同,谓诸有情业增上力,先于最下依止虚空……"《起世因本经》卷一云:"其须弥山王……其底平正,下根连住大金轮上。"
风 轮		
水 轮		
金 轮	须弥山	
地 狱		地狱无日月光,常吹僧佉暴风。地狱众生乃化生。地狱中有药叉、罗刹惩罚罪人。

---

① 《大正藏》第15册,第370页下。
② 《大正藏》第17册,第401页中。
③ 《大正藏》第1册,第367页中。
④ 《大正藏》第29册,第40页下—45页中。
⑤ 《大正藏》第54册,第291页上。

（续表）

日天，星宿	九山八海：以须弥山为中心，周围七金山。七金山之外有一铁围山。七山与铁围山之间为四大洲。九山即须弥山、七金山和铁围山；九山之间即八海	须弥山	♦ 人趣居须弥四洲及其眷属八洲 ♦ 饿鬼趣本处在南阎浮洲下五百由旬外，也散住于人天间 ♦ 畜生趣本处在大海中，而诸趣中也遍在 ♦ 阿修罗趣本处在须弥山麓与须弥海，而各处也遍在 ♦ 罗刹的住处在南洲所属的遮末罗洲 ♦ 龙部本处在大海中，而诸趣中亦遍在 ♦ 摩睺罗伽为地龙，住蛇满大池？受世间神庙所供酒肉 ♦ 迦楼罗与龙部比邻而居 ♦ 乾闼婆、紧那罗住在香山	月天，星宿
	钵手（军持天）、持鬘（三笞篌天）、常醉（常恣意天）		♦ 此三级为四天王所统帅之夜叉神所居（空居夜叉）	
	四天王天		东方持国天王，♦领乾闼婆；西方广目天王，领一切诸龙；北方多闻天王，领夜叉、罗刹、紧那罗（密教）	
忉利天		欲界六天	帝释天，乾闼婆、紧那罗在其天宫演乐	
夜摩天				
兜率天			善喜天	
化乐天				
他化自在天			自在天王	
初禅天（三天）		色界十八天	大梵天	
二禅天（三天）				
三禅天（三天）				
四禅天（九天）			色究竟天的为大自在天	
空无边处天、识无边处天、无所有处天、非想非非想处		无色界四天	没有质碍，超越了物质世界的束缚，只剩下受、想、行、识四种生命特性	

在佛陀的讲述中，诸天、龙、神、人皆自有生存样态：

地狱道，欲界六道中最苦的境界，陈真谛译《立世阿毗昙论》中称"泥梨耶"（niraya），唐玄奘译《俱舍论》卷一一《分别世品第三之四》中称"那落迦"（naraka），意即没有喜乐、福德的地方。这里的众生依据业报备受种种酷刑折磨。管理地狱的阎魔罗世诸众生等，"寿七万二千岁，亦有中夭"。①《俱舍论》此曰："琰魔王使诸逻刹婆……诸地狱器安布如

---

① 《起世经》卷七，《大正藏》第1册，第344页中。

是。本处在下，支派不定。傍生住处，谓水陆空。本处大海，后流余处。诸鬼本处琰魔王国。于此赡部洲下过五百逾缮那有琰魔王国，纵广量亦尔。从此展转散居余处……"① 表明部分罗刹居地狱。

饿鬼道，人因为前生造作恶业故转世鬼道。只有少数有威德鬼能享有人天福报，民间信仰所祭祀的鬼神，即多为此大威德鬼（《大智度论》称"弊鬼"）。大部分鬼为无威德鬼（《大智度论》称"饿鬼"），受饥渴大苦，故此道以"饿鬼"为名。按佛经归纳，药叉、逻刹婆（罗刹）、乾闼婆、摩呼罗伽等皆鬼趣摄，应属大威德鬼类。

畜生道，与地狱道、恶鬼道并列三恶道之一，亦云傍生，以其众生形傍（身多横住），行为亦傍（心多不正）。畜生道分为卵、胎、湿、化四生：卵生者身在鬼道，能展现神通飞空中，如鹅、孔雀等；胎生者身在人道，系天道中降德贬坠而来之众生，如牛马等；湿生者身在畜生道，朝游虚空，暮归水宿，如飞蛾等；化生者身在天道，如龙等。紧那罗、毕舍遮（以尸体为食的恶鬼）等皆傍生趣摄，其形象虽直立如人，但往往长尖耳，或长蹄子，或长动物脑袋等。

人道，据唐代实叉难陀译《大方广佛华严经》卷六〇所言："如人生已，则有二天恒相随逐，一曰同生，二曰同名。天常见人，人不见天。"②据《杂阿含经》卷三七言，如果行不善业则落罪于地狱，其后转生人道则受诸难，如果行十善业则有幸生于天上，后若转生人道则享福寿。③说明人身轮转地狱天堂，无非"五戒为人，十善生天"，皆因一个善恶"业"。《长阿含经》《俱舍论》等经典对人道描述颇多。人道居完全隔绝的四大洲：西牛货洲多牛羊、珠玉；东胜神洲土地极广大、极妙（肥沃）；北俱卢洲的人无有种族肤色优劣差别，只有纯物欲享受，缺乏崇高精神生活；南赡部洲之人，欲望重，造种种善、恶行，但能够修行佛道。阎浮提人寿命百年，瞿陀尼人寿命二百年，弗婆提人寿命五百年，皆有中夭；郁单越人定寿千年，无有夭殇。阎浮提、瞿陀尼、弗婆提人身长三肘半，衣广中七肘，上下三肘半；郁单越人身较之大一倍。阎浮提、瞿陀尼、弗婆提人有市易（买卖）；郁单越人所欲自然而无市易。阎浮提、瞿陀尼、弗婆提人有男女婚嫁之法；郁单越人谈不上婚嫁，其男女交合以树枝垂否而听顺天意。

阿修罗道，邪慢谄诳，性好争斗，但行不具足的十善，身口意行微恶，故感福报殊胜，有天人福祉但无天人德性。阿修罗可分为胎、卵、湿、化四生。卵生者身在鬼道，具有飞行神通；胎生者身在人道，也是从天道降德贬坠而来，居所邻近日月；湿生者身在畜生道，住于水穴口，朝游虚空；化生者身在天道，能执持世界，威势力大，堪与诸天神众战斗。诸阿修罗，寿命千岁（据《正法念处经》，④罗睺阿修罗五千岁，其一日夜等于人间五百岁；陀摩睺阿修罗六千岁，其一日夜等于人间六百岁；花鬘阿修罗七千岁，其一日夜等于人间七百岁），同三十三天，然亦中夭。阿修罗身长一由旬，衣广中二由旬，阔一由旬，重半迦利沙

---

① 《大正藏》第29册，第58页下—59页上。
② 《大正藏》第10册，第324页上。
③ 《大正藏》第2册，第272页下—273页上。
④ 《大正藏》第17册，第241上—417页下。

(隋言半两也)。诸龙及金翅鸟等，寿命一劫，亦有中夭。诸龙、金翅鸟、阿修罗等皆有婚嫁，男女法式，略如人间。一切诸龙、金翅鸟、阿修罗、四天王天、三十三天等若行欲时，二根相到，但出风气，即得畅适，无有不净。

天道，天道众生遍及欲界、色界及无色界三界共二十八天。在《过去现在因果经》中，诸天身体清净光明，心态欢悦适意，心念所动即应念而至。四天王天寿五百岁（人间五十年相当其一日）。四天王天身长半由旬，衣广中一由旬，阔半由旬，重一迦利沙。四天王天以上，即三十三天（帝释天）、夜摩诸天、兜率陀天、化乐诸天、他化自在天、魔身天等，诸天寿命、身长是低一层天的一倍，体重则减一倍。自此以上诸天，身量长短与衣正等无差。上述诸天皆有婚娶，略说如前。只是夜摩诸天，执手成欲；兜率陀天，忆念成欲；化乐诸天，熟视成欲；他化自在天，共语成欲；魔身诸天，相看成欲。并得畅适，成其欲事。

欲界以上所有诸天不存在男女性别差别，所以没有婚嫁事项。其寿命均以劫计。梵身天，寿命一劫。从其开始到光忆念天、遍净诸天、广果诸天、无想诸天，高层天为其低层天寿命翻倍。而到不粗诸天，寿命跃升至千劫。从其开始到无恼诸天、善见诸天、善现诸天、色究竟天，寿命递增为二、三、四、五千劫。到空无边处天时，寿十千劫。识无边处天，寿二万一千劫。其上无所有处天，非想非非想处天，寿皆又呈现如前翻倍的规律。

从四天王天到空无边处天，皆有中夭。从人到诸天，光明层层递进，但无法与最胜无上的如来光明比。

《起世经》卷七讲："一切众生有四种食（粗段及微细食、触食、意思食、识食），以资诸大，得自住持，得成诸有，得相摄受。"①意思是有情众生依靠"四食"，才能滋养身体的"四大"，以获得自我生命的相续安住，得以成就那些摄受果报因缘的德行与心性。

粗段及微细食：一般而言，饱腹之饮食为"粗段食"，如饭食麨豆及鱼肉等；被褥、按摩、洗浴、涂膏等身体保养即"微细食"。四大洲人的粗段食和微细食相类，只是郁单越人以福报故，有天然粳米，可以不耕作就得粗段食。

一切诸龙金翅鸟等，以诸鱼、鳖、虾、蟆……金毗罗等为粗段食，覆盖澡浴等为微细食。诸阿修罗、四天王天、三十三天、夜摩天、兜率陀天、化乐天、他化自在天等以天须陀味②为粗段食，诸覆盖等为微细食。自此以上诸天，皆以禅悦法喜、三摩提、三摩跋提为食，不再有粗段及微细食的概念。

以触为食：一切众生，受卵生者，如鸿、鹤、鸡、鸭、鸲、鸐、鸠、鸽、燕、雀、雉鹊乌等，皆以触为其食。

以思为食：有的众生，如鱼、鳖、龟、蛇、虾蟆等，依靠意业思惟，便能资润、润益诸根，增长身命。

以识为食：地狱众生，及四空处生命等，皆用识持以为其食。③

---

① 《大正藏》第1册，第345页中。
② 诸天等念欲食时，即于其前有众宝器自然盛满。天须陀味因果报高下而色彩有异，依次为白、赤、黑。
③ 据《起世经》卷七《三十三天品第八之二》整理此六道众生的生命存在状态信息。

《成唯识论》卷四认为，触食，触境为相；意思食，希望为相；识食，执持为相，并指出："段食唯于欲界有用，触、意、思食虽遍三界，而依识转随识有无。"① 可见，众生四种食也是蕴涵深密佛意的。

当然，这种基于单一宇宙时空认知的归纳，带有相当的局限性，虽然在一定程度上展现了天龙八部的境界状态，但并不能完全抓住佛家对天龙八部赋予的义理内涵。实际上，佛家有个"应缘等流化身"的说法，讲佛身可分五种：法身，即自性身，名毗卢遮那（遍一切处之意）；报身，名卢舍那（光明遍照之意）；应身，如释迦文，指八相成道之佛；化身，一时化现之佛；等流身，佛身示现为人天鬼畜等类同形。天龙八部也经常是佛、菩萨"应缘等流化身"的显现。如隋北天竺沙门阇那笈多译重颂《妙法莲华经·观世音菩萨普门品》曰："应以天、龙、夜叉、乾闼婆、阿修罗、迦楼罗、紧那罗、摩睺罗伽、人、非人等身得度者，即皆现之而为说法。"②

可见，在佛法的宇宙时空中无物常驻，皆为因缘流转，所以我们在佛教宇宙观中研究天龙八部就不能将其概念固化了，当知一切为名幻，证悟了三昧。

第三节 天龙八部的部系特征

一、天众（devās③）

天，deva，音译为"提婆"，是个独特而混沌的概念，在神话宇宙体系中有特殊的指代意义。佛经里的"天"，首先指凡间之上的清净光明善乐自在的美好境界；其次指住于天界的诸神，一般指欲界天人，女性称为天女（Devī）。天龙八部的"天众"，主要是后一重含义，指护持佛、法、僧的天神。

在汉地佛教系统中，有二十诸天④和二十四诸天（以二十诸天为基础加上紧那罗王、紫微大帝、雷神、东岳大帝）等说法。显然二十四诸天已包含天、龙、药叉、紧那罗四部众了。在天龙八部造像中，天众要么是文帝，要么是武将，民间艺人在选取相关造型因素时，一般会极力避免跟同地其他造像重复或冲突，或者根据经文来安排造像尊神。我们以常见的大梵天、帝释天来认识天众，为考察天龙八部造像、辨别尊格作认知铺垫。

（一）大梵天

梵天是在一层宇宙世界里自我诞生的，⑤原为印度古神，婆罗门教的创世神，梵文字

---

① 《大正藏》第31册，第17页中。
② 《大正藏》第9册，第57页中。
③ Deva是梵文的罗马字转写，表示一位天人。"天众"是复数的表示，为devās。其他八部皆同，后文不再注解。
④ 即大梵天、帝释天、四大天王、金刚密迹、摩醯首罗、散脂大将、大辩才天、大功德天、韦驮天、坚牢地神、菩提树神、鬼子母神、摩利支天、日宫天子、月宫天子、娑竭龙王、阎摩罗王。
⑤ 传说一：宇宙肇始之际，毗湿奴肚脐上的莲花产生了梵天。传说二：梵天是从漂流在水上的一颗金卵中诞生的。而金卵的剩余部分扩张成宇宙。梵天是至高存在"梵"（Brahman）和阴性能量自性（Prakrti）或幻象（Maya）的儿子。

母的创制者（故其又称"造书天"），① 与毗湿奴、湿婆合称印度三主神。在奥义书时代，梵天是常住的唯一绝对真理，即"梵我一如"。在摩诃婆罗多时代，梵天又"一体三分"，成为"梵天＋毗湿奴＋湿婆"同体的存在。但现在的婆罗门教或印度教教徒对大梵天往往敬而远之，或许与其创造灾难和魔有关。

在佛教中，"梵天"梵文为 Brahma，音译婆罗贺摩或梵摩，意译为离欲、清净之意。佛教将梵天列为色界之初禅天，实际包含三种境界，即梵众天、梵辅天与大梵天。其中大梵天王为统御，佛教中通常所说的"梵天"一般指"大梵天王"。大梵天王名为尸弃（Śikhin）或世主（Prajāpati），为劫初时从光音天下生造作万物之神，是初禅天界以下一切的天神。但他不能认识宇宙之更洪大境界，心生"憍大"。

大梵天王是佛的天部护法神中的首位，每当有佛出世，必定最先来恳请佛向人类说法，而且经常与另一位护法神——欲界天主帝释一起，侍卫于释迦佛左右。释迦牟尼自兜率天降生此世时，梵王为佛之右胁侍，持白拂作导引。释尊成道以后，他施舍自己的梵王宫殿请转法轮，故智光照物不为污行。《大悲经》记载，释尊行将入灭的时候，将护持佛法的重任交给了大梵天。

梵天的形象：

一类，一面两臂。汉地的梵天，多为中年帝王形象，戴发髻冠，衮服。其手部动作或持物主要有四种。

一是叉手而立，如大同善化寺大雄殿辽金时期大梵天造像。

二是手持莲花（或莲花状长柄熏炉），如北京法海寺明代壁画中的大梵天（图1-7）。形象缘自《大梵天王问佛决疑经·拈华品第二》记载："娑婆世界主大梵王，名曰'方广'，

图1-7　北京法海寺壁画中大梵天王持莲花像

---

① 唐代西明寺道世法师（？—683）在《法苑珠林》卷九中记载："昔造书之主，凡有三人。长名曰梵，其书右行；次曰佉卢，其书左行；少者苍颉，其书下行。"（《大正藏》第53册，第351页下）

以三千大千世界成就之根,妙法莲金光明大婆罗华,捧之上佛。"① 如来拈莲华示众佛事,到会八万四千人天大众皆止默然,只有长老摩诃迦叶破颜微笑。佛即将正法眼藏付属迦叶。

三是手持拂尘。造像根由可追溯玄奘《大唐西域记》"劫比他国"之记载:"昔如来……上升天宫……为母说法……将欲下降,天帝释乃纵神力,建立宝阶。中阶黄金,左水精,右白银。如来……履中阶而下,大梵王执白拂,履银阶而右侍;天帝释持宝盖,蹈水精阶而左侍。"②

四是手持长柄香炉(普通形或如意形)的形象。据南宋嘉熙元年(1237)沙门宗鉴所集《释门正统》卷三《塔庙志》载:"梵王执炉,请转法轮。金刚挥杵,卫护教法也。"③山西稷山青龙寺元代壁画中的大梵天(图1-8)、四川平武报恩寺明代壁画的大梵天、栖霞寺的大梵天造像等皆是此类持炉像。

在克孜尔石窟众多壁画中(如13、17、38、69、100、114、175、186的昙摩钳太子本生故事图),梵天形象为头盘螺髻或五小髻,④与其他天部形象区分很大(图1-9)。此为螺髻梵王,据唐代澄观撰《大方广佛华严经疏》卷五载:"尸弃,此云持髻,谓此梵王顶有肉髻似螺形故。亦名螺髻……貌如童子,身白银色,衣金色衣。"⑤

螺髻梵王在佛教中地位很独特,据唐朝阿质达霰译《秽迹金刚说神通大满陀罗尼法术灵要门》载:如来将入涅槃前,天龙八部等皆啼泣向佛,"……唯有螺髻梵王……前后天女……共相娱乐……时诸大众……策百千众咒仙,到于彼处……各犯咒而死……乃至七日无人取得……是时如来愍诸大众,即以大遍知神力,随左心化出不坏金刚……即自腾身至梵王所,以指指之。其彼丑秽物变为大地"。⑥ 如来所化秽迹金刚降伏螺髻梵王后,演说《秽迹金刚禁百变经》,开秽迹金刚殊胜法门。

图1-8 山西稷山青龙寺元代壁画中的大梵天王为手持香炉,中年帝王形象

---

① 《卍新续藏》第1册,第442页上。
② 《大正藏》第51册,第893页上。
③ 《卍新续藏》第75册,第298页上。
④ 姚士宏:《克孜尔石窟探秘》,新疆美术摄影出版社,1996年,第160页。见《克孜尔壁画上的梵天形象》。
⑤ 《大正藏》第35册,第540页上。
⑥ 《大正藏》第21册,第158页上。

二类，多头多臂形象。如四面①四臂，每一面三只眼，在古印度艺术中，其四臂一般分别持吠陀经典、莲花、法器、念珠或钵，在密教中手持莲花、澡瓶（军持）、②拂尘（或数珠），另有一手施无畏印（或唵字印）。也有三面二臂，四面八臂的大梵天王形象，后者以泰国的四面佛为代表。大梵天通常坐于莲花座上，其坐骑是一只鹅或由七只鹅拉的车子。云冈石窟第8窟后室门拱西壁鸠摩罗天（Kumara）即是大梵天的一种多头形象——童子天，③五头六臂，童子喜乐颜面，手中或托举日月，或执弓箭，左下手当胸持斑鸠（图1-10），骑孔雀（《大日经疏》卷五认为塞建那天就是童子天。塞建那即佛教的韦驮天，其坐骑为

图1-9 克孜尔第80窟后室左端壁帝释天（左）和大梵天（右，为螺髻）。据姚士宏《克孜尔石窟探秘》第162页

图1-10 云冈第8窟（约471—494）后室门拱西壁鸠摩罗天（下），上为飞天

---

① 传说梵天本有五个头，被砍掉一个。版本有二：一、毗湿奴因梵天自认为是创造宇宙的至高无上者而发怒，化身为恐怖杀戮者派拉瓦（Bhairava）砍掉其一个头；二、梵天创造了智慧女神辩才天，却又违背伦理娶之，故梵天不被湿婆与人们喜爱。湿婆大怒时，神灵南迪（Nandi）从他身上飞出，砍了梵天一个头。
② 澡瓶、军持乃僧人用以贮水的容器。《翻译名义集·揵椎道具》言："军迟：此云瓶。《寄归传》云：'军持有二：若瓷瓦者是净用，若铜铁者是触用。'《西域记》云'捃稚迦'，即澡瓶者。旧云军持，讹略也。"
③ 《大智度论》卷二九曰："又如童子，过四岁以上，未满二十，名为鸠摩罗伽。"（《大正藏》第25册，第275页中。）《玄应音义》说："鸠摩，正言究磨罗浮多。究磨者是彼八岁以上及至未娶者之总名也，旧名童子。浮多者旧译云真，言童真地也。"（《大正藏》第54册，第359页上。）

孔雀，所以，不难理解大梵天的鹅——韦驮天的孔雀——鸠摩罗天的孔雀的形象转化）。其形象依据为梁宝唱等集《经律异相·天部上》："大梵天王……颜如童子，名曰童子，擎鸡持铃捉赤幡骑孔雀。"① 及唐玄奘译《阿毗达磨大毗婆沙论》卷一二九《大种蕴第五中大造纳息第一之三》："应时大梵，即放光明，便自化身为童子，首分五顶……"②

（二）帝释天

帝释天，梵语 Śakra，全名为 Śakro devānām indraḥ（释提桓因陀罗）。其中的语素，Śakro（释迦）意为"能够、有能力"，devānām 意为"天人、神明"，Indra（因陀罗）意为"王者、征服者、最胜者"，合意为"能够为天界诸神的主宰者"。汉译为"释天帝"，但为了符合汉语语序习惯改称"帝释天"。

帝释天是吠陀神话中因陀罗的演化。因陀罗是阿底提跟迦叶波所生十二天神的老七，具有非凡的能力，长有一千只眼睛（故帝释天也名"千眼"），成为天神的首领——天帝。他把世界分为四部分，东方天国就归由自己统治，南方冥府交给弟弟太阳神的儿子阎摩，由哥哥海神婆楼那管理西方大海，财神俱毗罗则成为北方夜叉国的统领。因陀罗与阿修罗是宿敌，也有剪不断理还乱的因缘。如牟质阿修罗曾经跟他以兄弟相称，后来兵戎相见；阿修罗舍质（或舍脂）是他的妻子；等等。诸天与阿修罗的征战，多是这种情欲嗔恨所引起的。因陀罗的能力也是有限的，如曾经大败给罗刹王，变成孔雀逃难，需要弟弟毗湿奴的帮助才能度过劫难。在印度神话中，因陀罗一般手持金刚杵，骑着白象埃罗婆陀（象嘴里的四个牙齿是天地的四个支撑点），司职雷电与战斗，并喜欢喝苏摩酒自我陶醉。

佛教产生后，帝释天被吸收为护法神。据《杂尼迦耶·天杂品》所说，帝释的前生是摩伽陀国叫摩伽的婆罗门，姓憍尸迦，他乐善好施累福积德转生须弥山顶的第二天——忉利天——成为天主。还有一种说法是，迦叶佛涅槃时，有位女子发心修舍利塔供养，她从其他三十二人那寻求帮助，以此功德，他们命终后俱生于忉利天，以女子为天主，三十二人为辅臣。以是三十三人故，忉利天也名"三十三天"。

佛经上说帝释天曾化现七宝金阶，让释尊从忉利天一级一级地下生人世。释尊在忉利天为母摩耶夫人说法讫下行南瞻部洲时，帝释天手执宝盖在其左前方，和右前方执白拂的大梵天一起引路。这成为佛教艺术经常表现的样式。

神话中的因陀罗七情六欲很深，印度史诗《罗摩衍那》讲曾经勾引仙人乔达摩的美妻阿诃厘耶。十一世纪月天编著的古印度诗体故事总集《故事海》（Kathsaritsara）有更详细的描述，说乔达摩发现偷情后，诅咒品行不端的女人变成石头，诅咒因陀罗身上会有一千个脑袋，在看到工巧神创造的天女提罗多摩后，这一千个脑袋会变成一千只眼睛。因为这件道德败坏的事，因陀罗被罗摩战败而获羞辱。佛教帝释天延续因陀罗的本质，如据《譬喻经》讲，阿修罗王之女容貌倾天，帝释既以重金聘求又以武力威胁。阿修罗王大怒而爆发大战，这不过是多次类似战争中的一次罢了。但佛教也维护帝释天，如《杂阿含经》卷

---

① 《大正藏》第53册，第3页上。
② 《大正藏》第27册，第670页下。

四○是以"于一坐间,思千种义,观察称量"①的缘故称名帝释天为"千眼"的。

帝释天的形象,据《大日经疏》等描述为头戴宝冠,身披璎珞,手持金刚杵,身骑六牙白象(图1-11)。在中国佛教艺术中,有的作少年帝王像,男人女相;有的作青年女后像,大型作品并附有侍女三人,如山西稷山青龙寺元代壁画(图1-12)和北京法海寺壁画所绘帝释天等。②在克孜尔石窟中,帝释天与一般菩萨外形无异,有的帝释天在额头上有一只眼睛(象征千眼),这是识别帝释天的重要标志。于密教胎藏界外金刚院中,另有神王形等各种帝释天造像。

图1-11　帝释天　大藏经绘画　北京故宫博物院藏　根据《大般若经》卷一所绘

图1-12　山西稷山青龙寺元代壁画中的帝释天为双手合十之女帝形象

二、龙众(nāgās)

龙,梵文nāga,音译那伽、曩(nǎng)哦。古代中国和印度都有自己对龙的理解。

中国三皇五帝传说中就有很多龙,黄帝、炎帝更是和龙有解不开的因缘,致使中国人自称"龙的传人"。古中国之龙,据许慎《说文解字》解释,是长形的鳞虫(水族属),能自由变化幽明、大小、长短,春分时节登天,秋分时节潜渊。三国魏时张揖撰《广雅》有龙的

---

① 《大正藏》第2册,第291页上。
② 法海寺壁画的象征意味浓厚,如侍女中一位给帝释天打方顶幡盖,纪念帝释天为世尊华盖护持的功德;另一侍女右手拈一牡丹花,左手托一牡丹花盆,以示广施功德;第三位侍女双手捧一山石盆景,将忉利天所居须弥山浓缩为盆景,象征掌握小宇宙世界。

分类说法：有鳞者蛟龙，有翼者应龙，有角者虬龙，无角者螭龙，未升天者蟠龙。目前中国考古出土最早的龙造像在兴隆洼文化查海遗址，用红褐色石块堆砌而成，长近20米，制作时间约在8 000年前。中国龙为四灵之一（即龙、麒麟、凤凰、灵龟），也是十二生肖之一，并演化为皇族的象征，龙属阳，凤属阴。

名为"那伽"的种族自古即在印度大地生存，现今在东北印度阿萨姆（Assam）及缅甸西北部等地还散居着，他们以那伽（蟒蛇）为崇拜对象。古印度的龙——那伽，通常为一、三或七个蛇头（代表古印度的七个河口），一条蟒身的样子。人形那伽，上半身为人形，头顶蛇头如上所述。蛇头的颜色为古印度五大种姓的象征：东方——白色——刹帝利，南方——黄色——吠舍，西方——红色——婆罗门，北方——绿色——首陀罗，中央——黑色——无种姓（或不可接触者），或者符合记载中的龙王颜色。今印度、爪哇、柬埔寨等地皆存这种那伽崇拜的造像。（图1-13）

不管在古代印度还是中国，龙的生存样态和职能基本相似：住于水，能呼云起雨，具不测之力，惩恶扬善（恶龙则是反面

图1-13　柬埔寨吴哥窟那伽神像（七头样式龙王）

教材）等。佛教将古印度神话中的那伽吸收进来成为护法神众，进入中国后，又与中国本土的龙结合，形成了中国样式的图像与意义蕴含。

在本生、因缘、佛传故事里都有龙王的故事。如后汉竺大力共康孟详译《修行本起经》载佛诞时，难陀及优波难陀二龙王吐水为太子沐浴；龙树菩萨曾到龙宫看到诸多佛法宝藏，获得《华严经》传布人类；等等。《法华经》续品中记载护持佛法的八大龙王，分别为难陀（Nanda）、跋难陀（Upananda）、娑竭罗（Sagara）、和修吉（Vasuki）、德叉迦（Taksaka）、阿耨达（Anavatapta）、摩那斯（Manasvi）、优钵罗（Utpalaka）。众龙王中娑竭罗（海龙王）最出名，一者因其八岁女儿——龙女，以持《法华经》之功，即身成佛，这一罕见盛况，为天龙八部所见；二者因《海龙王经》《佛为海龙王说法印经》《佛为娑伽罗龙王所说大乘经》等皆为佛对此龙王所说。

《翻译名义集》卷二《八部篇第十四》"那伽"条云："堕龙中有四因缘：一多布施，二嗔恚，三轻傷（以弊）人，四自贡高。"[①]龙因布施而福报大，但也因为后三种业报而产生四苦：金翅鸟食苦；交合行欲时现本身——蛇身之苦；鳞甲细虫苦：龙鳞上的小虫将其咬得

---

① 《大正藏》第54册，第1078页中。

奇痒难忍；热沙炙身苦：龙怕热喜阴，所以出行往往用云雾遮挡阳光，但其龙鳞痒时，不得不用沙子摩擦止痒，但是热沙又像火在烧烤身体一样，产生了新的苦。但只要修行顺法，这些业报就无法加身。如《起世经》云，于其住处境界之中，金翅鸟王所不能取食啖诸龙，有阿耨达、娑伽罗、难陀等龙王。①《正法念处经》卷一八《畜生品》还记载，龙王摄属畜生趣，生于戏乐城，分为正见顺法、乐离放逸的法行龙王，和行不善法、不敬沙门及婆罗门、不孝父母的非法行龙王二种。前者有七蛇头，如婆修吉等龙王，不受热沙之苦，且以善心依时降雨，令一切五谷成熟。后者有于阎浮提现大恶身的波罗摩梯等龙王等，起恶云雨致使世间五谷皆悉弊恶，故而常受热沙烧身之业报。②

关于龙王的形象，说法很多：唐代不空译《佛母大孔雀明王经》卷上云，或有一、二乃至多首之龙王，或有无足、二、四乃至多足之龙王。

唐代澄观撰《大方广佛华严经疏》卷五阐释龙的五种形类："一象形……二蛇形。难陀龙王为主。三马形……四鱼形。婆楼那龙王为主。五虾蟆形……"③这与中国龙生九子各个不同的传说相类。

唐代一行撰《大日经疏》卷五中说："第二重厢曲之中置二龙王，右曰难陀，左曰跋难陀，首上皆有七龙头，右手持刀，左手持绢索……"④清代丁观鹏绘《法界源流图》中神龙八部之"莎竭海龙王"就是类此七蛇象征的，遵循经典原意。（图1-14）

图1-14　清代丁观鹏绘《法界源流图》第一部分：护法天王与神龙八部之"莎竭海龙王"

三、夜叉（yakṣās）与罗刹（raksasās）

夜叉和罗刹，摄鬼道。在古印度神话中，夜叉和罗刹同诞生于大梵天的脚掌，或是生主补罗私底耶的后代，归北方多闻天王所统领。夜叉与罗刹不同，整体上，前者对人类持友善态度。

据李翎《认识夜叉》一文指出，夜叉是印度古老的信仰崇拜对象，也是印度最古老的艺术母题之一。⑤夜叉，梵语yakṣās，音译作药叉、悦叉、阅叉、野叉等。李新业认为"夜

---

① 《大正藏》第1册，第333页中。
② 《大正藏》第17册，第105页下—106页中。
③ 《大正藏》第35册，第539页中—下。
④ 《大正藏》第39册，第635页上。
⑤ 李翎：《认识夜叉》，《艺术设计研究》2018年第2期，第21—26页。

叉"译名似乎更早于"阅叉"及"药叉"。他检索三国时吴国支谦译的《撰集百缘经》《佛说须摩提长者经》，发现上述古老经文中均出现"夜叉"三至四处，而无"阅叉"或"药叉"。①

由于yakṣ作为梵文语根，有尊敬、祭祀、躁动的意思，所以有译者将夜叉意译成贵人、威德、祭祀鬼，或轻捷、勇健、捷疾鬼、能啖等。印度民间还有祭祀夜叉以求福报的传统。如后秦僧肇撰《注维摩诘经》卷一说："夜叉，什曰：秦言贵人，亦言轻捷。有三种：一在地，二在虚空，三天夜叉也。地夜叉但以财施，故不能飞空。天夜叉以车马施，故能飞行。"②据《长阿含经》卷一二《第二分大会经第十五》、《阿毗达磨顺正理论》卷三一《辩缘起品第三之十一》、《阿毗达磨大毗婆沙论》卷一三三等载，夜叉受毗沙门天王统领，守护忉利天等诸天。夜叉队伍很庞大，经典中常述及身为正法守护神或守护国土的各类夜叉。据《金光明最胜王经》卷一《序品》载，毗沙门天王为上首，庵婆、持庵等三万六千药叉众来会。据《大日经疏》等，北方毗沙门天王手下就有夜叉八大将，③他们属下又各有七千小夜叉。据北凉昙无谶译《大方等大集经》卷五二《毗沙门天王品》载，北方毗沙门王有无病等十六夜叉大将（或称般若十六善神），及伊奢那等五十夜叉军将，守护《般若经》及其诵持者。据唐代玄奘译《阿毗达磨大毗婆沙论》卷一八〇载，两国交战时，护国药叉先比斗，其结果会影响战局发展。

《药师如来本愿经》载有十二夜叉神将，④誓言护卫《药师如来本愿经》之受持者。就天龙八部研究来说，药师十二神将中有两尊很有意思：

一是摩虎罗大将（Makura/Mahala），又译摩呼罗、摩休罗、摩睺罗、薄呼罗，意译为执言神，义为"蟒龙行""腹行""大戏乐"或"执日行"。其本地为药师如来，守护卯（兔）时之神。通身青色，略忿怒相，戴兔冠，赤发上耸，左手持斧，右手当腰做拳。显然，摩虎罗大将与摩睺罗伽的根义相同。

二是真达罗大将（Sindura/Cindala），又译新达罗，意译为执想。其义是"一角"或"疑神"，此尊因头生一只角，人见必起疑而名。其本地为普贤菩萨，守护寅（虎）时之神。身呈黄色，头戴虎冠，现笑怒容貌，左手把宝棒，右手捧宝珠。这里，真达罗大将实质可视为紧那罗的另一种示现。因此，对我们认识天龙八部尊格有一定参考意义。

还有夜叉危害众生。据元魏昙曜译《大吉义神咒经》卷三等经典载，诸夜叉、罗刹鬼等，常作手持刀剑戟等，变形、多面的可怖狮、象等形象，令人错乱迷醉，进而饮啜其精气。

在印度佛教中，夜叉形象一般丑陋、矮小，且手脚多为区别于人或神异相标志，或二趾二指，或三指三趾。

在中国，夜叉的形象多健壮有力，并常以面容狰狞、手托小孩的护法神形象出现。在

---

① 李新业：《"夜叉"一词在汉语中的演变》，《寻根》2010年第5期，第102—104页。
② 《大正藏》第38册，第331页下。
③ 又叫八马郡，即摩尼跋陀罗、布噜那跋陀罗、半只迦（散脂大将）、娑多祁哩、醯摩嚩多、毗洒迦、阿吒嚩迦、半遮罗等。
④ 药师法门十二神将：宫毗罗（猪）、伐折罗（狗）、迷企罗（鸡）、安底罗（猴）、頞你罗（羊）、珊底罗（马）、因达罗（蛇）、波夷罗（龙）、摩虎罗（兔）、真达罗（虎）、招杜罗（牛）、毗羯罗（鼠）。

唐代天龙八部造像中，夜叉多以手擎小儿、竖目发怒的形象出现。夜叉持小儿，这是佛义的传布逐渐世俗化的产物，表达人们祈福趋利，渴望家族子孙绵绵瓜瓞的愿望。查其造像根源，当在东晋佛陀跋陀罗《观佛三昧海经》卷七《观四威仪品第六之余》。斯经记载，舍卫国内财德长者教其三岁的儿子令受三归。受饥火所逼的散脂鬼神进城抢孩子吃，这个小孩称南无佛，使得鬼王口噤不能得食。散脂鬼神于是狗牙上出、以眼出火吓唬小儿。小孩看见夜叉形象丑恶，因而惊怖，口念南无佛、法、僧。释迦佛天耳远闻，携阿难到旷野泽，放眉间白毫大人相光照小儿身，令其不惊惧。但旷野鬼举大石掷世尊，眼出雷电雨雹如雨。佛慈悲待旷野鬼，但鬼犹不降服。金刚神（据《大日经疏》卷一载，密迹力士为夜叉王，称为金刚手，或执金刚）化金刚杵为大铁山，四面猛火炎炽绕鬼七匝焚烧鬼身。鬼王惊怖抱持小儿，向佛陀求饶。小儿教化鬼王称南无佛。密迹金刚警告鬼王伏罪归依佛法。旷野鬼说："我恒啖人，今者不杀当食何物？"释迦佛敕弟子施食令鬼王饱满直至法灭。于是鬼王欣然受佛五戒成为佛子。世尊降服旷野食人夜叉，展现了诸佛神通境界与慈悲力，是深奥佛教教义的体现。在克孜尔石窟14、163、171窟中就已有"度旷野夜叉"佛传故事画。约八世纪莫高窟第445窟北壁弥勒下生经变，中唐第158窟西壁涅槃变佛塑像脚后方、第159窟西壁北侧文殊变、第361窟弥勒经变、晚唐第138窟维摩诘经变的壁画以及藏经洞出土的一幅绢本药师净土变相（该绢画现藏伦敦大英博物馆，编号Ch.lii.003，推测为中晚唐）中可见这种抱童夜叉。①（图1-15、16）

据王芳研究，在敦煌五代时期的绘画中，这种天龙八部题材夜叉怀抱童子的造型，演化出单手向上托举童子嬉戏的新样式。敦煌藏经洞出土五代曹元忠（944—974年在位）雕印版画（图1-17），左

图1-15 莫高窟中唐第158窟西壁涅槃经变中怀抱童子的夜叉（采自《中国敦煌壁画全集7》）

图1-16 藏经洞出土Ch.lii.003 绢画药师净土变相中怀抱童子的夜叉，以及戴虎皮帽者经常出现在巴蜀石窟天龙八部中

---

① 王芳：《敦煌唐五代旷野鬼夜叉图像小议》，《敦煌研究》2016年第6期，第58—69页。

上附榜题"大圣毗沙门天王",下部书写"大晋开运四年(947)"的发愿文。① 画面中央为地神擎住双足的托塔毗沙门天王,其右侧侍立天女(有学者如李翎等认为是辩才天),左侧侍卫穿虎皮衣并执鼠囊的力士,左后方站立单手擎举童子的夜叉[该形象来源还有一说。据《大唐西域记》卷一二记载,传说瞿萨旦那国(于阗国)开国国君年老却无胤嗣,乃往毗沙门天神所求子,神像额上剖出婴孩,从此传国君临,不失其绪。另学者李翎认为是鬼子母形象的夜叉组合②]。同类形象还出现在榆林窟第35窟北壁通壁绘制的大幅文殊变中。不过,笔者感觉,天龙八部图像和毗沙门天王图像不能简单划等号,虽然二者有很多相似处,但其图像根源不同,图式含义也不同,要慎重将二者归结为继承与发展的关系。

图1-17 后晋开运四年(947)版画《大圣毗沙门天王》(采自《中国版画全集1:佛教版画》图23)其托童子夜叉和戴虎皮帽者对巴蜀天龙八部造像研究有提示价值

夜叉与小儿,在佛教艺术题材中常见的还有鬼子母。克孜尔石窟34、171窟中,即绘有"鬼子母失子因缘"故事画。元魏吉迦夜共昙曜译《杂宝藏经》卷九中说:夜叉鬼子母暴虐,常食人子。佛将鬼子母之子藏于钵底。鬼子母遍寻不得,问佛所在。佛使鬼子母见钵下之子,"尽其神力,不能得取"。鬼子母如所佛敕教,"受持已讫,即还其子"。③因此,鬼子母成为儿童守护神,在民间影响巨大。如唐代义净《南海寄归内法传》卷一"九受斋轨则"条载:"西方诸寺,每于门屋处,或在食厨边,塑画母形,抱一儿子……每日于前,盛陈供食。其母乃是四天王众,大丰势力。其有疾病无儿息者,飨食荐之,咸皆遂愿。"④

当然,在中国,夜叉还有其他形象,如云冈石窟中常见的塔底怒发上冲、形似鬼怪的扛托形象是为地夜叉。地夜叉的形象在龟兹石窟的壁画中多处出现,其形状是一个尖耳持剑的人物。北魏敦煌莫高窟26窟的飞行天男和隋敦煌莫高窟407窟所刻划飞行状手托莲花或博山炉的天女,是为飞行夜叉。

罗刹,梵名Rākṣasa,又作罗刹娑、罗乞察娑、阿落刹娑、涅哩底,意译为可畏、速疾鬼、

---

① 发愿文为:"北方大圣毗沙门天王,主领天下一切杂类鬼神。若能发意求口,悉得称心虔敬之徒,尽获指祐。弟子归义军节度史特进检校太傅谯郡曹元忠,请匠人雕此印板。惟口国安人泰,社稷恒昌,道路和宁,普天安乐。于时大晋开运四年丁未岁七月十五日纪。"五代刻本《大圣毗沙门天王像》现藏大英博物馆(编号S.P.245Chxxx002)。法国吉美博物馆藏若干同类版画。
② 李翎:《佛教与图像论稿续编》,文物出版社,2013年,第64页。
③ 《大正藏》第4册,第492页上。
④ 《大正藏》第54册,第209页中。

护者,为专食人血肉、暴恶可畏的恶鬼。罗刹女,梵语Rākṣasī,译作罗叉私、罗刹斯,为甚姝美妇人样。罗刹男则极丑,黑身、朱发、绿眼,具神通力,可于空际疾飞,或速行地面。此外,罗刹亦为地狱之狱卒,又称阿傍、阿防等,其形象有牛头、鹿头、羊头、兔头等多种。

当然,罗刹跟夜叉一样,也有护持《法华经》的十位罗刹女,在《法华十罗刹法》中,她们分别为:

蓝婆(似药叉,面肉色,衣色青,立姿,右手独股当右肩,左手持念珠垂左膝上);

毗蓝婆(似龙王,面色白,衣色碧绿,右手把风云,左手把念珠,前立镜台);

曲齿(似女仙,面伏低,衣色青,前捧香花,长跪居,半跏坐);

花齿(似尼女,面少低,衣色紫,右手把花,左手把花盘);

黑齿(似神女,衣色都妙色,右手取叉,左手军持,半跏坐);

多发(似童子,面如满月,肉色,右手取铜环,左手如舞,长跪居);

无厌足(似顶经之形,恒守护,衣色浅);

持璎珞(似吉祥天女,面肉色,衣色金,左右之手持璎珞,结跏趺坐);

白幸帝(似顶鸣女形,衣色红青,右手把裳,左手持独股,如打物形,立膝居);

夺一切众生精气(似梵王帝释女,出顶忿怒形马头,带铠伏甲,衣杂色,右手持杵,左手持三股,结跏趺坐)。①

克利夫兰美术馆收藏有名为《天龙八部罗叉女众》的水陆画。在画右上方,用金字书"大明景泰五年八月初三日施",上钤"广运之宝"朱文大方印;在画左下方书墨书"御用监太监尚义王勤等奉命提督监造"。画面上方四位罗刹女美丽端庄,分别持刀剑等兵器,可分别定为持刀、蛇冠、持剑、持弓矢夜叉女。下面四位主神,中右为举蛇丑怪力士状,当为摩睺罗伽(在另一幅天龙八部水陆画中相同形象被题注为夜叉,笔者认为是画家错误),中左手持经卷戴兽头帽者推为乾闼婆,下右戴鸟冠持笛者为紧那罗,下右由夜叉撑华盖护卫的持笏板帝王形象者当为帝释天王。虽说此画题为夜叉女众,实际上是表现帝释天统帅下的,由乾闼婆、紧那罗和摩睺罗伽带领的伎乐众。(图1-18、19、20)

图1-18　佛教水陆画《天龙八部罗叉女众》现藏克利夫兰美术馆

---

① 《大正藏》第21册,第377页中—下。

图1-19 水陆画《天龙八部罗叉女众》中的罗刹女局部　现藏克利夫兰美术馆

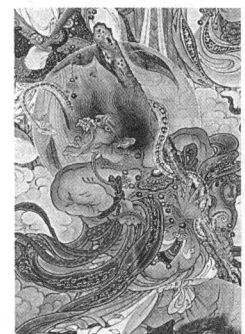

图1-20 佛教水陆画《天龙八部罗叉女众》尊像：摩睺罗伽、乾闼婆、紧那罗、帝释天　现藏克利夫兰美术馆

蒲松龄《聊斋志异》中有一篇《罗刹海市》，讲主人公马骥航海到罗刹国的奇遇故事。这是因为佛经中经常讲罗刹住在大海并作怪，需要念持观音的名号方能脱难（如《妙法莲华经·观世音菩萨普门品》）。北凉昙无谶译《大方等大集经》卷二三提到，在阎浮提外南、西、北、东四个方向的大海之中各有一山，每座山上有三种瑞兽，每个兽由神、罗刹女及各自五百眷属供养。具体对应关系如下：南——潮（琉璃质）——蛇（住种种色窟）、马（住上色窟）、羊（住善住窟）——无胜山树神和善行罗刹女供养；西——颇梨山——猕猴、鸡（住誓愿窟）、犬（住法床窟）——火神和眼见罗刹女供养北——菩提月银山——猪（住金刚窟）、鼠（住香功德窟）、牛（住高功德窟）——动风风神和天护罗刹女供养；东——功德相金山——狮（住明星窟）、兔（住净道窟）、龙（住喜乐窟）——水天水神和修惭愧罗刹女供养。十二神兽昼夜常行阎浮提内，一日一夜，常令一兽游行教化（以七月一日鼠初游行为开始），余十一兽安住修慈。循环往复十二月，复十二岁。① 上述记载，除了"狮"与"虎"的不同外，与十二生肖有紧密的关联。

---

① 《大正藏》第13册，第167页中—168页上。

在史诗《罗摩衍那》中，罗婆那（Ravana）是罗刹王，他在苦行时，因愤怒梵天的无视而将自己的头切掉，但每次都会生出新头，如此反复十次（所以他又称十头罗刹王），终于感动了梵天。罗婆那向梵天要求永生，要求野兽、神魔都不能伤害他。梵天在他肚脐注入不死花蜜，只要花蜜存在，他就如约而不可战胜。但罗婆那轻蔑的凡人却不在此约定之中。结果，在罗婆那危害世界时，众神魔都无能为力，最后毗湿奴化身罗摩（人类），在神猴哈奴曼的猴子大军帮助下才战胜了他。在唐代实叉难陀译《大乘入楞伽经》表明佛教吸纳了古印度神话中的罗婆那罗刹王。佛经讲，释尊在海龙王宫说法七日之后，出海看见了摩罗耶山顶的楞伽大城，[①]告诉无数梵天、帝释、诸大护法天龙等：过去诸佛都在此地演说自己以正智证涅槃之法，他现在也为罗婆那王开示此法。经中既提到"罗婆那夜叉王"，也提到"我是罗刹王，十首罗婆那"和"罗婆那十头罗刹楞伽王"（见元魏菩提流支译《入楞伽经》）等。可见，无论是夜叉还是罗刹，虽然二者皆有作恶多端者，但二者的分别，在他们随法顺行，誓愿护持佛法，保护正法正行之人时，并不是绝对的。在成为佛教的守护神后，夜叉和罗刹也成为民间教化的一种强大力量。（图1-21）

图1-21 十首罗刹王罗婆那

四、乾闼婆（gandharvās）

据古印度史诗，创世第三代神迦叶波和达刹之女牟妮生下了乾闼婆族，抑或乾闼婆为创世第二代神补罗私底耶的后代。而《毗湿奴往世书》则说，在创世神梵天唱歌时从其身上钻出了乾闼婆。因此，虽然乾闼婆的神格地位不算高，但在古印度神话体系中也算原始神之一，在"搅乳海"之前，天神、阿修罗、乾闼婆和阿卜婆罗（或译阿布沙罗斯，应为群体代称）都无忧无虑地生活在须弥山中。在"搅乳海"时，美妙绝伦的阿布沙罗斯被搅出，成了乾闼婆的妻子，有此天赐幸运的神并不多。在吉祥天女产生时，乾闼婆在毗湿瓦瓦苏（Visvavasu，半人半马的乾闼婆）率领下为她歌唱，阿布沙罗斯在格瑞塔西带领下为她跳舞。《梨俱吠陀》中的乾闼婆，是神酒苏摩的守护神，水中女神阿布沙罗斯的丈夫。《梨俱吠陀》说乾闼婆反对过因陀罗。《阿闼婆吠陀》说乾闼婆危害空气、森林和江河湖海。在

[①] "楞伽"系梵音，意译为"难入"。原指摩罗耶山陡削险绝，楞伽城本无门户，非神通者不可入。今以处表法，譬喻此经乃是微妙第一了义之教，非大乘利根之人，不可得入。

吠陀以后的神话中，乾闼婆还曾与人类为敌。

佛教中的乾闼婆，梵语 gandharva，又作健达婆、健闼婆、犍达婆、康达婆、乾沓婆、犍挞婆、乾沓和、健达缚、彦达缚、巘沓缚、犍陀罗，等等，意译为香神、食香、嗅香、寻香主、寻香行、香阴。看来，"香"是乾闼婆的根本属性。如隋吉藏撰《法华义疏》卷一曰："犍挞婆，此云香阴，以其清虚食香，又身唯恒出香……"① 英国斯坦因于1900年至1901年在新疆于阗丹丹乌里克遗址发现了用灰泥制作的这一浮雕斑块片段。雕塑发髻高束，圆形头光，袒上身，佩项圈，双手持串珠花环，腰部戴串珠，着花瓣形裙子，可见白、蓝、黑、红色颜料痕迹。这应该是以"香"为特征的乾闼婆造像。（图1-22）

图1-22　乾闼婆像　新疆于阗丹丹乌里克遗址出土　14×10.5 cm　四至五世纪　大英博物馆收藏斯坦因西域美术品（隆日编译）

何谓香阴之"阴"？这要提到"健达缚"② 一个重要内涵——欲界"中有"（中阴）③ 之身。欲界众生肉体亡后，神识寻觅另一新肉体的过渡状态就是"中有"（中阴）身，因其只以香为食，故称"香阴"。据《大毗婆沙论》卷六九、《俱舍论》卷九等载，入母胎须有"三事合会"：母体调适、父母交爱和合、健达缚正好现前。所以，健达缚——中阴，为入母胎三种条件之一。"中阴"入胎前，"彼由业力所起眼根，虽住远方能见生处父母交会，而起倒心。若男，缘母，起于男欲。若女，缘父，起于女欲……时健达缚于二心中随一现行，谓爱或恚。彼由起此二种倒心，便谓己身与所爱合。所憎不净泄至胎时……中有便没，生有起已，名已结生"。④ 有的文献认为吠陀时代新婚者床上常置一代表乾闼婆的木棒，有人解释为乾闼婆淫乱好色，笔者以为"三事合会"的义理才是真正原因。

欲界中的乾闼婆，是食极微细香气之众生（因中阴身有意识，故仍须饮食）。祭祀、起乩、拜神皆焚香，即此用意，因鬼神乃触气而饱，香为其饮食。香亦有善香、恶香等级区分，在佛教中具有深厚的文化内涵，焚香之人不得不察。

当然，在《长阿含经》卷二二还记载了乾闼婆的其他食物："阎浮树其果如蕈，其味如蜜，树有五大孤，四面四孤，上有一孤。其东孤孤果，乾闼和所食。"⑤

---

① 《大正藏》第34册，第465页中。
② 健达缚（gandharva），详称健达颇缚（gandha-arva）。健达（gandha）是接头字，颇缚（arva）系从语根 arb 而来，有"行"及"食"之义，因此译作"寻香"或"食香"。
③ 中阴（Antrabhara）：佛说，人死后以至往生轮回某一道为止的一段时期，共有四十九天。此时期亡者的灵体叫中阴（极善极恶之人没有），如童子五六岁之形（《俱舍论》），罪福未定。佛教以为在这四十九天中为亡者做佛事，愿亡者神，可使其修福受益，使生十方净土。如此，每七日为一期，叫作"做七"。
④ 《俱舍论》卷二，《大正藏》第29册，第46页下。
⑤ 《大正藏》第1册，第147页下。

乾闼婆是帝释天的司奏伎乐之神，因陀罗王焚一种牛头栴檀香就可召唤他们嗅香而至妙法堂演奏，故又俗称香音神。《注维摩经》卷一载："什曰：乾闼婆，天乐神也。处地十宝山中，天欲作乐时，此神体上有相出，然后上天也。"① 唐代智顗说、湛然略《维摩经略疏》卷二云：乾闼婆"身黑相现，即上天奏乐。往世好观听妓乐，戒缓故堕神行施"。② 就奉侍帝释而言，乾闼婆与紧那罗职责大同小异，但紧那罗所奏为法乐，乾闼婆所奏为俗乐（即《妙法莲华经文句》卷二下所说的"天帝俗乐"）。据《大智度论》卷一〇所载，乾闼婆王至佛所弹琴赞佛，三千世界皆为之震动，摩诃迦叶甚至不安其坐。《经律异相》卷四六《乾闼婆第二》记载：（注：妙音或妙香）乾闼婆王住雪山右城，其五百乾闼婆随从止住十宝山（注：雪山、七黑山、香山）间的为昼、善昼二窟。帝释天叫执乐神般遮翼（Pacasikh）持琉璃琴于佛前歌。佛赞之"悲和哀婉感动人心"。帝释天于是让该乾闼婆补他父亲的职位，执乐神的最上位，并把女儿嫁给他。

据宋代法天译《佛说毗沙门天王经》载，乾闼婆众还由东方持国天王率领守护东方，"歌舞作唱而受快乐"。③ 持国天王统领的乾闼婆食香，他还统领啖精气鬼毗舍阇，啖有情及五谷精气。香气与精气皆是缥缈的形态，但皆是生命精华。乾闼婆在梵语中还有"变幻莫测"的意思，古印度人将海市蜃楼叫作"乾闼婆城"（gandharva-nagara）。佛经中也常用乾闼婆城来形容诸法的如幻如化。如《大智度论》卷六云："解了诸法……如犍闼婆城，如梦，如影，如镜中像，如化。"④

说到守护，密教中有位"旃檀乾闼婆神王"，唐代善无畏译《童子经念诵法》言"旃檀乾闼婆大鬼王并十五大鬼神"为守护胎儿及孩童之神，依元魏菩提流支译《佛说护诸童子陀罗尼经》所载："有夜叉罗刹（注：弥酬迦等十五鬼神），常喜啖人胎，非人王境界，强力所不制，能令人无子，伤害于胞胎。男女交会时，使其意迷乱。怀任不成就，或歌罗安浮。无子以伤胎，及生时夺命。"⑤ 并与宋太宗时代施护译《佛说守护大千国土经》等详细说明了咒护化解方法等。

如果诚心诵读乾闼婆神王陀罗尼，则能远离上述鬼神扰害。这与通常赋予乾闼婆"乐神"的身份不同。《大正藏·图像部》卷三图79"童子经曼陀罗图"中，有个武士头像上置兽首帽（虎头帽），右手持三叉戟，左手展示珠宝，其上方书写"旃檀乾闼婆王"。⑥（图1-23）又据《大正藏·图像部》卷七"天部"所画武士形象乾闼婆，利牙上出，左手牵鬼众，右手持三叉戟，右侧有一群其护佑之孩童。（图1-24）上述经典中乾闼婆的图像样式，与前述后晋开运四年（947）版画《大圣毗沙门天王》中戴虎头帽者相类似，这也是学界对

---

① 《翻译名义集·八部》的说法有些微不同："乾闼婆，此云香阴，此亦陵空之神，不啖酒肉，唯香资阴，是天主幢倒乐神，在须弥南金刚窟住。什曰：天乐神也。处地十宝山中，天欲作乐时，此神身有异相出，然后上天。"（《大正藏》第54册，第1078页下—1079页上。）
② 《大正藏》第38册，第582页上—中。
③ 《大正藏》第21册，第217页中。
④ 《大正藏》第25册，第101页下。
⑤ 《大正藏》第19册，第741页下。
⑥ 此图与典上记录有些微差别。据李翎《佛教与图像论稿续编》采日本仁和寺样，其图像是旃檀乾闼婆王与十五种鬼的曼陀罗，样式为：乾闼婆王，形如冥官，甲胄形，坐石上，垂右足，抬右手压膝，左手持戟，顶上有牛头。

图 1-23　旃檀乾闼婆与诸鬼图，或称"童子经曼陀罗"(《大正藏·图像部》卷三与北京大慧寺明代乾闼婆像)

乾闼婆"戴虎头帽"形象认定的依据之一。但学者李翎对此存疑，认为戴虎头帽者应可能是画师在表现独健(毗沙门天王第二子)时，依据吐蕃勇者穿"大虫皮"①的制度所创造。笔者赞同此分析，但也认为乾闼婆形象应该也是数种造型因素，比如持国天王、毗沙门天王眷属等形象因素的融合、取舍与挪借而产生的。在北京大慧寺明代的乾闼婆造像就是兽首帽武将造型。

古代西域有称呼艺人为乾闼婆的习俗(如西域人称魔术师就是"乾闼婆")，因艺人们不营生业，唯寻诸家饮食之香气，便往其门作诸伎乐而乞求。②据吴支谦译《撰集百缘经》卷二，舍卫国中有五百位琴艺精湛的乾闼婆，常受波斯匿王之命，以妙音歌舞供养佛陀。但有位善爱乾闼婆王，恃才傲物，欲与此五百乾闼婆一较琴艺高下。波斯匿王带善爱来到佛陀居处。佛陀以神技演琴促其除去其

图 1-24　乾闼婆王(《大正藏·图像部》卷七"天部")

---

① 转李翎研究。据《贤者喜宴》记载："勇者的标志是虎皮袍；贤者的标志是告身。所谓六褒贬是：勇士裹以草豹与虎皮；懦夫贬以狐帽；……所谓六勇饰是虎皮裈、虎皮裙两首，缎鞯及马镫缎垫两者，项巾及虎皮袍等，共为六种。"(黄颢译：《〈贤者喜宴〉摘译》(三)，《西藏民族学院学报》1981 年第 2 期)

② [唐]窥基：《唯识二十论述记》卷上，《大正藏》第 43 册，第 985 页上。

心中的憍慢，并修行证得阿罗汉果。①这里的乾闼婆就是艺人的意思。

善爱乾闼婆王在佛教文化中享有崇高的地位，他是释迦入灭前度化的佛弟子。据佛经记载：帝释天多次告知乐神善爱乾闼婆王要其去为佛服务，善爱乾闼婆王只知弹琴不知敬佛。佛行将寂灭时，觉得应度化者已度化，唯此乐神尚未调伏，于是佛亦变为乾闼婆与其比试奏演箜篌。善爱终被降伏，皈依佛法。"度化善爱乾闼婆王佛传故事画"的壁画题材在中国早期龟兹、克孜尔石窟中是多见的。龟兹石窟中的乾闼婆为神的形象，头上有项光，浑身饰以珠环，全身长帛飘动，跣足，一手执琴，一手作着舞蹈的姿态，胸前挂着璎珞，显得雍容华贵。克孜尔窟第196窟壁画上善爱乾闼婆王坐于佛左侧作弹箜篌状，佛金刚座前置一无弦箜篌，正是佛总断之箜篌。佛右侧坐一人，左手抱金刚杵，象征以金刚杵摧善爱乾闼婆王的烦恼邪念，使其"闭恶趣门，开涅槃路"皈依佛法。在克孜尔石窟第4、13、80、98、163、172、171、178、179、224窟中，画面为两身并列的立像，右侧为女装打扮，夹持一箜篌作弹奏状；左侧为裸上身男装，将右臂依于女装肩旁。（图1-25）

宋代法贤译《佛说帝释所问经》中记载了一位五髻乾闼婆（Panchasikha），②其形象在龟兹早期壁画中也十分常见。五髻乾闼婆是以其头上有五髻而得名。据说这五个发髻分别代表"五通"：天眼通、天耳通、他心通、宿命通、如意通。在克孜尔石窟第14、80、99、175窟主室正壁，采用塑绘结合的手法，描绘乐神五髻乾闼婆持琉璃宝装箜篌，以彼妙乐供养佛，以此为前导，帝释天率领忉利天众前往摩伽陀国毗提哂山帝释岩中，以四十二事问佛的情况。（图1-26）

据《法华经》卷七《观世音菩萨普门品》，乾闼

图1-25　乐神善爱乾闼婆王与眷属　克孜尔第171窟　约四世纪中叶至五世纪末　德国柏林亚洲艺术博物馆藏

图1-26　五髻乾闼婆王与眷属克孜尔第80窟　约六至七世纪

---

① 《大正藏》第4册，第211页上—212页下。
② 宋代法贤译《佛说圣多罗菩萨经》提到"香醉山五髻乾闼婆王宫"："是时，五髻乾闼婆王与七十二百千乾闼婆女，作种种妓乐，来诣佛所。"（《大正藏》第20册，第470页中）

婆是观音三十三化身之一的马郎妇。据《千手千眼观世音菩萨广大圆满无碍大悲心陀罗尼经》等则以之为观音二十八部众之一。唐代不空译《补陀落海会轨·第五院钩召被甲法》载乾闼婆形象为"顶上八角冠,身相赤肉色,身如大牛王,左定执箫笛,右慧持宝剑,具大威力相,发髻焰鬘冠",①普陀山普济寺圆通宝殿的乾闼婆形象就如上所述。

乾闼婆在《梨俱吠陀》中是卷发执武器的形象,在《阿闼婆吠陀》中是身有毛的半人半兽,在注释吠陀的《百道梵书》(约公元前十至前七世纪)中他丰姿极美。

乾闼婆是佛教中欢乐吉祥的象征,所以也有飞天的形象传世。一种说法是乾闼婆与紧那罗组合的飞天。《大智度论》卷一〇载,乾闼婆和甄陀罗皆为诸天伎人,"与天同住共坐饮食,伎乐皆与天同……常所居止在十宝山间。有时天上为诸天作乐。此二种常番修上下(注:意思是轮流)"。②一种说法为乾闼婆与妻子阿普莎拉的组合。在孔雀王朝桑奇大塔雕刻中就出现了成对飞行的天人,人首鸟身。在阿旃陀第17窟《乾闼婆与天女礼佛》壁画(约450—650年)中,乾闼婆已经化作带翅人型,身后妻子阿普莎拉将左手轻轻搭在乾闼婆左肩上。

五、迦楼罗(garuḍās)

迦楼罗,梵语garuḍa,又音译迦留罗、迦娄罗、伽楼罗、揭路荼、迦喽荼、誐(é)嚕拏、檗(bò)嚕拏(ná)等,还译金翅鸟、妙翅鸟、顶瘿(yǐng)鸟、③食吐悲苦声④等。

唐代法藏述《华严经探玄记》卷二描述迦楼罗的形象及生平曰:"……其鸟两翅相去三百三十六万里……日别食一大龙王五百小龙,绕四天下,⑤周而复始,次第食之。命欲终时……以食诸龙身肉毒气,发火自焚……唯有心在,大如胜(bì),纯青琉璃色。轮王得之,用为珠宝。帝释得之,为髻中珠。"⑥

最早的吠陀文献没有提到迦楼罗。史诗时代的《摩诃婆罗多》⑦描述了迦楼罗的详尽故事。生主达刹的女儿毗那陀和伽德鲁嫁给了生主迦叶波。伽德鲁发愿要一千个拥有神一样光辉的儿子,毗那陀则只想要两个儿子,但其勇气能力超过那一千个儿子(这种攀比埋下两个种族对立的因果)。后来,伽德鲁生了一千个蛋,毗那陀生了两个蛋。经过五百年,伽德鲁的蛋孵出一千条黑蛇(那伽),⑧而毗那陀的蛋却没动静。毗那陀求子心切,打破一个蛋,早产了发育不全的阿鲁那。阿鲁那心生怨恨,诅咒母亲将做五百年奴婢,直到

---

① 《大正藏》第20册,第137页上。
② 《大正藏》第25册,第135页中。
③ 《俱舍光记》卷八曰:"揭路荼,此云顶瘿,或名苏钵剌尼(Suparṇi),此云妙翅。"(《大正藏》第41册,第156页上)
④ 《一切经音义》卷二一曰:"谓此鸟凡取得龙,先内嗉中,复吐食之,时其龙犹活,此时楚痛出悲苦声也。"(《大正藏》第54册,第435页上)
⑤ 据《观佛三昧经》卷一,迦楼罗王业报应食诸龙,他每日轮流至阎浮提、弗婆提、瞿耶尼、郁单越食一龙王及五百小龙,周而复始经八千岁才现死相。
⑥ 《大正藏》第35册,第135页中。
⑦ 印度现存最古老的四部吠陀——《梨俱吠陀》《婆摩吠陀》《夜柔吠陀》和《阿达婆毗耶娑吠陀》是吠陀时代的"圣典",而《摩诃婆罗多》则是史诗时代和古典时代的"圣典",即"第五吠陀"。印度现代学者认为《摩诃婆罗多》是印度的民族史诗,内含印度民族的"集体无意识",堪称是"印度的灵魂"。
⑧ 最早出生的是支撑起世界的无限蛇湿舍(Ananta-Shesha)。其后是大蛇婆苏吉,神象爱罗婆多(Airavata,即天帝坐骑神象……那迦也被用来代指大象)和惹怒优腾迦仙人的蛇王多刹迦等,这一千条那迦就是世界上众那迦与众蛇的祖先,个个都神光璀璨。

弟弟出生时才可解脱。果然，伽德鲁赢得与毗那陀的打赌（赌局为猜测搅乳海产生的神马高耳尾巴的颜色，毗那陀虽然猜对，但伽德鲁让千条小黑蛇①爬到马尾从而改变其色彩，赢得胜利），毗那陀成为伽德鲁的奴婢。五百年弹指一挥间，从第二个蛋中生出了大鹏金翅鸟迦楼罗。当时，怪物罗唯正追逐想吞掉太阳神苏里耶。太阳神威胁要用光热灭世。于是梵天召迦楼罗送哥哥阿鲁那到东方，站在太阳神的马车上遮挡光线以保护众生。阿鲁那即成为曙光之神。

迦楼罗想要解放母亲的奴婢地位。蛇族让他从天神那儿弄来从乳海搅出的不死甘露，就可以换取毗那陀的自由。迦楼罗直冲因陀罗的天庭，因为嘲笑侏儒仙人而被诅咒的因陀罗根本无法抵挡，眼睁睁看他拿走了不死甘露。因陀罗穷追不舍。迦楼罗看他使用的是仙人婆提吉的骨头所造之金刚杵，为向仙人表示敬意，抛下一根映现三千世界绚烂光华的"妙翼"之羽。这一举动赢得因陀罗的尊重跟友谊，迦楼罗也赢得美翼（Suparna）之名。迦楼罗告诉因陀罗，等换得母亲自由，就会归还不死甘露。因陀罗于是也示好，答应了迦楼罗以蛇为食的愿望。[一说迦楼罗驮着不死甘露，自己却不曾想喝一口，毗湿奴非常赞赏他的正直与通情达理，于是对其施与恩典。迦楼罗说想要长生，还要高踞毗湿奴之上。迦楼罗也回向毗湿奴一个恩典。毗湿奴说，他选迦楼罗为坐骑（婆诃那），并让迦楼罗为旗徽。于是二神都兑现了誓言。]（图1-27）

回到蛇岛，迦楼罗将不死甘露放在俱舍草上，让蛇族沐浴祈祷后食用。蛇族解除了迦楼罗母子的奴役协定。因陀罗乘机拿回不死甘露回三十三天去了。蛇族洗漱回来，看见空空的俱舍草，只好拼命舔残留甘露汁的叶子，甚至将舌头舔分叉了，由此蛇族获得可以通过蜕皮而不断重生的命运。②而俱舍草，则成了圣草——吉祥草。

迦楼罗孝悌、不贪的品德，受到诸神的首肯，被尊为百鸟之王。虽然佛教中的迦楼罗"畜生道摄，多慢故堕"，但他常出现在佛像的背光里，用来比喻佛之慧眼，能观十方世界众生，破一切业障而无敌无畏。诚如《维摩经略疏》卷二云："法身金翅鸟，四如意为足，慈悲明净

图1-27　托着毗湿奴的迦楼罗　布鲁克林博物馆藏

---

① 据说有些龙蛇拒绝母亲的欺骗行为。伽德鲁竟诅咒这些不听话的儿子被人间王仙镇群王的祭火活活烧死。梵天对此做了相当周密和公正的安排，让那迦族绝处逢生。
② 据《莲花往世书》说，因陀罗将甘露拿走时，偷偷换成了毒药。不知情的伽德鲁把毒药灌进儿子们的嘴里，并祝福说："让这些仙露永留我们族人的嘴中。"从此蛇就有毒了。

眼,住一切智树。菩萨金翅王,生死大海中,搏撮天人龙,安置涅槃岸。此是住不退三昧金翅法门。"①

由于迦楼罗具有降服恶龙的能力,间接具有伏龙治水的功能。如云南大理古为泽国,洱海水患让百姓苦不堪言。于是在崇圣寺三塔的塔顶铸起"金鹏"(迦楼罗),以"求鹏伏龙治水"。②(图1-28)而印度雅加达湾则建设着巨型海堤"大迦楼罗"(great garuda),想以这个长达32公里的迦楼罗状庞大建筑物拯救正在下沉的城市。

迦楼罗还有去毒的功能,唐代般若力译《迦楼罗及诸天密言经》中有驱毒法事的记载:"遂结大印,一切业障皆得销灭……此印能销一切虫毒蛇毒。"③

因此,迦楼罗在民间十分受人尊崇。迦楼罗的形象在佛教中非常多见。早期印度的金翅鸟被画成鹰状巨鸟。后来,其形象慢慢拟人化,为半鹰半人的形象,即鸟头、人躯、人臂、鸟腿、鸟爪、鸟翼等。这些形象随着佛教流布而分散在印度、尼泊尔、斯里兰卡、泰国、缅甸、中国等。

我国佛教艺术中,大量描绘着不同形态的迦楼罗。

第一类为全鸟形。有时是一头一身,如大理崇圣寺的金鸡状迦楼罗,以及印度尼西亚国徽上的迦楼罗。有时是双头一身,嘴上正吞食着蛇族,如克孜尔石窟8窟、38窟券腹中脊,就绘有双头一身的金翅鸟图像。(图1-29)

第二类为鹰首人身,叼着数条蛇。

图1-28 云南大理崇圣寺三塔大鹏金翅鸟

图1-29 克孜尔石窟单身双头金翅鸟神

---

① 《大正藏》第38册,第582页中。
② 据明代李元阳著《万历云南通志》记载,崇圣寺三塔"各铸金为顶,顶有金鹏。世传龙性敬塔而畏鹏,大理旧为龙泽,故以此镇之"。
③ 《大正藏》第21册,第337页上。

图1-30 迦楼罗像，湖北省钟祥市梁庄王墓出土，明代，湖北省博物馆藏

第三类为人面鸟身。如克孜尔石窟171窟主室券顶中脊壁画中的迦楼罗，云冈石窟第12窟的迦楼罗雕像，皆人面鸟身，眉眼愤怒，嘴为鹰喙，宝翅张开。常任侠在《印度和东南亚美术发展史》说："在公元后初年秣菟罗附近康迦黎（Kaṅkāli）的带状雕饰上，有希腊神话中女面鸟身（Harpy）形的金翅鸟。"① 学界推测希腊文化中人面鸟身的Harpy女神的形象先迁移到印度，继而影响到龟兹佛教艺术中迦楼罗的形象。敦煌壁画中的迦楼罗常以人面、头顶鸟冠的形象出现。在密宗体系中，五方佛中北方羯摩不空成就佛以人面鸟身之迦楼罗（藏语：khyung）为坐骑，寓意其摄引一切。（图1-30）

第四类为人体鸟喙。《迦楼罗及诸天密言经》中有"迦楼罗画像法"："其匠清净沐浴。色不用皮胶。当作尊仪：其身分自脐已上如天王形，唯鼻若鹰嘴而作绿色；自脐已下亦如于鹰蠡骆。宝冠发髻披肩，臂、腕皆有宝冠，环钏天衣璎珞，通身金色。翅如鸟而两向舒。其尾向下散。四臂：二正手结大印，两手指头相交左押右，虚心合掌以印当心；余二手垂下，舒五指施愿势。其嘴胫及爪皆是彩金刚宝所成。"②

巴蜀石窟中的迦楼罗往往是人体，用鹰喙般尖嘴表示其鸟类属性。

六、紧那罗（kiṁnarās）

紧那罗（kiṁnara），又译作紧捺洛、紧捺罗、紧挐罗、紧担路、甄陀罗、真陀罗。③ "kiṁ"为疑问词，"nara"为"人"之意，意译作疑神、疑人、人非人。唐代澄观撰《大方广佛华严经疏》卷五云，紧那罗畜生道摄，德中，但形似人，面极端正，顶生一角，让人怀疑他是人非人？他是天帝执法乐神，④ 按神格职属译为歌神、乐神，"表菩萨示众生形而非众生，常以法乐娱众生故"。⑤

据鸠摩罗什译《大树紧那罗王所问经》卷一载，大树紧那罗王（Druma-Kinnara-raja）带领无量紧那罗，与诸天、乾闼婆、摩睺罗伽等，一起从香山到佛陀所居之地，在如来面前

---

① 王建林、朱英荣主编：《龟兹文化词典》，西南师范大学出版社，2014年，第295页。
② 《大正藏》第21册，第334页上。
③ 《玄应音义》卷三云："甄陀罗，又作真陀罗，或作紧那罗，皆讹也；正言紧捺洛，此译云是人非人。"（《大正藏》第54册，第357页下。）
④ 据宣化上人（1918—1995）《大方广佛华严经》浅释（397），有"帝释天想听庄严的歌曲时，他们（紧那罗）的两腋便自动流汗，于是到天上为诸天歌颂法语"句，但笔者没查到该说法出处。
⑤ 《大正藏》第35册，第539页上—中。

弹奏琉璃琴。乾闼婆王与紧那罗王奏乐，皆悉能震动三千世界，使摩诃迦叶不安其坐，但佛经中对紧那罗王所奏的法乐却予以更多的义理阐释，带有修证、证果之义。是经中，大树紧那罗王的出场就是"不现其形鼓众伎乐，有大妙音遍闻三千大千世界"，雪山王、香山王中"倍出妙香""雨众妙花""大宝盖垂真珠贯铃网庄严"。① 大树紧那罗王弹琉璃之琴（注：该琴阎浮檀金花叶庄严，善净业报之所造作），伴奏的是八万四千伎乐。琴音声、箫笛音及歌声美妙，三界众生，唯除菩萨不退转者，其余一切诸大众等闻之"各不自安，从座起舞"。调伏七十亿紧那罗众令住菩提，三十亿乾闼婆于无上道而得调伏，其内眷属八万四千住一切智。所以，大树紧那罗王鼓琴奏出的乃三昧法声，八千菩萨从之得无生忍。大树紧那罗王认为一切音声从虚空出，具有虚空性。一切言说即是音声，为语他故起是音声。而无生法忍，无有能说，无有能听，非声、非说，原因是义不可得。所以，琴声所体现的无生法忍，可谓深奥的法义。

佛为紧那罗王讲解菩萨宝住三昧、菩萨三十二法净檀、净尸、净忍、净进、净禅、净般若、净方便等波罗蜜，还讲到菩萨三十二法器、菩萨诸行法（生忧悒、无有忧悒）、菩萨法施有三十二功德等。大树紧那罗王的八千子得柔顺法忍。紧那罗王子无垢眼，佛陀承诺令诸乐音中出六十四种护助菩提道法之声，令其不放逸满助菩提法。大树紧那罗王诸夫人等听佛演说转舍女身成男子身，疾得无上正真之道。

佛、菩萨并声闻僧受大树紧那罗王邀请至香山七夜，以令无量众生增长善根。

大树紧那罗王的成就因缘，乃是其所事如来应正遍觉不可数，种殖无量无边善根，所修行梵行集于无上正真之道。在无量无边阿僧祇劫前的宝聚如来时期，其为尼泯陀罗王，初发无上菩提心。自是之后，不离见佛闻法供僧，教化众生，而不速疾取于无上正真之道。甚至佛陀预言，大树紧那罗王过六十八百千亿劫已当得作佛。

从《大树紧那罗王所问经》，我们可以感觉紧那罗的非凡之处。湛然略《维摩经略疏》卷二曰："紧那罗……果报少劣乾闼婆也。"② 笔者以为，善爱乾闼婆王下生成为佛弟子，受度化得阿罗汉果，或许就是乾闼婆果报略胜紧那罗的证明吧。紧那罗与乾闼婆，皆是天国乐神，所奏之乐悉能震动三千世界，使摩诃迦叶不安其坐。但佛教界认为，乾闼婆所奏为俗乐，紧那罗所奏乃法乐。笔者以为除了佛经中记载的差异，乾闼婆为西域伎乐职业称呼也有莫大关系。

紧那罗为"疑神""疑人"，因此，在佛教界其身份也有诸多模棱两可的认识。比如有位与"大树紧那罗王菩萨"只有一字相差的"大圣紧那罗王菩萨"。大圣紧那罗王菩萨是专门管理厨房的监斋菩萨，跟民间灶神职能相仿。③ 据《河南府志》，元代至正十年（1350），红巾军围攻少林寺，有位在厨房做杂务的行者手提三尺烧火棍，大叫"吾乃紧那

---

① 《大正藏》第15册，第370页下。
② 《大正藏》第38册，第582页中。
③ 寺庙有接、送灶神仪轨，称南无大圣紧那罗王菩萨。送灶日期，民间有腊月二十三或二十四，并在除夕夜晚饭后接回灶神。接、送灶神的仪轨同。

罗王也",①身形长高数十丈，打退红巾军，避免了少林寺灭顶之灾，随后他就圆寂了。现在少林寺建有紧那罗殿，塑有大圣紧那罗王菩萨像为护法伽蓝，并有像供奉于香积厨为"监斋使者"。佛教在印度时就有在厨房绘制监斋菩萨的传统，在中国监斋菩萨造像则受上述传说影响。杭州香积寺的大圣紧那罗王殿内有紧那罗王菩萨雕像，将乐神和护法伽蓝（妙色那罗延执金刚神）的形象结合。这里，"紧那罗"又与"那罗延执金刚神"融合了。有学者认为，元、明以前流行"那罗延执金刚"信仰崇拜，后民间把"那罗延执金刚"省简误转为"紧那罗"了。所以，虽然佛经中只有"大树紧那罗王菩萨"的记载，但中国民间却多出了一位与监斋菩萨、那罗延执金刚息息相关的"大圣紧那罗王菩萨"，这是佛教世俗化的典型案例。（图1-31）

图1-31　杭州香积寺的大圣紧那罗王由将乐神和护法伽蓝（妙色那罗延执金刚神）的形象结合

再比如，紧那罗是乾闼婆的妻子，同奉持于帝释天。但很容易与乾闼婆的另外一位妻子"阿布沙罗斯"（复数 Apsarās；单数 Apsarā，即阿普莎拉，或译阿布萨拉）搞混。阿布沙罗斯与乾闼婆的关系很古老，在《毗湿奴往世书》记载的"搅乳海"中，天神与阿修罗搅动乳海得到阿布沙罗斯，她立刻成了乾闼婆之妻。

在吴哥窟，有两种女神雕刻式样很著名。一种为直立微笑型，一种为舞蹈型，装束基本一样。（图1-32）有学者笼统称之为阿布沙罗斯。张增祥在《解读吴哥魅惑女神——阿布萨拉APSARA》一文中提到，早在1927年，法国人萨福·马歇尔（Sappho Marchal）就以

---

① 据《嵩书》记载："至正初忽有一僧至少林，蓬头裸背跣足，止著单裩，在厨中作务……至十一年辛卯（1351）三月二十六日，颍州红巾贼率众突至少林，欲行劫掠，此僧乃持一火棍而出，变形数十丈，独立高峰，贼众望见，惊怖而遁。僧大叫曰：'吾紧那罗王也！'言讫遂没。人始知为菩萨化身也。"

吴哥窟的阿布萨拉为专研对象而蜚声学界。①但文中举例皆是直立微笑型，而这与法国学者认为直立微笑型为蒂娃妲女神（Devatas），舞蹈型才是阿布沙罗斯的认知相抵触。笔者没有更多材料去辨别二者研究的正误，但可以通过讨论两种女神的来源，帮助大家进行初步分辨。

先说阿布沙罗斯。在《梨俱吠陀》中，Apsarās为天女，"Ap"的意思是"水""水滴"，"sarās"的意思是"湖""池塘"。所以阿布沙罗斯的"水仙"属性很明确。一方面，神话中常常在湖泊沐浴的天女成为一种迷人的景观；另一方面，阿

图1-32　柬埔寨吴哥窟的提娃妲女神（Devatas，左）和阿布沙罗斯（Apsarās，右）

布沙罗斯意味着水生、湿生、露生、雾生或云生的精灵。在印度传说中，阿布沙罗斯居住在因陀罗天庭，常引诱印度众神，后被贬入凡间，在榕树下或菩提树下（一说山林湖边），以吹笛、歌唱、舞蹈、嬉戏的魅惑来考验阻止苦行者修行。所以，阿布沙罗斯的原始象征意义在我们的文化中凝结成天女散花、露水姻缘、云雨之欢、雨花或花雨等说法。现在的柬埔寨还保留着"阿普莎拉之舞"（Apsara Dance，柬埔寨宫廷舞，可追溯到吴哥窟建立之前，受印度舞影响，主要用在皇族庙宇和各郡神殿所奉行的宗教仪式中），将舞者与吴哥窟雕塑两相对照，文化传承的稳定性更显东方魅力。

再说女神蒂娃妲，一般都对她语焉不详，但有资料指出其为万物之母（传说摸其乳房有好运，所以莫高窟的蒂娃妲的乳房都被摸得油亮），又叫黛维（Devi）女神。在古印度神话传说中，湿婆的妻子萨蒂（Sati）因为不满其父达刹对湿婆的侮辱而投火自尽，后转生成喜马拉雅山之女帕尔瓦蒂（Parvati）。黛维是帕尔瓦蒂去消灭将众神逐出天国的魔鬼时的化身，现十臂骑虎的愤怒相。后来黛维又因杀死征服三界的魔鬼杜尔伽而改名杜尔伽（Durga，难近母）——帕尔瓦蒂的化身之二。在杜尔迦面对强敌阿修罗时，她的面孔因为愤怒而发黑，并从黑气中诞生了可怕的黑地母神迦梨（Kali，时母）——帕尔瓦蒂的化身之三。战斗胜利的迦梨开始兴奋地跳舞，威胁三界众生。湿婆为了拯救众生，自己躺在大地，让迦梨在自己身上跳舞。所以，蒂娃妲可以说是女神综合体的化身，她集繁殖的娇媚与毁灭的恐怖为一体。但吴哥窟的蒂娃妲雕像却强调帕尔瓦蒂作为婚姻和家庭之神的温情与忠贞。在帕尔瓦蒂和湿婆的爱情故事中，她几经牺牲，终至圆满，感天动地。据说印度产生的寡妇自焚殉葬的民俗民风，就是以她的化身萨蒂命名的。中国文化中很少见到

---

①　Sappho Marchal, *Angkor Wat Apsara & Devata: Khmer Women in Divine Context*, Paris et Bruxelles: G. Van Oest, 1927.
　　Sappho Marchal, *Costumes et parures khmèrs*（高棉人的服装与饰物）, Paris: L'Harmattan, 1997.
　　Sappho Marchal, *Costumes and Ornaments after the Devata of Angkor Wat*, translated by Merrily P. Hansen Bangkok, Thailand: Orchid Press, 2005.

蒂娃妲形象，目前可见资料为德国人阿尔伯特·冯·勒柯于1906年4月从新疆克孜尔石窟遗址的壁龛内盗取的蒂娃妲女神浮雕，菩萨装束，璎珞天衣，上身半裸，下身围裙，开脸与克孜尔壁画相类，但雕塑更加写实，丰腴妩媚的脸庞开唐代审美的先绪。(图1-33)当时该组雕像存放在德国柏林民俗学博物馆内，后该馆被盟军飞机轰炸成瓦砾而消失。

蒂娃妲也好，阿布沙罗斯也好，前者为单盘发髻状，后者为尖发饰，这些特征与我国紧那罗的造型有千丝万缕的相似

图1-33　德国人于1906年从新疆克孜尔石窟遗址的壁龛内盗取的蒂娃妲女神浮雕

性联系。古代中国有很多僧人周游东南亚诸国，他们引入其艺术样式，如半人半鸟紧那罗形象，可能性极大。

紧那罗、阿布沙罗斯、乾闼婆从印度到中国，演化成满壁灵动的飞天造型。当然飞天的组成绝不仅仅是这三部神祇，所以，从印度佛教艺术开始就不能明确辨识飞天的尊格。埃洛拉石窟第10窟外门楣两旁的两组飞天，各由两女一男共三身飞天组成，这好像将紧那罗、阿布沙罗斯、乾闼婆的关系涵盖了，但笔者以为这只是巧合罢了。

佛教艺术中关于紧那罗的形象，有几种样式：

（一）体现紧那罗半人半鸟属性的形象。在东南亚的印度化国家和地区，紧那罗通常表现为半人半鸟形象，如泰国大皇宫前的紧那罗像。在我国傣族民间舞蹈中，有一个紧那罗舞，也是半人半鸟。该舞起源于印度，流传于东南亚国家和孟定傣族地区，流行于南传佛教的人群之中。在东南亚神话故事中，佛祖的两只守护神彼此恩爱，雄鸟名为Kinnara（紧那罗），女的为Kinnari（紧那丽），象征着忠贞美好的爱情。(图1-34)我国清代的水陆画中有紧那罗戴鸟冠武将的形象，当和此体系的认识相关。(图1-35)

（二）体现紧那罗半人半马（鹿）属性的形象。据《罗摩衍那》紧那罗为马头人身，或人头马身。据唐慧琳《一切经音义》卷一一"大宝积经第八卷"条云："紧那罗……男则马首人身能歌，女则端正能舞，次此天女多与乾闼婆天为妻室也。"[①]这是"搅乳海"等古印度创世传说的遗绪。

（三）体现紧那罗"疑人"属性的带一角形象。在巴蜀地区石窟和敦煌同时期壁画中，人物形象多与经典对应，以头上生角或戴鹿头的形式出现。

（四）体现紧那罗乐神属性的击鼓、持笛形象。唐代湛然略《维摩经略疏》卷二曰："紧那罗……果报少劣乾闼婆也……还作乐神。"[②]在密教中，紧那罗为俱毗罗之眷属，其在曼

---

① 《大正藏》第54册，第374页下。
② 《大正藏》第38册，第582页中。

图1-34 泰国大皇宫前的紧那罗像,人面鸟身,头有一角(左)和傣族紧那罗舞剧照(右)

茶罗中有于膝上安置横鼓或竖鼓的形象。日本京都三十三间堂的紧那罗即为击鼓武士雕像。当然,在我国古代壁画和水陆画中,紧那罗还有一根笛子,这也是很重要的标志。

(五)持钺武将形象的紧那罗。如新津观音寺明代壁画中的紧那罗王为"赤发秃顶,头戴抹额,獠牙外露,身贯甲胄。与蓬溪宝梵寺和平武报恩寺的紧那罗尊天一样持斧钺,但后二者皆左腋夹斧钺,右手试刃锋,新津观音寺紧那罗王则右手反提斧钺,左手于胸前抓披肩,吴带当风,意气风发"。①(图1-36)这个造型一直很难寻得出处,但却很是普遍。笔者推测,古代中国工匠根据谐音原则,以紧那罗为忉利天侍乐神,将"忉利"理解为"刀利","侍乐"理解为"试钺",整体感觉就是"试试刀钺锋不锋利",故有此形象产生。

(六)《药师如来本愿经》载有十二夜叉神将,其中的真达罗大将实质可视为

图1-35 紧那罗(清代),此为一武官形象,头戴凤首冠,身披铠甲,双手合十。身后两小鬼,一执方天画戟,一捧笛子。出自中国国家博物馆《笔底仙踪——明清佛教神像画展》

---

① 刘显成、杨小晋:《梵相遗珍——四川明代佛寺壁画》,人民美术出版社,2014年。

紧那罗的另一种示现，其为守护寅（虎）时之神，形象现笑怒容貌，身呈黄色，头戴虎冠，右手捧宝珠，左手把宝棒。

（七）紧那罗是观世音菩萨三十二应中第二十九"紧那罗应"的化身。

七、阿修罗（asurās）

阿修罗（asura），还译为阿须伦、阿须轮、阿索罗、阿苏罗、阿须罗、阿素落、阿素若等，简称修罗，意译为非天、非同类、无酒神。

东晋佛陀跋陀罗译《佛说观佛三昧海经》卷一《六譬品第一》曾交代过阿修罗的起源，与古印度其他记载不同。经曰：在地劫成时，光音诸天飞行世间。他们在水中洗浴时，四大精气进入其身体中，"身触乐故，精流水中，八风吹去，堕淤泥中，自然成卵"。① 经八千岁其卵生一青黑如淤泥、高大如须弥山的女人。她有九百九十九个头，每个头上有千只眼睛；九百九十九张嘴，每张嘴上有四颗出火如霹雳的牙；二十四只捉武器的

图 1-36　新津观音寺明代壁画提斧钺的紧那罗王

手。她在大海中游戏，有旋岚风吹大海水，水精就进入其身体。她便怀妊八千年生下一男孩儿。此儿即毗摩质多罗阿修罗王，身高为母亲的四倍，有九头，每头有千眼，口中出火，有九百九十九手，八脚，只啖淤泥及藕藕根。毗摩质多罗长大后见诸天皆有婇女围绕，疑惑自己独无，其母就出面迎娉香山乾闼婆的美丽女儿。毗摩质多罗与乾闼婆女怀妊，经八千岁生下一"端正挺特"的女儿。帝释天憍尸迦以给予阿修罗七宝宫迎娶此女，并为其立字号曰"悦意"。后来，帝释天到欢喜园与诸婇女入池游戏，刺激"悦意"心生嫉妒，即遣五夜叉回娘家告状。毗摩质多罗心生嗔恚，即兴四兵往攻帝释天。帝释天惊怖惶惧之时，一宫神告诉他诵持过去佛所说般若波罗蜜，可令鬼兵自碎。于是帝释天坐善法堂烧众名香持咒，一时虚空中现四刀轮削掉阿修罗耳鼻手足。阿修罗王遁入藕丝孔方躲过此灭顶之灾。

唐代澄观撰《大方广佛华严经疏》卷五云："阿修罗……天趣所摄，以多行谄媚无天实行，故曰非天；依《阿毗昙》亦鬼趣摄，谄曲覆故。《正法念经》鬼、畜二摄，以罗睺阿修罗是师子子故。《伽陀经》天、鬼、畜摄……德中，实者因果俱慢故。"②

---

① 《大正藏》第 15 册，第 646 页下。
② 《大正藏》第 35 册，第 538 页下—539 页上。

上述解说,点明了阿修罗的生命特征:

(一)非天——《业因差别经》讲阿修罗过去生身口意无大恶行,轻慢心很重,因此摄天趣,果报最胜邻次诸天(如传说阿修罗有琴,福德报生故,常自出声,随意而作,无人弹者,随人意出声),但无天实行而跟鬼蜮相似,摄鬼趣却具有神的威力神通与福报,摄人趣又具有天神鬼蜮的威力与恶性。

(二)非同类——因业力的牵引,阿修罗可分为胎、卵、湿、化四生,分别进入人、鬼、畜生、天道,这种跨界生命特性,连轮回之"六趣"亦因此也可改称"五趣"了。

(三)不端正——即阿修罗长相丑陋。在梵语里,"Asura"是否定冠词"a"加"Shura(修罗)"而构成,"Shura"是"端正"之意,"Asura"就是不端正。阿修罗与修罗本是同根亲戚,但二者在远古印度神话中就一直争斗不断。季羡林在《东方文学辞典》指出,印度神话中有一位叫"祭主"的神(是梵天嘴巴化生的第三子安吉罗的大儿子),是木星之主,诸天神的最高导师兼祭司。而阿修罗界(天魔代表)的最高祭司和导师,则是太白仙人——金星乌沙纳斯(是梵天皮肤上长出的第八子特力瞿的儿子)。很有意思的是,这暗合五行观点:木主生,金主杀伐,喻示着天神与天魔(阿修罗)的对立。但"阿修罗丑陋"这种说法是片面的,因为阿修罗常常和帝释天战斗形成惨烈的"修罗场",其原因之一就是阿修罗女美丽绝伦。如帝释天曾经对罗睺罗阿修罗的女儿一见倾心,他命天界乐神一方面赠送聘礼,一方面威胁罗睺罗应诺婚事。罗睺罗气得将乐神驱逐出宫,并发兵攻打天宫。战况如前文所述毗摩质多罗与帝释天之战一样。罗睺罗打不过就讲理,指出帝释天身为佛弟子,不应犯戒偷盗。帝释天最终认错,将阿修罗女归还,还以甘露相赠谋求和平。阿修罗此时则同意将爱女嫁给帝释天,并发心成为佛弟子,受持三皈五戒。

(四)无酒神——业力影响,阿修罗享受不到酒的果报。据《法华经疏》记载,阿修罗采四天下华酿于大海,但因为龙、鱼的业力感召海水味不变,所以嗔妒,发誓断酒。

佛经中的阿修罗王很多,如《法华经·序品》记载的婆稚(勇健)、佉罗骞驮(吼声如雷,肩宽)、毗摩质多罗、罗睺阿修罗王,《正法念处经》记载的罗睺阿修罗王、勇健阿修罗王、毗摩质多罗阿修罗王、陀摩睺阿修罗王等。阿修罗王因疑心太重,经常质疑佛陀,当佛陀讲"四念处"时,阿修罗王就开讲"五念处",当佛陀说"三十七道品"的时候,阿修罗王就说"三十八道品",这也给阿修罗带来业障。

不同阿修罗有不同的样貌、果报。据般若流支译《正法念处经》卷一八《畜生品第五》记载:阿修罗住大海底须弥山侧,在海地下八万四千由旬间有四地:

一地,罗睺阿修罗王,又名双游戏,住在海底下二万一千由旬光明城。他身量广大,立海水中,水至其腰。其遍身珠宝(大青珠王、波头摩珠王、光明威德珠王,或以金玉五色赤珠王),出大光明。以杂色衣王庄严其身,以为甲胄,光明晃昱。他心大憍慢,有两因缘掩蔽日月,导致日月食。一是听说满月端严如天女面,心生爱欲,渴仰欲见,但月光太亮无法看清,于是以手障月;二是他认为帝释天宫有日月故则有光明,因此妒嫉而想覆蔽日月,令天黑暗。但当他见天种种胜相庄严时,又心生疑悔,还归光明城。

二地,陀摩睺阿修罗王,又名勇健,住在罗睺阿修罗下二万一千由旬的月鬘,城名双游戏（星鬘城）。城中有名叫"一切观见"的水池，陀摩睺阿修罗王能观见池水而知战斗胜负。他欲破坏阎浮提中顺法修行孝养之人，曾游说恶龙攻击善龙，导致震动大水，大地亦动。空行夜叉，法行龙王皆悉出动，造成彗星（空行夜叉口中出烟）、流星（空行夜叉下行龙宫）、雨等天象，保护正法正行之人。

三地，华鬘阿修罗王，又名一切行，住在月鬘下二万一千由旬的修那婆，城名鈴毗罗。时勇健阿修罗王遣使阎婆，联合花鬘阿修罗王妄图破坏人天所行正法。婆修吉、德叉迦大龙王等共阿修罗兴大斗诤。战争胜负与阎浮提人修行正法有关，行之则胜，反之则坏。

四地，钵呵娑阿修罗王，又名一切忍，即毗摩质多罗阿修罗王，住在修那婆下二万一千由旬的不动，城名鈴毗罗。他有大力势，放逸憍慢，胜余一切阿修罗王，不畏于帝释天王，况于余天。他曾率无量亿那由他诸阿修罗欲破龙天。大海之上，一时成为天龙阿修罗的"修罗场"。帝释天乘伊罗婆那六头白象与毗摩质多罗钵呵娑对战，最终获胜。乾闼婆众，庄严诸天，仙圣歌颂。阿修罗与诸天争战，实质是人行正法，在轮转中会"增长天众，减损阿修罗"的反应。

由于阿修罗王众多，其形象也有多种说法。如《佛说观佛三昧海经》说毗摩质多罗阿修罗王有八只脚，而《胎藏界七集》卷下载为六只。罗睺阿修罗王，《法华曼荼罗威仪形色法经》记其形象为：顶上发髻冠，面部呈忿怒相，身上青黑色，右手持修罗智印，左手持定金。又说他身绿色，呈忿怒相，有四臂：右第一只手持剑，第二只手持钺斧钩；左手第一只手持索，第二只手持三股杵；坐于赤莲华上。

《法苑珠林》卷五《述意部第一》言阿修罗"体貌粗鄙，每怀嗔毒……并出三头，重安八臂。跨山踏海，把日擎云"。①《摄无碍经》及《补陀落海会轨》中载，阿修罗三面六臂，身青黑色。其六臂：第一、二手合掌，第三、四手各持火颇胝与水颇胝，左第三手持刀杖，右第三手持镟。而《观音经义疏记》卷四载，阿修罗有千头二千手、万头二万手，或三头六手。而胎藏界曼荼罗外金刚部院所绘阿修罗像与前述多头多手不同，为二臂。

在造型上，画工或艺匠往往将阿修罗塑造为三面六臂，或一面三眼，或四目四臂，上两手托举日月，身越须弥山，又脚大海的样子。如敦煌莫高窟第249窟正壁上方正披上中间（西魏，六世纪），绘有双足岔开立于大海之中，数倍高于须弥山的阿修罗四臂像，上二手伸向天空托举日月；下二手，左手置胸前，右手置腹前；上半身赤裸，呈赭色，系赤色蓝边围裙。（图1-37）对比北京大慧寺明代阿修罗造像，则可清晰体察敦煌造像的遗传基因。（图1-38）显然二者的造型原型主要是罗睺阿修罗。日本的阿修罗造像也同中国一脉相承，其中以法隆寺五重塔初层塑像中之六臂阿修罗坐像最古老，而以兴福寺之六臂阿修罗像（天平时代）最为有名。在巴蜀地区石窟中，常见的阿修罗形象为三头六臂，上双手托日月轮，下双手执称和尺，中间双手合十。执称和尺的双手，笔者以为乃伏羲女娲像的遗韵在佛教艺术的体现，或从汉代画像石（砖）中寻得的灵感。

---

① 《大正藏》第53册，第308页中。

图 1-37　敦煌莫高窟第 249 窟阿修罗像　　图 1-38　北京大慧寺阿修罗像 明代

八、摩睺罗伽（mahoragās）

摩睺罗伽，梵文 Mahorāga，又译作摩呼洛迦、莫呼洛迦、摩休洛、摩伏勒。在新译《华严经》卷一《世主妙严品》中，曾举出胜慧庄严髻、最光明幢、妙目主、须弥坚固、众妙庄严音等无量摩睺罗伽王之名。

据《一切经音义》卷二一曰："摩睺，此云大也，罗伽云胸腹行也……"①《注维摩诘经》卷一载：摩睺罗伽"是地龙……大蟒神也"。②《维摩经略疏》卷二进一步说："即世间庙神，受人酒肉，悉入蟒腹。毁戒、邪谄、多嗔、少施、贪嗜酒肉，戒缓，堕鬼神。多嗔，虫入其身而唼食之。"③

佛教中对蛇毒特别强调，用以比喻说明三界众生所欲危害，如北凉昙无谶译《大般涅槃经》卷二三《光明遍照高贵德王菩萨品第十之三》有言："观身如箧，地水火风如四毒蛇——见毒、触毒、气毒、啮毒——一切众生遇是四毒，故丧其命……远离众善。"④

因此，摩睺罗伽的意义不言而喻。唐代澄观撰《大方广佛华严经疏》卷五云："四摩睺罗伽者，此云大腹行……亦表菩萨遍行一切而无所行也。德中，此类声骏故，令方便舍痴。"即摩睺罗伽虽有嗔恚的毛病，但恰恰以其聋呆无知，加上修持慈慧，故乐脱伦，挽回

---

① 《大正藏》第 54 册，第 435 页上。
② 《大正藏》第 38 册，第 331 页下。
③ 《大正藏》第 38 册，第 582 页中。
④ 《大正藏》第 12 册，第 499 页中。

前因，脱离此类业报之身。

《药师如来本愿经》载有十二夜叉神将，其中摩虎罗大将与摩睺罗伽的根义相同，形象为通身青色，头戴兔冠，赤发上耸，右手做拳当腰，左手持斧，稍作忿怒相。

在中国，摩睺罗伽与梁武帝的皇后郗氏渊源很深。历史上的梁武帝萧衍（464—549）晚年极为崇信佛教，有"菩萨皇帝"之称。但其皇后郗氏却不信佛法，长行杀生、妒嫉等，造恶业甚多。据说郗氏命终堕落入蟒蛇身，到宫殿告知梁武帝所处业报甚苦，乞求悯念夫妻恩情救拔苦海。梁武帝就此事询问国师志公和尚，得悉因果，诚心乞求忏悔超度之法。志公和尚建议，皇宫应上下吃斋戒杀，大办斋供，礼请五百高僧启建道场，称扬佛法，诵经宣化，皇上亲自礼忏诵经，哀求忏悔。梁武帝遂依志公和尚选集经典而成《梁皇宝忏》，建道场诚心忏悔回向。郗皇后果然受恩荐拔，当即出现在法坛下，脱却蟒蛇之体，以天人身形影现云端，频频礼谢而去。按佛经记载，郗皇后显然以毁戒、邪见、谄曲而得鬼神类的摩睺罗伽身，此传说对中国民间礼忏文化影响甚深，客观上推动形成了斋供科仪和向善民风。

摩睺罗伽的形象，《一切经音义》卷一一载："摩休勒……是乐神之类，或曰非人……其形人身而蛇首也。"①

据《大正藏·图像部》载，摩睺罗伽像要么戴蛇冠，要么头上有蛇头。人身蛇首，有点难看。所以在中国佛教艺术中，摩睺罗伽造型脱不开"蟒蛇"和"乐神"的属性。以"蟒蛇"为特征的，主要是将"蟒蛇"置于尊神的头顶、脖颈或手中。例如，巴蜀地区石窟中的摩睺罗伽要么颈部绕蛇，要么头顶大蟒蛇；北京大慧寺的明代摩睺罗伽造像，头部为龙象，手拿蟒蛇。(图1-39)以"乐神"为特征的，大蟒神的特性仍然居首位，乐器则出现笛、鼓、琵琶等。如密教现图胎藏界曼荼罗中，北边安有三尊摩睺罗伽，其中央一尊，两手屈臂，作拳舒头指当胸，竖左膝而坐；左方一尊，戴蛇冠，坐向右；右方一尊，两手

图1-39 北京大慧寺摩睺罗伽像 明代

---

① 《大正藏》第54册，第374页下。

吹笛，面向左。

在日本，摩睺罗伽作为千手观音二十八部众之一，其形象与中国的相似。天平六年（734），奈良兴福寺西金堂的摩睺罗伽，手里似乎拿着乐器，其头上和肩膀上盘踞着形象标识——蟒蛇，全身穿戴明光铠甲，动作僵直。镰仓时代（1185—1333），京都三十三观音堂的摩睺罗伽为头顶蛇冠、手弹琵琶、五只眼睛的形象；室町时代（1392—1573），京都东山区清水寺本堂的摩睺罗伽则与镰仓时代的大同小异，其区别集中在摩睺罗伽的冠冕上。（图1-40）

图1-40　日本奈良兴福寺摩睺罗伽像　夹纻　天平六年（734，左图）。日本京都东山三十三间堂摩睺罗伽像　镰仓时代（1185—1333，中图）。日本京都东山区清水寺本堂摩睺罗伽像　室町时代（1392—1573，右图）

第四节　天龙八部艺术群像

宋法云编《翻译名义集》曰："（天龙八部）原夫佛垂化也，道济百灵；法传世也，慈育万有。出则释天前引，入乃梵王后随。左辅大将，由灭恶以成功；右弼金刚，用生善而为德。三乘贤圣，既肃尔以归投；八部鬼神，故森然而翊卫。"[1]因此在佛教艺术中，出现了天

---

[1]　《大正藏》第54册，第1075页中。

龙八部这样一种流行形式，或是佛陀事迹、法会的辅助背景，或是单独的位于显著位置的主题（如佛龛南北两壁或寺庙的南壁），既衬托出佛法威力和佛陀庄严，又突出其护法神的地位，宣扬佛不记前过、慈悲为怀的法义。

一、天龙八部造（图）像的历史追溯

佛教绘画的起源，要追溯至释迦时代（前565—前485）。在克孜尔石窟第34窟主室券顶右侧有《波塞奇画佛像缘》壁画（六至七世纪），讲述北魏太平真君六年（445）慧觉等译《贤愚经·阿输迦施土品第十七》所记佛本生故事：释迦佛久远前世乃大国王波塞奇，他想让边僻人民也能经常能够见佛修福，所以就召集画师到弗沙佛前写生。经曰："时诸画师……适画一处，忘失余处，重更观看，复次下手，忘一画一，不能使成。时，弗沙佛调和众彩，手自为画，以为模法，画立一像。于是，画师乃能图画……极令净妙……"①虽然此经述说往世，实谓今生之现实。（图1-41）

据唐代义净译《根本说一切有部毗奈耶杂事》卷一七载：憍萨罗国舍卫城的大富商给孤独长者，欲延请释迦佛到舍卫城度安居期，②他选定了波斯匿王太子祇陀的花园。经商谈，祇陀太子只出售了花

图1-41　波塞奇画佛像缘　克孜尔第34窟　六—七世纪

园的地面（以真金铺园为代价），并将园中树木供奉给佛陀（故此园名"祇树给孤独园"）。给孤独长者想要装点花园，就向佛请教，释迦佛以此机缘就开示了佛画的一些形式："于门两颊应作执仗药叉……又于一面画作五趣生死之轮……佛殿门傍画持鬘药叉……于食堂画持饼药叉，于库门傍画执宝药叉，安水堂处画龙持水瓶着妙璎珞……"③夜叉及其持物成为重要的象征，执仗——护门、持鬘——礼仪、持饼——饮食、执宝——财富。龙部也是在水堂处守护。在印度早期雕刻中，护持佛塔四方之药叉（药叉女）为常见题材。如公元前150年至公元前100年左右的印度比德尔科拉第3窟（小乘时期）的执杖药叉等形象，以及阿旃陀石窟第1窟（大乘时期）单独开凿的药叉龛，就符合此段经文的规制。总之，虽没有"天龙八部"系统图像，但其个体已经成为佛画装饰的重要元素，散布在僧众生活的核

---

① 《大正藏》第4册，第369页上。
② 印度僧徒于夏时安居三个月，又称"坐夏"。
③ 《大正藏》第24册，第283页中。

心区域，这点是毋庸置疑的。该经文中还谈到了本生事、讲法会、地狱变、死尸、白骨髑髅等元素，总体展现了最初佛教以"坏、灭"事反观"成、住"及修行事业的艺术指导思想。我国龟兹直至隋唐之前的佛教艺术，造像布局选材等方面的悲悯、象征甚而有点"畏怖"的时代特色，正是这种观念的反映。在龟兹石窟艺术中，我们可以看见天龙八部被拆分成单体，围绕佛陀说法的庄严场景，进行着有机的时空与题材的组合。如：

迦楼罗。以克孜尔38窟主室券顶中脊"天相图"（约四世纪中叶至五世纪末）为例，我们可以看到日天（圆日，四只大雁围绕）、风神（女性，张口吹风，手持风袋）、立佛（着袒右袈裟，右手托钵，左手置胸前）、金翅鸟、风神、立佛、月天（弯月，环绕十六颗星，再围绕四只大雁）的对称式组合。另麦积山石窟第191窟（西魏）正壁龛下高浮雕迦楼罗，双翅展开连接其上方二尊交脚菩萨之莲台座。迦楼罗处于中心地位，（图1-42）合唐代李通玄撰《新华严经论》卷一一赞金翅鸟王之辞："显十回向菩萨，常于生死大海之上，以法空清净智目，观有根熟众生，而以止观两翼而搏取之，安置自性清净涅槃之岸。"①

乾闼婆。在阿旃陀石窟中，展歌喉的乾闼婆、演奏的人面鸟身紧那罗、献花环的持明仙②经常出现在雕刻和壁画中。有克孜尔第171窟"乐神善爱乾闼婆王"（约四世纪中叶至五世纪末）、第196窟"佛度善爱乾闼婆王"（六至七世纪）、第80窟"五髻乾闼婆及眷属"（六至七世纪）等。

龙部。在印度阿旃陀石窟第1、2、9、13窟就有龙王，头顶多雕出5—7个蛇头，而与其相伴的龙王后则是单头。在龟兹石窟的壁画中，主要流行两种形象。一种作菩萨打扮，头戴宝冠、身穿锦袍、头上有项光、顶上有七个蛇头，如克孜尔石窟67、193、179窟（约七世纪）等。（图1-43）缺乏王后的龙王表示佛教在中国更加抽象化。此类守护龙王，一般绘于主室门道两侧，成为敦煌壁画中龙王的前身。一种则是一条"长身无足"的蛇，如克孜尔石窟新1窟东甬道顶就画着三条从云气中露出身体的蛇，嘴上正喷着雨水。到了后来，在

图1-42 天相图，以迦楼罗为对称中心 克孜尔第38窟 约四世纪中叶至五世纪末

---

① 《大正藏》第36册，第791页上—中。
② 《大日经疏》卷六曰："持明仙者，是余药力等所成。悉地持明仙者，皆是专依咒术得悉地人。"（《大正藏》第39册，第642页中）

龟兹石窟壁画中出现了龙神的另一种形象——头上长角、身上披鳞、嘴上出须、张扬四爪,这完全就是中国古代神话传说中龙的图腾式样。在克孜尔石窟中多有表现阿耨达龙王与王后听佛法的场景,也多出现在天相图中。在山东青州石刻东魏(534—550)的彩绘佛菩萨三尊像中,佛像背屏下部往往表现两条对称的下行龙,或许以此代表天龙部众。在敦煌158窟唐代壁画中的龙已经人形化,只是冠戴上绘以龙的形象以区别其他部众。而巴蜀地区的天龙八部形象中,龙众多以头顶雕刻一龙的形象出现。

夜叉。台台尔石窟第17至18窟后甬道券顶的"夜叉"(六至七世纪),头发高耸,尖耳竖立,上身袒露,肩披帛,右手举剑,左手置腹前,坐在两修行者之间。克孜尔38窟主室券顶左侧"慈力王施血本生"中,绘佛前世之慈力,让五夜叉(蓝色裸体,尖耳)吸食己身之血气。(图1-44)

天部。"帝释窟说法图"在龟兹石窟很流行。如库木吐喇石窟第23窟"蠡(luó)髻梵王"(五至六世纪),以及森木塞姆石窟第48窟"帝释窟说法图"(六至七世纪,图1-45)。前者算单体造型,依附于涅槃图;后者则是庞大的主题创作,表现帝释天及其天妃以四十二事问佛(绘于主室龛外左侧),五髻乾闼婆及其眷属作前导(绘于主室龛外右侧)的场面。库木吐喇石窟第58窟"帝释窟说法图"(约七世纪)除了主体与之相似,还在龛上方的半圆形壁面上,绘八身听法天人,以乐器、宝盖、花绳等持物庄严法会,体现佛教艺术中"8"的特殊性。据李崇峰《佛教考古——从印度到中国》一书,该主题最早出现在印度帕鲁特大塔周围建于公元前二世纪的栏楯浮雕上。公元前100年左右,佛陀伽耶大塔栏楯浮雕也有此主题。公元前100年至公元50年左右的桑吉大塔出现了两幅帝释窟主题浮雕。前述造像,佛陀皆象征性表现。至公元一世纪后半叶,在秣菟罗雕刻中开始出现以人格化形式表现的帝释窟,稍后,出现并流行于犍陀罗艺术中。显然,龟兹石窟帝释窟与印度文化属于一脉相承。当然,还有很多庞杂的诸天像,以及净居天请佛洗浴主题的典故描绘,表明诸天系统具有

图1-43　龙王　克孜尔第193窟　约七世纪

图1-44　夜叉　台台尔石窟第17—18窟　约六至七世纪

图1-45 帝释窟说法图 龛左侧帝释及眷属,龛右侧五髻乾闼婆及眷属 森木塞姆石窟第48窟 约六至七世纪

庞杂性。

摩睺罗伽。在龟兹石窟中很难见到表现摩睺罗伽的画面,这可能是因为经典中对其记载很少,且其神格地位稍低。在克孜尔石窟第206窟左甬道内侧壁有一幅被日本探险队揭走,流失到韩国国立中央博物馆的"本生故事"(六至七世纪),表现两裸体小儿用木棒挑逗一条大蟒。具体所指不详。(图1-46)

图1-46 本身故事内容不详,但与大蟒蛇有关 克孜尔第206窟 约六至七世纪 韩国国立中央博物馆藏

紧那罗。现存德国柏林亚洲艺术博物馆，今编号Ⅲ：4444的壁画残片原位于龟兹石窟第16窟主室枭混线上端，上绘形象据格伦威德尔判定为紧那罗，上身为人身，下身为鸟身。但也有学者判定为迦陵频伽（Kalaviṅka）。① 由于紧那罗形象不具明显特征，因此，学界普遍把飞天视为乾闼婆与紧那罗的另一种身相。在龟兹石窟壁画中飞天图像比比皆是，公认最鲜艳生动的要数克孜尔石窟第8窟的飞天。（图1-47）

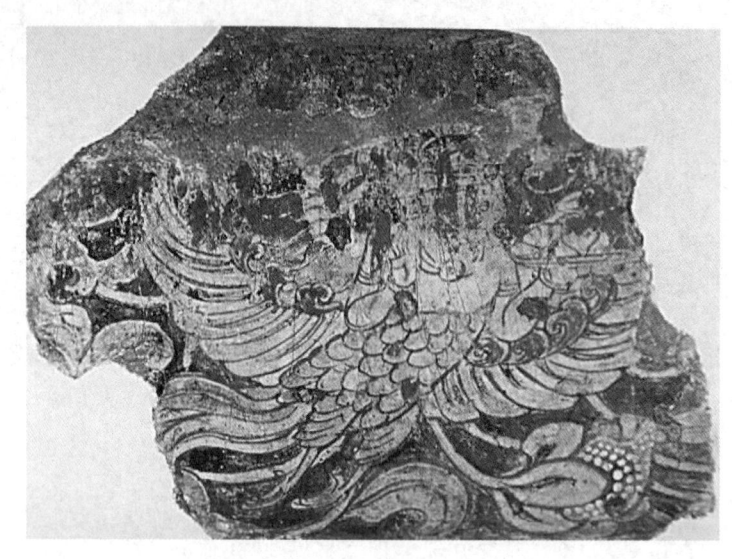

图1-47 紧那罗（或迦陵频伽） 库木吐喇石窟第16窟 约八世纪 观无量寿经变佛右侧 德国柏林亚洲艺术博物馆藏 编号 Ⅲ：4444

阿修罗。绘在克孜尔第17窟左甬道中卢舍那佛的右手臂上，双头四臂，手持日月，交脚而坐。据彭杰、魏道儒等学者研究，该图像与鸠摩罗什译《十住经·法云地第十》有直接关联。该经云："是菩萨坐大莲华座上，即时足下出百万阿僧祇光明，照十方阿鼻地狱等……两膝……悉照十方一切畜生。……脐……照十方一切饿鬼。……左右胁……照十方人身。……两手……照十方诸天阿修罗宫殿。两肩……照十方声闻人。颈……照十方辟支佛……"② 可见《十住经》将佛身各部位与六道众生一一对应，阿修罗位于手臂上。③ 类似图像还有阿艾石窟主室右壁卢舍那佛壁画（约八世纪）。其腹部是蛇龙环绕的须弥山，山下有奔马——畜生道；胸部有住于宫殿的天人——天道；手臂上有四足动物及四臂罗睺阿修罗——修罗道；大腿部位有两身武士及两身供养人——人道。小腿部位残失，推测为地狱和饿鬼的场景。与此相似的库木吐喇石窟大沟区第9窟唐代卢舍那佛壁画则保存完好，其腿部绘有置于地狱烈火烧烤的大鼎之中的罪人，被牛头马面用叉子惩罚的场

---

① 刘韬：《百年图像 看唐与回鹘时期龟兹石窟壁画》，澎湃新闻·古代艺术，www.thepaper.cn. 2017-10-30。
② 《大正藏》第10册，第528页下。
③ 彭杰：《克孜尔第17窟卢舍那佛像的补证》，新疆龟兹学会编：《龟兹学研究》第一辑，新疆大学出版社，2006年。[原载《新疆师范大学学报》（哲社版）2006年第2期]

景。①（图1-48）

另外，库木吐喇石窟第75窟主室正壁有"六趣轮回图"（十世纪以降），主尊为结跏趺坐之地藏菩萨，其左右两边各有三组画面，分别表现天、人、阿修罗、畜生、恶鬼、地狱六道，用墨线与其手托之钵相连。

就天龙八部集合意义来讲，在印度阿旃陀石窟目前留存的石刻和壁画均没有发现相关系统图像。就壁画而言，阿旃陀石窟有表现帝释天与飞天、乾闼婆与飞天、龙王本生故事、天人等主题，这在龟兹壁画中得到继承吸收。目前，在森木塞姆第31窟左甬道外侧壁有"梵天、帝释天和龙王"的组合。左侧梵天头梳高髻，中间帝释天头戴宝冠，右侧龙王头戴顶有三条蛇龙的宝冠。该画创作时间为四至五世纪，损毁较多，下方还残留两身天人头部，而且左甬道外侧壁跟后甬道左端壁为一整体。大胆想象，这张画也许是我们能见到的我国最早的天龙八部主题性绘画吧（图1-49）。

就文献记载而言，我国天龙八部的系统形象起源于南朝，唐代惠详撰《弘赞法华传》卷一《图像第一》曰："宋景平元年（423），瓦官寺沙门帛惠高造灵鹫寺。有沙门释惠豪……于中制灵鹫山图……其山林禽兽之形、天龙八部之状，历代未有，自兹始出。龛成之后，倾国来观。后世造龛，皆以豪为式。"②

此段话强调"山林禽兽之形、天龙八部之状，历代未有，自兹始出"。我们知道，"山林禽兽之形"在魏晋时期虽不成熟，但表现也并非难事，所以其重点在于"天龙八部之状"，而且其造龛样式被"倾国来观"，在传播中形成后世遵循的模范。这意味着天龙八部造像形制是佛教汉化的一个表现，是我国佛教艺术系统的一种创新。

据《出三藏记集》卷一二记："宋明帝（465—471年在位）·齐文皇文宣造**行像八部鬼神记**"。③

图1-48　卢舍那佛　左臂有阿修罗　阿艾石窟主室右壁　约八世纪

图1-49　梵天、帝释天、龙王　森木塞姆石窟第31窟　四至五世纪

---

① 《中国新疆壁画全集·库木吐喇》，新疆美术摄影出版社、辽宁美术出版社，1995年，图版193。
② 《大正藏》第51册，第13页中。
③ 《大正藏》第55册，第92页中。

此句话中的"行像",早先是一种西域之俗,即在佛诞日或其他重要日子,[①]用花车载佛像在城内巡行,集会庆祝、纪念和学习。五世纪初,法显(334—420)在西域和印度都曾亲眼见到过行像仪式。据《高僧法显传》记载,西域的行像仪式非常盛大:"……其国(于阗)中有四大僧伽蓝,不数小者。从四月一日,城里便扫洒道路,庄严巷陌……瞿摩帝僧是大乘学,王所敬重,最先行像。离城三四里,作四轮像车,高三丈余,状如行殿,七宝庄校,悬缯幡盖。像立车中,二菩萨侍,作诸天侍从,皆以金银雕莹,悬于虚空。像去门百步,王脱天冠,易着新衣,徒跣持花香,翼从出城迎像,头面礼足,散花烧香。……如是庄严供具,车车各异。一僧伽蓝则一日行像。……至十四日行像乃讫。"[②]

法显也记录过印度摩揭提国巴连弗邑村的行像:"年年常以建卯月(二月)八日行像。作四轮车,缚竹作五层,有承辘、㭓戟,高二丈许,其状如塔。以白氎缠上,然后彩画,作诸天形像。以金、银、琉璃庄校其上,悬缯幡盖。四边作龛,皆有坐佛,菩萨立侍。"[③]可见,"彩画,作诸天形像",从印度流传至西域,古已有之,并随着佛教东传信众倍增,经文翻译认识渐备,于四至五世纪传入了中国。据《魏书·释老志》载,世祖初即位(424),亦遵太祖、太宗之业,于四月八日,舆诸寺佛像,行于广衢。以后诏迎佛像"受皇帝散华礼敬"渐成教化惯例。每当其时,幡幢若林,百戏腾骧,繁衍相倾。

故"行像八部鬼神"当是系统化的护法神形制,这与前述释惠豪创制天龙八部的记载具有一致性。不过,"天龙八部"和"八部鬼神"的提法,喻示着此类造像中有多种变数,或者是尊神数量多寡,或者是尊神名位有无,或者是图像使用规制的差异。

在北朝的石窟中流行一种"神王"像,或可以解释"八部鬼神"之说的混沌指向性。"神王"也属于佛教护法体系,它们的来源及构成与天龙八部系统有亲缘关系。如吴支谦译《佛说长者音悦经》是"神王"一词最早的经文出处,其经云:"是时四大天王、释梵天王、诸龙、鬼王、阿须伦王、一切神王,各与眷属侧塞虚空……"[④]

在佛教认知中,"一切神王"既包括天王、释梵、天龙八部,也涵盖众生界一切王,如地、水、火、风——宇宙四大之神,以及树神、海神、河神、鸟神等。

首先,神王形象跟天龙八部一样,也有一个"非人形"和"人形化"的问题。如克孜尔新1窟"天相图"中的雨神,采用的是云团中的三头那伽蛇的形象,敦煌莫高窟第285窟的雨师是人形神兽形象,而榆林石窟第16窟壁画中的龙王形象就是轩昂甲胄武士形,三者可谓云泥之差。(图1-50)需要说明一点,这个举例并不意味着从"非人形"到"人形化"有个绝然的嬗变轨迹,事实上在龟兹石窟,不同类型的同一尊神形象会并列展现在同时期壁画中。这种现象意味着画工在对待不同佛教内容系统时,有不同的图式成规。只是随着粉本积累和造像传统日趋成熟,后来的画工在创新意识的驱动下,对有关联的粉本图像

---

① 《大唐西域记》卷一"屈支国"(今库车)条:"大城西门外,路左右各有立佛像,高九十余尺。于此像前,建五年一大会处。每岁秋分数十日间,举国僧徒皆来会集,上自君王,下至士庶,捐废俗务,奉持斋戒,受经听法,竭日忘疲。诸僧伽蓝庄严佛像,莹以珍宝,饰之锦绮,载诸辇舆,谓之'行像',动以千数,云集会所。"(《大正藏》第51册,第870页中)
② 《大正藏》第51册,第857页中。
③ 《大正藏》第51册,第862页中。
④ 《大正藏》第14册,第808页中。

图1-50　左上克孜尔新1窟左甬道券顶"雨神",左下莫高窟第285窟的雨师,右榆林窟第16窟的龙王,体现"人形化"的变迁

进行嫁接、拼贴、挪借等改造,从而形成了新的图像体系。

其次,"神王"图式①出现时间早,体系明确,与天龙八部图像有部分重叠。目前,中国现存最早的神王造像位于洛阳龙门石窟宾阳中洞"帝后礼佛图"下方,时间约在正始二年至正光四年间(505—523),包括风神王、龙神王、火神王、树神王、河神王、鸟神王、象神王、师神王、珠神王、山神王。而具有标尺意义的神王图式当属东魏武定元年(543)骆子宽等七十人造释迦像座的左、右、背面的十王雕像。骆子宽造释迦像座神王,都有明确阴刻榜题指示身份。他们的坐姿与龟兹石窟壁画中诸神的坐姿一样为散盘坐式。其神格由特征形象或持物所锚定,这与天龙八部等佛教艺术造像乃一脉相承。龙神王,龙首人身;鸟神王,鸟兽人身。他们保留了半人形状态。河神王,肩扛一鱼;山神王,手托山石。他们已经"人形化"了。(图1-51)

---

① 常青:《北朝石窟神王雕刻述略》,《考古》1994年第12期,第1127—1141页。

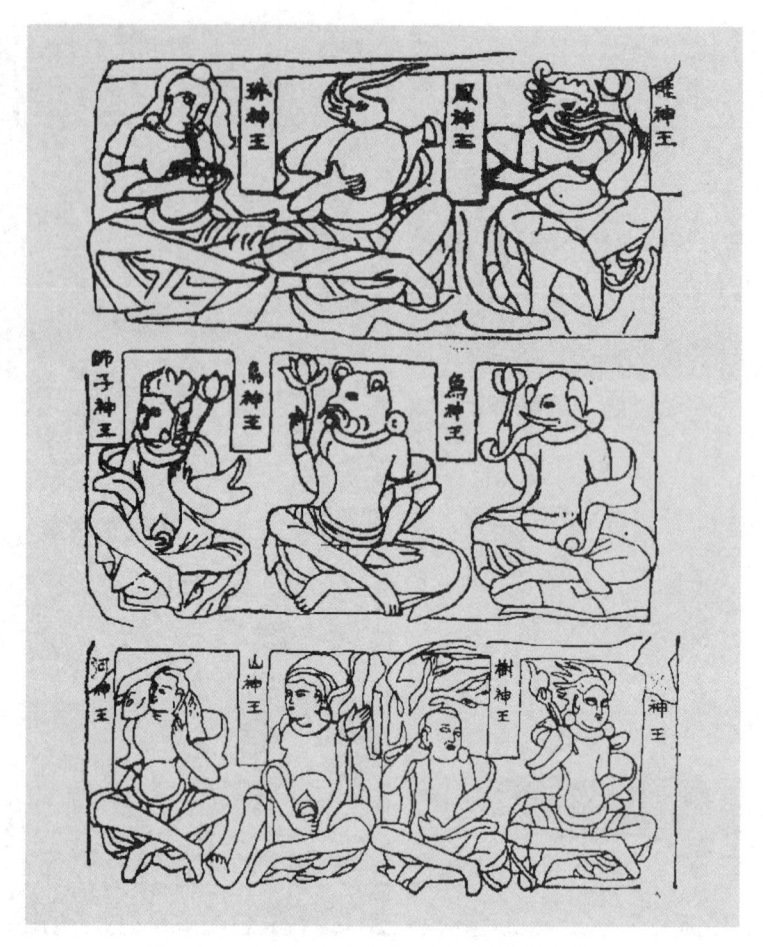

图1-51　东魏武定元年骆子宽造释迦像座神王

在龙门石窟宾阳北洞①（508—512）的神王，均呈盘腿正面坐姿，上身袒裸，饰项圈与帔帛，下身着裙，类似唐代飞天、伎乐（常青认为，宾阳北洞十神王可能在正光四年时已有雏形，补刻之时已到了唐高宗时代，故有此特点）。其南壁西起第四身"为二手相握于胸前，另二臂上擎日月的四臂阿修罗王"。

在巩县大力山石窟现存有北魏所开凿的洞窟五所，其中第3窟（正光、孝昌年间，520—527）、第4窟[约完工于孝明帝熙平、神龟年间（516—520）]出现了口衔小蛇的蛇神王和怀抱小儿的双面鬼子母。第4窟的龙神王和师神王也很有特色。这四尊神王造像与天龙八部造像中的摩睺罗伽、龙部、夜叉、戴兽首冠者是否有图像的承传渊源？（图1-52）

在北齐（550—577）北响堂石窟第9窟基坛，雕刻有精美的神王②：树神王。在须弥山石窟（坐落在宁夏固原县城西北55公里处的须弥山东麓）圆光寺区第46窟（北周，557—581），主室中心柱四面开龛，主尊皆为一佛二菩萨，各面佛座皆有五个方形浅龛。这些浅

---

① 据《魏书·释老志》，宾阳北洞是"永平中，中尹刘腾奏为世宗复造"的石窟。
② 赵立春主编：《中国石窟雕塑精华：河北响堂山石窟》，重庆出版社，2000年，第3页。

图1-52 巩县第3窟的蛇神王和第4窟的龙神王、鬼子母、师神王

龛造像构成了一种规范形制：南面龛，除佛座正中浅内雕宝瓶，余四龛从东向西塑跪状伎乐：吹箫、吹笙、琵琶、腰鼓。西面龛，除正中浅龛内雕宝瓶，余四龛从南向北塑半跪四神王：火、风、树、山。北面龛，除正中浅龛内雕博山炉，余四龛从南向北塑半跪四神王：蛇、不明、河、不明。东面龛，除佛座正中浅内雕博山炉，余四龛从北向南塑比丘及供养人：二男供养人、比丘、比丘、二女供养人。从其八位神王的构成可看到天龙八部的影子。[①]

对比早期天龙八部和神王图像，我们可以看到二者的交融与共通。石窟是佛教思想的艺术表现形式，佛、弟子、菩萨、天王、力士居于主角地位供人观瞻，但别忘了，加上窟顶的飞天和壁基的伎乐（喻示乾闼婆与紧那罗等），以及基坛表面的神王，才能形成完整意义的法会。北朝以降，特别是隋唐五代，画工将经文中明确提及的天龙八部作为主角置入石窟中的显眼位置，是对庄严法会的再次阐释与创新想象。因此，某些"神王"造像法式在唐代天龙八部造像中依然存在，如敦煌石窟中有许多"天龙八部名字+王"的榜题以及诸多神王形象，四川也有摩竭鱼神王出现（如重庆潼南崇龛镇薛家村千佛寺摩崖造像第20号龛等）。或者说，天龙八部从基座的神王位置走向了佛、菩萨的身后，甚至独立守护在主尊龛前窟龛壁上。

当然，要说神王与天龙八部艺术形式交融的直接证据，我们在韩国襄阳陈田寺址三层石塔上的天龙八部造像可以看到。[②] 陈田寺是统一新罗时代（九世纪）由道义国师创建的寺庙。陈田寺旧址中保存着这个被韩国记录为122号国宝的三层石塔：底座为二层基坛，其上有三层塔身。由下至上，底层基坛四周刻饰天人像。第二层基坛四周刻饰八部神众像，每面二尊。其上第一层塔身四周雕刻坐佛，每面一尊。再上塔身饰物已失。天龙八部有：阿修罗王（六臂，举日月）、乾闼婆王（兽头帽，箜篌）；摩竭鱼王（持剑状物，肩

[①] 宁夏回族自治区文物管理委员会、北京大学考古系编著：《须弥山石窟内容总录》，文物出版社，1997年，第85页。
[②] 日本学者水野さや研究颇丰。如《韩国江原道襄阳郡陈田寺址三层石塔の八部众像について》，名古屋大学文学部美学美术史研究室：《美学美术史研究论集》1998年第16号；《庆州崇福寺址东、西三层石塔の八部众像について》，《佛教艺术》2000年第249号；《中国の八部众の图像について（1）：四川省の八部众像の报告をかねて》，《名古屋大学古川综合研究资料馆报告》1999年第15号；《中国の八部众の图像について（2）：甘肃省敦煌莫高窟、安西榆林窟の八部众像の报告をかねて》，《名古屋大学博物馆报告》2001年第16号；《中国における八部众の图像の成立に関する一试论：龙门宾阳三洞の诸像を中心に》，《密教图像》2001年第20号。

负鱼)、迦楼罗王(鸟嘴);紧那罗王(头上似有鸟,也像独角)、摩睺罗伽王(头颈绕蛇);夜叉(托小儿)、龙王(肩负一龙,持剑)。(图1-53)除了用摩竭鱼王替代天部,就是一个标准的天龙八部配置。而且,其造像样式跟巩县石窟的神王雕像如出一辙。784年道义入唐为马祖道一门下西堂智藏禅师(735—814)的弟子,822年他归国传南宗禅,创立了朝鲜九山禅门之一的迦智山派。虽然不清楚道义三层石塔的造像样式所本为何,但很显然,它结合了巩县石窟类的神王样式和唐朝天龙八部造像样式,将石窟的空间构成完美转化到了塔基和塔身的装饰之中。另外,韩国国立中央博物馆收藏的庆尚南道山清泛鹤里三层石塔(105号国宝,统一新罗时代)、庆州昌林寺三层石塔、庆州崇福寺东·西三层石塔址也有类似八部众(图1-54)。

现在要精确找出我国天龙八部造像的起源时间,恐怕有点困难。从南朝以降,天龙八部造像就不断出现在我们的视野中。

就民间百姓而言,北朝并州乐平郡石艾县有个阿鹿交村(一说安鹿交村),①村民从北魏后期到隋初的七十余年间,开凿了三个石窟、两处摩崖造像和五方造像记。其中北齐河清二年(563)七十人等造像题记曰:"……敬造石室一区,纵旷东西南北上下五尺,中大(注:或为三)佛、大(注:或为六)菩萨、阿难、迦叶、**八部神王**、金刚力士,造德成就。"②就现场而言,八部神王应为佛龛中金刚座下所开小型附龛中的神像,其中东、西壁各三龛,正壁三龛。(图1-55)

就贵族而言,麦积山石窟第4号洞窟(即上七佛阁,我国现存石窟中凿有窟廊建筑的最大洞窟,形制为:七个方形佛帐式大龛并列凿在山崖内,分别供奉着一佛二弟子六菩萨,或一佛八菩萨等;大龛前开凿面宽七间八柱廊檐),为北周秦州大都督

图1-53 韩国 襄阳陈田寺址三层石塔 天龙八部 统一新罗时代 九世纪

---

① 即今山西省平定县岩会乡乱柳村西1公里的开河寺石窟。
② 李裕群:《山西平定开河寺石窟》,《文物》1997年第1期,第73—74页。

图1-54　庆尚南道山清泛鹤里三层石塔（105号国宝，统一新罗时代，韩国国立中央博物馆藏）

图1-55　山西开河寺石窟北齐河清二年窟室正壁的八部神王

李允信为其亡父做功德所开,约在565年。① 七龛门外之间以及柱廊两头,浮塑八部护法,皆先在石壁上雕出轮廓,然后再涂泥加彩而成,展示出高古的艺术风神。学界普遍认为,上七佛阁八部众造像是现存最早的人形化天龙八部群像遗物。可惜能诠释其神格的造像特征现已大部分风化湮灭,给我们的辨识阐释工作造成了很大困难。下图左起第一尊炎发,忿怒相,上身赤裸,右手持瓜锤(夜叉?);第二尊为鸟嘴,戴花冠,推为迦楼罗;第三尊左手托摩尼珠,穿戴盔甲(龙王?);第四尊残,扎发髻;第五尊损坏严重;第六尊为兽头帽乾闼婆;第七尊为手持金刚杵,扎发髻;第八尊炎发,束汗巾,手持物不详。(图1-56)但笔者以为这还不是纯粹意义上的天龙八部群像,神王像或神鬼组合的意味更浓。

图1-56　麦积山石窟第4号洞窟天龙八部

上述两则跨越广大地域范围,几乎同一时段的八部众造像活动,表明此时天龙八部造像是一种在佛教界共识性很高的艺术程式,因此,只要有人携带粉本到某地,就能生动传播。

据《续高僧传》卷二五"释慧聪"条,记益州(即成都)福化寺僧人慧聪"常礼万五千佛,依经自唱,一一礼之。寺僧怪其所作,于壁隙伺之,见礼拜头下,天龙八部等亦头下"。② 慧聪为隋代(581—618或619)人,此记载明确表明隋代寺庙中"天龙八部"为一种造像主题。另据法琳(572—640)《破邪论》卷下有言:"唯我大师体斯妙觉,二边顿遣,万德俱融……出则天主导前,入则梵王从后……八部万神森然翊卫……"③ 表明隋唐僧界非常重视"八部"在佛教仪轨中的作用,石窟寺艺术中出现天龙八部也就顺理成章了。据唐代段成式《寺塔记》载:"东禅院,亦曰木塔院。院门北西廊五壁,吴道玄(约680—759)弟子释思道画释梵八部,不施彩色,尚有典刑。"④ "典刑"即一种规范、法式、经典模式的意思。从南朝的释惠豪开始,经过两三百年的酝酿,隋唐的天龙八部造像开始承担重要的法义传播功能。

隋唐之际的天龙八部造像在甘肃敦煌莫高窟等区域有"典刑"呈现。敦煌石窟为我

---

① 阎文儒主编:《麦积山石窟》,甘肃人民出版社,1984年,第96页。
② 《大正藏》第50册,第663页上。
③ 《大正藏》第50册,第663页上。
④ 《大正藏》第51册,第1023页上。

国三大石窟代表之一,除了主体莫高窟之外,还有西千佛洞、安西榆林窟、东千佛洞、水峡口下洞子石窟、肃北五个庙石窟、一个庙石窟、玉门昌马石窟等群组。莫高窟的天龙八部造像,按敦煌文物研究所提供《莫高窟内容总录》[①]整理在表1-3。

表1-3 莫高窟的天龙八部

窟 号	时间	内 容
第297窟	北周	主室西壁龛壁画化佛火焰佛光,两侧各画菩萨、飞天一身,执拂乾闼婆各一身
第262窟	隋代	窟顶后部平顶中画阿修罗王,两侧画维摩诘经变,南侧文殊,北侧维摩诘(均模糊)
第148窟	盛唐	南壁龛上部弥勒下生经变中有天龙八部
第445窟	盛唐	北壁的弥勒经变中有天龙八部
第158窟	中唐	主室西壁坛上塑释迦涅槃像,壁画天龙八部、梵释天人、弟子、菩萨及散花飞天
第449窟	中唐	主室西壁龛内西侧壁残存佛座部分,两侧各画五弟子、五菩萨;南、北壁画天龙八部。马蹄形佛床,壸门内画狮子、供器
第53窟	中唐	西壁龛内有天龙八部,北壁模糊,南壁存头部
第6窟	五代	西壁龛内南侧画阿修罗、迦楼罗、揭路茶等六神将,月藏、明惠、日光等四菩萨;西壁龛内北侧画紧那罗等五神将(榜题莫辨的以头饰等形象看,似有狮、鹿、夜叉等),妙吉祥、宝智等四菩萨(图1-58)
第22窟	五代	主室龛内西壁画十大弟子(模糊),南、北壁各画天龙八部和四菩萨(模糊)
第87窟	五代	西壁龛内南、北侧壁各画天龙八部四身,药叉一身与四菩萨
第98窟	五代	北壁思益梵天问经变有天龙八部;东壁南侧维摩诘经变有天龙八部
第99窟	五代	西壁龛内南、北壁各画天龙八部、四菩萨、二弟子,南侧壁多一药叉
第100窟	五代	主室西壁龛内南侧壁画妙高山王菩萨、梵王及阿修罗、迦楼罗等天龙夜叉六身、菩萨一身、鬼卒二身;北壁画菩萨及阿修罗、迦楼罗、乾闼婆王等天龙夜叉八身
第121窟	五代	主室西壁龛内南侧壁画阿修罗等天龙八部四身,夜叉一身、菩萨四身、弟子一身;主室西壁龛内北侧壁画迦楼罗等天龙八部四身,菩萨四身,弟子一身
第261窟	五代	主室南壁东侧画法华经变一铺,下画供养菩萨七身(模糊、烟熏甚剧);西侧(佛坛上)画天龙八部。主室北壁东侧画华严经变一铺,下画供养菩萨七身(模糊);西侧(佛坛上)画天龙八部
第331窟	五代	前室西壁门南、北各画天龙八部(模糊、门南被美国人华尔纳盗走一方)

---

① 敦煌文物研究所编著:《中国石窟:敦煌莫高窟》(卷五),文物出版社,1987年;敦煌文物研究所整理:《敦煌莫高窟内容总录》,文物出版社,1982年。

(续表)

窟　号	时间	内　　　　容
第25窟	宋代	西壁龛内南、北壁画天王、阿修罗、龙众、夜叉、菩萨等各十一身
第121窟	宋代	前室南、北壁各画天龙八部各一铺（模糊）
第166窟	宋代	南、北壁宋画天龙八部各一铺（模糊）
第454窟	宋代	主室北壁西起第四铺梵网经变中有天龙八部
第456窟	宋代	主室北壁梵网经变中有天龙八部

敦煌西千佛洞（位于敦煌西南约30公里的公路南侧）第19窟（五代，宋重修），东壁画菩萨三身、天龙八部二身、天王一身；西壁画菩萨三身、天龙八部二身、天王一身。

安西榆林窟。① 榆林窟位于安西县城（坐落于河西走廊西端，比邻敦煌，二者同为"丝绸之路"的重要据点）南七八十公里的南山山谷中，现存洞窟四十二窟，历经唐、五代、宋、西夏和元代。榆林窟的主题体系化天龙八部造像，据霍熙亮编《榆林窟、西千佛洞内容总录》整理如下：②

榆林窟第12窟③（五代，清重修），前室南、北壁上沿垂幔下各画天龙八部、神将、菩萨、夜叉；主室南壁东侧画梵天、天龙八部、天王、神将、夜叉；主室北壁东侧画帝释、天龙八部、天王、神将、夜叉。（图1-57）

榆林窟第13窟（五代，宋、清重修），前室南、北壁五代画垂幔下天龙八部、菩萨、夜叉。

榆林窟第16窟（五代，民国初重修）。前室南、北壁各画天龙八部、菩萨、夜叉。

榆林窟第25窟，唐，北壁弥勒经变中弥勒初会（部分）天龙八部局部。

榆林窟第32窟西壁中间的梵网经变（五代）中有天龙八部。

肃北五个庙石窟（位于莫高窟南约40公里处，今肃北蒙古族自治县境内）第3窟（北周，西夏重修，表层壁画属西夏，1038—1227），主室北壁（正壁）中央绘佛光，两侧共绘四弟子二胁侍菩萨二供养菩萨，天龙八部（八身）。④ 据张宝玺《甘肃石窟艺术壁画编》摄影记录，五个庙石窟第1窟元代（十三世纪）的《弥勒变》图片中⑤存在八部天龙的样式，从图片左至右：头上有鸟的迦楼罗，戴兽头帽的迦楼罗……可惜图片不清，无法进一步确认。（图1-58）据王惠民记录，此图位于第1窟西壁。

敦煌石窟的天龙八部，目前没有见到雕塑形式的。绘画的天龙八部可分两类：一是独立系统的表现，一是经变画的组成部分。前述统计中，由于以前对天龙八部的盲视，所以只有系统而独立的图像被记录下来，但记录时神将尊格概念不明，或是在创作时画工就

---

① 张伯元：《安西榆林窟》，四川教育出版社，1995年。
② 敦煌研究院编著：《中国石窟：安西榆林窟》，文物出版社，1997年。
③ 主室甬道北壁墨书三行：临洮府后学待诏刘世福到此窟\佛殿一所计耳\至正廿七年五月初一日计。
④ 王惠民：《肃北五个庙石窟内容总录》，《敦煌研究》1994年第1期，第130—132页。
⑤ 张宝玺编著：《甘肃石窟艺术壁画编》，甘肃人民美术出版社，1997年，第46页。

图1-57　榆林窟第12窟天龙八部局部（敦煌文物研究所：《榆林窟》，中国古典艺术出版社，1957年）

图1-58　五个庙石窟第1窟　元代（十三世纪）弥勒变中的天龙八部

含糊对待，因此这些系统图像并不能得出明确的造像程式。如莫高窟第6窟西壁龛内南侧八部众带榜题的有阿修罗王、迦楼罗王、揭路荼王，日冠菩萨身后尊神有榜题但模糊了，在阿修罗下方、天王身后有只露半边脸的部众（根据榆林窟第16窟，可能是陪衬的夜叉或鬼类）；北侧八部众有榜题的只有紧那罗王（标志为兵器上的鸟头），其前一身部众榜题已损坏，根据头饰鹿头应该也是紧那罗，另根据头饰可以辨识摩睺罗伽（蛇冠），乾闼婆（兽冠），乾闼婆身后、天王上方还有一尊只露半边脸部众。因此，莫高窟第6窟五代所绘八部众，或许是画师的疏忽，造成了我们解读的困难。莫高窟第6窟的天龙八部与榆林窟第16窟（五代）的应为同一群画工所为：都有持弓箭的天王，作为陪衬的夜叉或鬼类，八部众主要靠头饰来识别，搭配有四菩萨等，绘画造型手法相似。（图1-59、60）

在"内容总录"中，那些经变中的配角类天龙八部一概被忽略，或是一句"护法天众"就被打发了，稍微详细一点加一个数量，但其尊位数往往与其他造像搅和在一起。敦煌石窟唐代经变壁画非常多，天龙八部常常出现在弥勒经变、梵网经变、维摩诘经变、涅槃经变、思益梵天问经变、文殊普贤变……中。据统计，莫高窟仅弥勒经变就有初唐的341、386窟，盛唐的215、148、445窟，中唐的369窟等。如果仔细读图，就能看到天龙八部作为护法神众的身影，如莫高窟第445窟北壁的弥勒经变，在左侧绘有手托小儿张口恐怖的夜叉，头上盘蛇、蛇尾绕脖颈的摩睺罗伽，头戴兽头帽的乾闼婆，头顶金翅鸟的迦楼罗（图1-61）。其造型方式与榆林窟第16窟、莫高窟第6窟相比，明显是两个体系，跟大多巴蜀石窟和壁画中的天龙八部造型方式相同。

榆林窟25窟[①]主室北壁《弥勒净土变》中也有类似系统化天龙八部图式。按张伯元画图介绍整理，其构成格局为表1-4所示，表明在经变的格局中，天龙八部可以规划在很重要的位置，因此，学术界统计佛教艺术遗存，得重新思考内容总录的说明范畴，否则，就

---

① 榆林窟现存最早的壁画在25窟内，晚唐，其前室东壁门南天王像下方有唐"光化三年（900）"题记。

图1-59 莫高窟第6窟西壁龛内南侧(左)、北侧(右)天龙八部 五代

图1-60 榆林窟第16窟前室北壁天龙八部 五代

图 1-61　莫高窟第 445 窟北壁弥勒经变之天龙八部局部　盛唐：夜叉、上摩睺罗伽，下乾闼婆、迦楼罗

会丧失大量重要的研究信息。随着寺窟造像和壁画等风化损坏加剧，此问题就尤为迫切了。

表 1-4　榆林窟第 25 窟构成示意表（纵 720 厘米、横 601 厘米、高 440 厘米）

迦叶禅窟图：献袈裟衣钵与弥勒				弥勒入翅头末城度人天	
			比丘"禅定"像		
弥勒世一种七收"耕获图"	天龙八部四身	龙华初会：弥勒佛与法华林菩萨、大妙相菩萨及眷属、七宝等	天龙八部四身	写经图
探亲图，又名"自掘坟墓"				树上生衣图
道不拾遗图				婚嫁图
龙华三会：一佛、二菩萨、二天王、一力士、弟子	转轮王率众剃度图	七宝塔	梵摩越王女率众剃度图	龙华二会：一佛、二菩萨、二天王、一力士、弟子

榆林窟 25 窟佛左侧壁画损坏严重，四身天龙八部仅有局部残留，从上往下辨识：

（1）龙部，头顶有龙头伸出。
（2）推为紧那罗：仅存部分脸，头上有残缺动物形象，该动物大眼，或为鹿。
（3）画面损坏，只剩部分身体，肌肉筋腱发达，其占画面体量较大，推为三头六臂阿修罗。

(4)画面损坏,只剩部分身体,推为夜叉。

佛右侧天龙八部保存较好,分三排。最下排一尊损坏,仅留头光,推为天部。中排左侧为摩睺罗伽:蛇绕脖颈从头左侧伸出,戴三花冠,脸有横肉。右侧为乾闼婆:披戴兽头冠,兽脚在脖颈处打结,模样俊俏。上排为迦楼罗,须髯大汉,戴三花冠,头上有大鸟。(图1-62)

图 1-62　榆林窟第25窟天龙八部　晚唐

另外,霍熙亮《敦煌地区的梵网经变》记录了莫高窟第454、456窟在梵网经变中出现的八部天龙。笔者从霍熙亮所编"现存梵网经变说戒会画面、榜题与经文对照"截取相关部分如下[①]:

表 1-5　霍熙亮所编"现存梵网经变说戒会画面、榜题与经文对照"中天龙八部信息

窟　名	画面编号	画面形象	榜　　题	备注与识别
莫高窟第454窟	23	一梵天跪拜,后立二侍童	十八梵王合掌至心听戒	
	15	一帝释跪拜,后立二侍童	……月听戒	
	4	一力士蓬发,五首,半裸	阿修罗王	
	5	一虎帽神将,抱琵琶	乾闼婆	明确此形象为乾闼婆
	6	一蛇冠神将,挂杵	乾如意夜叉	当为摩睺罗伽

---

① 敦煌研究院编著:《中国石窟:安西榆林窟》,第194页。

（续表）

窟　名	画面编号	画面形象	榜　题	备注与识别
莫高窟第454窟	7	一神将举杵肩上	天龙夜叉会	
	8	一兽帽神将	迦楼罗王	兽帽为鸟？
	9	一束发神将	紧那罗王	
	10	一鹿冠神将,持剑	揭路荼王	
	11	一扎巾神将持矛	药叉王	
	12	一力士蓬发半裸,举杵肩上	阿修罗多婆□	
莫高窟第456窟	2	一神将捐杵	（榜题蚀失）	
	3	一蛇冠神将	（榜题蚀失）	当为摩睺罗伽
	4	一象帽？尖嘴神将	（榜题蚀失）	当为迦楼罗
	5	一鹿冠神将	（榜题蚀失）	当为紧那罗
	6	一神将头生三角,持剑	（榜题蚀失）	

可见,在经变中,天龙八部图像系统既有约定俗成的规制,也有较灵活的变数,这应该与作画环境、匠人及供养人等的佛学修养有一定关系。值得一提的是,在莫高窟第454窟的榜题中明确指认戴兽首冠者为乾闼婆,为解读巴蜀地区天龙八部造像提供了比对证据。

其他经变中的天龙八部,代表性的还有榆林第35窟,莫高窟第36窟、159窟(吐蕃时期、中唐)、231窟(吐蕃时期、中唐)的文殊变和普贤变等。

众所周知,佛教从印度传入中国要经过两条重要的丝道:一是疏勒—于阗—罗布泊—哈密戈壁—敦煌;一是疏勒—温宿—库车—焉耆—吐鲁番—敦煌。在敦煌,佛教艺术受到民族文化的熔炼。然后佛教文化又兵分两路进入中原地区。南路:敦煌—麦积山—凉州—广元—大足—乐山;北路:敦煌—云冈—龙门—巩县—天龙山—响堂山。这些流布的佛教艺术,越接近中原地区,越被中原文化融合改造。同时,这种改造后的佛教艺术还会通过来时的路线返向西方传播,又对西域文化造成激荡。但总体上,北方石窟虽然有很多,但大多只出现八部众的局部造像,很少雕凿有系统化天龙八部造像。如云冈石窟中的各种护法形象,雕刻在洞窟窟门两侧、门拱上下顶、佛龛周围、窟顶等地方,除没有发现摩睺罗伽和人非人的形象外,护法八部众其他六种形象皆有不同程度的表现。[①]巩县石窟、响堂山石窟、青州石刻、龙门石窟也相类。究其原因,一方面是时代限制,上述石窟大多主要造像活动在隋唐之前的魏晋时期,还没有产生和流传系统的人形化八部众造像;另一方面,在人形化天龙八部造像流行的隋唐五代时期,像龙门石窟等依然没有相关造像,大概是主持僧、工匠或供养人等有意识的选择,或当地流行风尚冲击造成的。

---

① 王恒:《云冈石窟天龙八部及梵志、妖魔》,山西人民出版社,2006年,第2页。

与北方石窟对待天龙八部造像的冷淡态度不同,自魏晋神王像流行以来,八部鬼神的雏形就已经在四川的摩崖石刻中出现,局部的八部众也不胜枚举。到了隋唐,佛教密宗流行,其重要的象征图像——人形化天龙八部——也开始以浮雕、阴刻线等方式出现在巴蜀佛、道教龛窟中,遍及广元、巴中、达州、绵阳、德阳、南充、广安、遂宁、资阳、眉山、乐山、内江、自贡、泸州、成都、蒲江、邛崃、崇州、宜宾、雅安、合川、潼南、大足、忠县等地,其深厚的艺术蕴含、丰富的宗教图像学含义与区域性宗教文献价值,在中华大地上首屈一指。在宋元的战火后,明代四川地区无力承担摩崖造像的负担,同时审美趣味发生转变,佛寺及佛寺壁画艺术复兴,在资中甘露寺、新繁龙藏寺、平武报恩寺等中壁画中,又发展出新的天龙八部图式。总之,从现存遗存看,巴蜀地区天龙八部造(图)像的历史发展脉络、文化内蕴、艺术工艺等信息保存非常完整,当之无愧是中国天龙八部造像的大本营与天然博物馆!

二、天龙八部造(图)像系统的样式

(一)独立的天龙八部护法神众系统

天龙八部作为独立护法神众系统,在佛教艺术中经常出现在三世佛、二佛、释迦、弥勒、多宝佛、贤劫千佛以及文殊、普贤等佛菩萨身旁。佛教是像教,深奥的佛经被整理成通俗易懂的"经变",文字化的经变还被转化成图像式的"变相",都是为了广播佛种。因此,天龙八部造像盛行的隋唐,一定是信众不再满足于魏晋时代对本生或佛传"故事"所进行的简单图解,他们在钻研经文,试图展现出佛经中所传达的彼时彼刻的法界,从对佛教故事的好奇转向了对佛理的深入探析。可以说,天龙八部系统造像的流行,本身就代表着佛教文化的含弘光大,唐代巴蜀佛教重要的文化表征之一就是天龙八部。天龙八部是一种"变相",这是八部众造像的文化实质,其文化功能是承载佛教教义与仪轨的内涵。

1. 日本奈良兴福寺的八部众造像

中国天龙八部造像文化曾被日本虔诚地继承,我们考察一下日本国宝——奈良兴福寺的八部众造像,就能体会这一点。

奈良兴福寺的八部众造像原本安置于寺内西金堂释迦如来像周围,配合十大弟子像,创设了灵鹫山说法盛景。西金堂由圣武天皇的光明皇后(701—760)为母亲橘三千代祈求冥福而建,时间为天平六年(734)。其造像所本经典,乃遣唐留学僧道慈于元正天皇养老二年(718)携回的大唐义净所译《金光明最胜王经》。

《金光明最胜王经》的核心思想是"忏悔"。如其《梦见金鼓忏悔品第四》中讲述释迦佛在灵鹫山开示妙幢菩萨:"善男子!如汝所梦,金鼓出声赞叹如来真实功德,并忏悔法;若有闻者,获福甚多,广利有情,灭除罪障。"①

"忏悔"获福除障,奈良时代中后期日本社会盛行各种忏悔法门,如国家组织"药师悔过""吉祥悔过""观音悔过"等法会为国祈福。兴福寺西金堂的建造则是为母亲祈求冥福的孝义之举,希冀忏悔罪业灭除罪障,因此,造像带有一种年轻平和的状态,集中体现在阿修罗

---

① 《大正藏》第16册,第413页下。

造像形式中。在中国或印度,阿修罗一般是三张不同表情的脸,主头像往往是忿怒相,筋腱发达。而兴福寺的阿修罗则面带纯真,体形纤细,一派少年模样,与母子孝义主题契合。

奈良兴福寺八部众造像由五部净、沙羯罗、鸠槃荼、乾闼婆、紧那罗、阿修罗、迦楼罗、毕婆伽罗组成。除阿修罗外,其余八部皆是武将铠甲装。(图1-63)

图1-63　日本兴福寺八部众：左1阿修罗；上排沙羯罗、鸠槃荼、五部净；下排迦楼罗、乾闼婆、紧那罗、毕婆伽罗　奈良时代(710—784)

天部,为戴象头帽的"五部净居天",位居色界最高层"第四禅天",由于该天又分五重,故有"五部"之称名。《大明三藏法数》卷一六曰:"五净居天者,谓声闻之人断欲界九品思惑尽,证第三阿那含果而居其中。"① 鸠摩罗什译梵语 anāgāmin 为"阿那含",为声闻乘的第三果,谓不再来,又称不还果,得证此果位的人将不再回还欲界而证涅槃。兴福寺的天部造像并非随意而为,乃是基于《金光明最胜王经》卷一《序品第一》"如是我闻。一时,薄伽梵在王舍城鹫峰山顶,于最清净甚深法界,诸佛之境如来所居,与大苾刍众九万八千人,皆是阿罗汉,能善调伏如大象王"② 的记载。

龙部,为沙羯罗,头盘蛇,乃印度"那伽"的原始状态,像中国文化中的摩睺罗伽。

---

① 《乾隆大藏经》第151册,第117页上。
② 《大正藏》第16册,第403页上。

夜叉，为南方增长天王的部众鸠槃荼，炎发，生四角。在敦煌壁画中，八部众也有选择表现鸠槃荼王的，但夜叉造像，中国还有一个抱小儿的流行样式。

迦楼罗，鸟头；乾闼婆，兽首冠；紧那罗，头顶束发髻，其前有角。此三部与中国流行样式无异。

而毕婆伽罗，在八部众惯常式样中没有此尊神。"毕"，意为"广"；"婆伽罗"亦云"摩迦罗"，有"猕猴"之意。在《金光明经》护法鬼神众中有个"猕猴王"。在此仪轨法中将"毕婆伽罗"归类于"山神"，取代了摩睺罗伽。由于奈良兴福寺的八部众不同常仪，故有人认为其作例可能源于观音二十八部众。不管怎样，兴福寺八部众造像提醒我们，天龙八部并不是绝对固定的单一体系，根据文化认知、具体情境，以及工匠的即兴发挥，都可能造成变化，这也是天龙八部艺术文化魅力的来源，所谓"八部之间，气象万千"。

2. 韩国吐含山石窟庵①的天龙八部造像

韩国石窟的开凿，一方面受了中国的影响，一方面也从王室陵墓的修筑得到启示。新罗统一三国以后，历经八十余年，进入政治安定、文化鼎盛的景德王时期（741—765）。据史书《三国遗事》载，宰相金大成为今生父母筑建佛国寺以后，又为追念前生父母开凿了石窟庵（751—774）。石窟庵所在的吐含山面向东海，地形险峻，自古以来就是倭寇来袭时的登陆地，因此石窟庵的开凿，是新罗人凝聚"依佛力攘敌"的意志，所建立守护疆域的镇国寺院。此石窟穹隆形的天顶，是用切割成形花岗岩一块一块堆砌起来的，象征着天圆地方、阴阳调和的宇宙观。

长方形的前室两侧供奉着天龙八部、武士护卫形象。左侧从外向内，分别为阿修罗、紧那罗、夜叉、龙。右侧从外向内，分别为迦楼罗、摩睺罗迦、天部、乾闼婆。前室两后壁各塑一尊金刚力士。前室与圆形的主室之间有一道短窄的走廊，壁面浮雕四大天王。主室圆形，本尊大佛高达3.2米。环绕佛周围壁上，配置文殊、普贤、梵天、帝释天、十大弟子和十一面观音浮雕。在这些雕像的顶部壁上，还有十个龛室，里面分别供奉着菩萨。（图1-64）

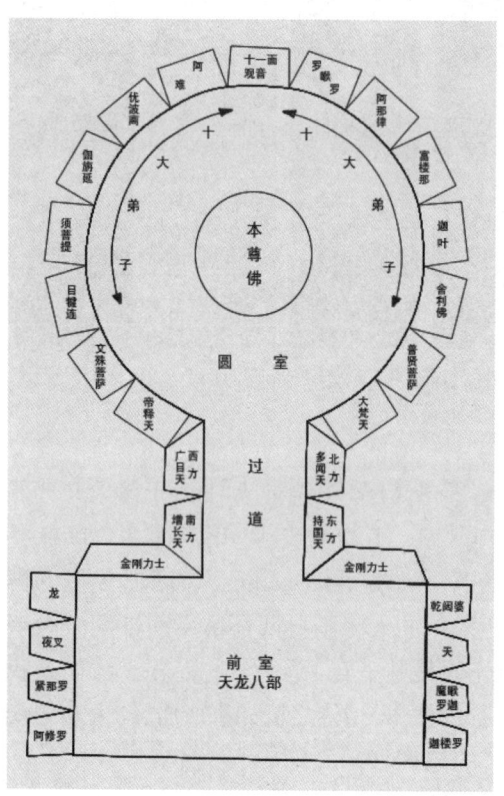

图1-64 韩国吐含山石窟庵天龙八部布局示意图

韩国吐含山石窟庵表现了天龙八部造像在佛教宇宙图式中别具一格的存在状态。

---

① 陈明华：《韩国佛教美术》，文物出版社，2009年，第82页。

对比同时期我国盛唐摩崖石窟中一佛二弟子二菩萨二天王二金刚力士天龙八部的平面性、象征性配置，韩国吐含山石窟庵的配置以天圆地方的形式立体地展现了佛陀的庄严法界。韩国吐含山石窟庵天龙八部造像与唐文化密切相关。在《三国史记·新罗本纪》卷九关于景德王的记载中，多次记"遣使入唐贺正"，并记景德王十五年遣使入成都朝贡幸蜀的玄宗等。可以想见使者被巴蜀天龙八部造像吸引的目光。

（二）非独立的天龙八部护法神众系统——千手观音二十八部众

在佛教造像体系中，有一类群像中包含着天龙八部各部众，如千手观音的二十八部众中就包含天龙八部，但严格地说，不能称这些八部众为独立的天龙八部系统，他们只是某个独立特定护法神众体系的组成部分而已。

据善无畏译《千手观音造次第法仪轨》曰："其尊之正面天冠上有三重……第三重有二十八部众，有各各本形。"[①]包括：一、密迹金刚士；二、乌刍君荼央俱尸；三、魔醯那罗达；四、金毗罗陀迦毗罗；五、婆馺婆楼那；六、满善车钵真陀罗；七、萨遮摩和罗；八、鸠兰单托半只罗；九、毕婆伽罗王；十、应德毗多萨和罗；十一、梵摩三钵罗；十二、五部净居炎摩罗；十三、释王三十三；十四、大辨功德娑怛那；十五、提头赖吒王；十六、神母女等大力众；十七、毗楼勒叉王；十八、毗楼博叉王；十九、毗沙门天王；二十、金色孔雀王；二十一、二十八部大仙众；二十二、摩尼跋陀罗；二十三、散脂大将弗罗婆；二十四、难陀跋难陀；二十五、修罗（包括大身修罗、乾闼婆、迦楼罗、紧那罗、摩睺罗伽）；二十六、水火雷电神；二十七、鸠槃荼王；二十八、毗舍阇。千手观音二十八部众中，有阿修罗、乾闼婆、紧那罗、迦楼罗、摩睺罗伽、大梵天等（天部）、散脂大将弗罗婆（夜叉）、难陀等龙王（龙部），可谓八部众俱全。（图1-65）

千手千眼观音又称大悲观音，为密宗所谓六观音之一，唐中叶后在四川颇为盛行。在四川邛崃鹤林寺二区2号龛、内江重龙山第113龛、重庆大足北山第9龛等都有千手观音类似布局。另外，千手观音信仰也流传到东瀛，位于日本京都府京都市东山区的天台宗妙法院境外佛堂的三十三间[②]堂就是以千手观音二十八部众塑像闻名于世的。其开基（创立）者为后白河上皇（ごしらかわてんのう，1127—1192），被比作中国历史上的崇佛皇帝——梁武帝。我们从三十三间堂二十八部众中的天龙八部造像，可以看见大梵天（以及帝释天）的面容端庄，头戴高冠，缯带从两耳下垂至胸前，穿右衽交领长袍。乍一看这个形象，让人联想起四川天龙八部造像中"长耳垂肩"的护法神，学界对其尊格一直没有定论，或许工匠误把粉本上的缯带识别成耳朵，无意中成就了"长耳垂肩"尊神的模样呢（在自贡荣县二佛寺第4龛的天部也属这一类）？另外，在四川广安冲相寺K50龛的天龙八部造像中也有弹琴者，是否与此处的摩睺罗伽有关联呢？

---

① 《大正藏》第20册，第138页上。
② 京都一间为1.8米，故江户年代以前的三十三间堂约59.4米长。

图 1-65　日本三十三间堂千手观音二十八部众中的天龙八部代表：大梵天、难陀龙王、阿修罗、乾闼婆、紧那罗、迦楼罗、摩睺罗伽、散脂大将（夜叉类）

三、天龙八部造（图）像仪轨

天龙八部作为佛教庞大万神殿的重要一支，他们的数量很多，在绘画及其他艺术作品中时有重复出现，《造像量度经》[①]认为："其中虽有互见，然亦因现各异，不得认为重复也。"又说："神通妙用……因见自别，未可执一而论也。"[②]

我国早期的佛寺、石窟中所雕绘的天龙八部护法像皆依照佛经记载为之造像的，其中的龙、迦楼罗（金翅鸟神）、摩睺罗伽（大蟒神）等多不见人形。隋唐的佛教艺术家们开始将天龙八部进行拟人化的手法表现。画家为他们造像时，有的依照佛经记载，有的只是约略或任意描绘，如佛像旁的飞天及行道天王、护法神等，代有变化。《造像量度经》曰："凡为鬼神，贵乎方俗。"这高度总结了汉地佛画家按照汉地美学观创作佛画的史实，同时说

---

① 《造像量度经》是清乾隆七年（1742）工布查布在北京从藏文译本重译为汉文，并作了《造像量度经引》《经解》和《续补》，编在经文的前后，合为一部。

② 张剑华：《汉传佛教绘画艺术》，今日中国出版社，1992年，第90页。

明只要艺术手法高超,贵乎方俗的佛画并不算作妄造。

盛唐至中唐时期的僧人不空所译《摄无碍大悲心大陀罗尼经计一法中出无量义南方满愿补陀落海会五部诸尊等弘誓力方位及威仪形色执持三摩耶幖帜曼荼罗仪轨》"第五院钩召被甲法"中有关于人形天龙八部的相关记载:

表 1-6 "第五院钩召被甲法"中人形天龙八部的特征描述

部 众	面貌特征	法器及配饰	形象特征
摩睺罗伽	蛇头	定慧抱笙笛,或以投系鼓	贵人相,威仪如天众
紧那罗	獐鹿马头面	执持音声器	人身裸形相
龙	顶上现龙头	定慧握黑云	身相大青色,嗔恚忿怒相
天		左定莲花函,有慧妙莲花	身相红莲色,天衣百福身
夜叉	顶上火焰冠	定慧持三股	身相赤肉色,眼目雷电光
乾闼婆	顶上八角冠,发髻焰鬘冠	左定执箫笛,右慧持宝剑	身相赤肉色,身如大牛王,具大威力相
迦楼罗	面门妙翅鸟,人身具羽翼	左定拳著腰,右慧金刚钩	身相青黑色,威势裸形相
阿修罗	三面青黑色,六臂两足体	定慧合掌印; 左定火颇胝,右慧水颇胝; 左理执刀杖,右智持镒印	忿怒裸形相
非人		左定执张弓,右慧持矢箭	身相大青相,恶栴陀罗①状
人		执持妙莲花	身相贵人相,面门白肉色,身被福田衣
长者		执持如意宝	大富贵人相,面门白肉色,身被礼衣服
大梵王	顶上妙天冠,四面三目相,八臂两足体	左定握三股,右慧结拳印; 左理持莲花,右智持利锋; 左定执军持,右慧四智镜; 左理持白拂,右智施无畏	面门白肉色,身被妙璎珞,天衣及袈裟,庄严上妙身,圆光坐白莲
帝释	顶上宝冠中,戴嚩日罗杵②	左定结拳印,右慧一股杵	面门白肉色,百千种璎珞,天衣及飞衣,庄严妙宝衣,圆光月轮中,安住妙高座

---

① 在印度,栴陀罗被认为是位居首陀罗之下的贱民阶级,是狱卒、御坊、刽子手的总称。此类人不可住在村镇中。当行于路上时,须摇铃杖竹,自我标示,令人见而不触其秽。

② 嚩日罗,梵文 वज्र,vájra(金刚)的汉语音译,也译作伐折罗、伐阇罗,为因陀罗的武器,也是钻石以及闪电的梵文名称。

这里，除了摩睺罗伽、紧那罗王、龙、天、夜叉、乾闼婆、迦楼罗、阿修罗等系统天龙八部众，还有非人、人、长者以及大梵王、帝释等组合，这是我们理解天龙八部造像艺术系统必须要重视的讯息。

另据七至八世纪善无畏译《千手观音造次第法仪轨》中记载天龙八部的一些特征（表1-7）：

表1-7 《千手观音造次第法仪轨》中人形天龙八部的特征描述

部　　众	法器及配饰	形象特征
摩睺罗伽	持诸药器等	形白色如罗刹女，有二眼乃至三四五眼。具足二四六八臂，天冠天衣诸宝珠以为身严
紧那罗		
龙（难陀、跋难陀）	左手执赤索，右手剑；左手青索，右手刀	头各有五龙，身色上赤色，下黑青色
天（五部净）	左手持炎摩幢，右手女竿	色紫白
夜叉（散脂大将弗罗婆）	左手执金刚，右手安腰。	身色赤红
乾闼婆	左手执歌琴，右手舞印	身色白红也
迦楼罗	左手贝，右手执宝螺笛	金色两羽具
阿修罗	左手持日轮，右手月轮	身赤红色
大梵王	左手持宝瓶，右手三股杵	色红白
帝释	左手安腰，右手持金刚杵	色白红

可见，佛经并没有对八部众予以明确的定格，为古代佛教艺术工匠留下了广阔的自由发挥空间。另外，天龙八部的量度格局，各家亦互有不同，这里依《造像量度经续补》"四护法像"的长度标准，①分作九搩②度、八搩度、六搩度三类，兹录如下：

九搩格局者，纵量——头：颈三指，面十二指，发际三指。体腔：肚脐至阴藏十二指，心窝至肚脐十二指，喉至心窝十二指。下身：脚背三指，小腿二十四指，膝盖三指，大腿二十四指。横量——肩及手臂：从心窝向左右平量十指为两腋，从腋至肘十八指，从肘至腕十四指，手长十二指。故左右、上下均合为108指，即九搩。③ 如大梵天、大自在天、帝释天主、多闻天王、持国天王、菩提树神、鬼子母天、水天、娑竭啰龙王、风天等。

八搩格局者，纵量——头颈：面至颈十二指，发际四指。体腔：脐至阴藏十二指，心至脐十二指，颈至心十二指。下身：小腿十八指，膝盖四指，大腿十八指。脚：脚背四指。

---

① 《造像量度经》以佛立像全身（从肉髻顶到足底）高度的十分之一为一搩（即张开手指从拇指尖到中指尖的长度），亦称为一面（即面部从发际到颏下边的长度），一搩的十二分之一为一指（即一个手指的阔度）。

② 搩，zhé，张开拇指、中指或食指度量物体。

③ 李翎：《佛教造像量度与仪轨》，宗教文化出版社，1998年，第39页。

横量——腋、手臂：从心至两腋左右各十指，从腋至肘左右各十四指，从肘至腕各十二指，两手各十二指。故左右、上下均合为96指，即八搩。① 如增长天王、广目天王、金刚密迹、散脂大将、火天、罗刹鬼王、阿修罗王（亦算镇方神，黑绿色，武扮，右手执利剑，左手执圆盾）、持瞽财王、金翅鸟王（人面鸟嘴，牛角，腰以上人身，以下鸟体。头面青色，脖颈至胸红色，翅绿蓝交杂，两角间严以俸尼宝珠及具耳环、项圈、璎珞、臂钏，双翅展而欲举之状）等。

六搩②制，一名侏儒量，即诸矮身像度也，《造像量度经续补》只录入吉祥王菩萨一尊。

以上诸尊，"可为兼举一切护法总要，而八部鬼神无一不被总统也"。③

上述量度是以全身为准，其实，在天龙八部造像中，很多时候都是以半身或头部形象出现。据《佛本行集经》卷八《从园还城品第七上》"复有无量无边龙王、夜叉、揵闼婆、阿修罗、迦楼罗、紧那罗、摩睺罗伽、鸠槃荼、罗刹、毗舍遮等，出现半身，各各执持众杂妙华，满虚空中"④ 句，这段经文中"出现半身"的表述，落实到画面或雕塑中，有两种情况：一种是雕（绘）出胸以上部分，甚至是头像，这在天龙八部造像艺术中较多见，也可以说这是造型空间构成的结果；另一种是如莫高窟第36窟晚唐壁画和榆林窟第33窟东壁北侧五代壁画《龙王礼佛图》的表现方式，龙王上半身为人形，下半身为蛇形，这在天龙八部某一个体造像中常见，但在系统造像中罕见。

总体来讲，我国天龙八部造像可概括为**"八部之间，气象万千"**，能工巧匠们没有机械地拘泥于造像仪轨，而是将自己的智慧与才情融入其间，表现经典，折射人生。我们看到历史上的八部护法神艺术，不论是"官扮"还是"武扮"，所着冠、冕、盔、甲、衣、袍、带、靴，以及所执刀、剑、弓、钺、笙、鼓、笛、箫，乃至美、丑、善、恶等相貌特征，无不打上了汉文化的烙印。⑤ 天龙八部，这些源自印度的神鬼跟随着佛、菩萨的汉化而融入了"方俗"。可以说，天龙八部造像是佛教文化中国化的珍贵结晶，是中国工匠的历史性创举，在世界佛教艺术史上占有举足轻重的地位。

总而言之一句话：**世界天龙八部造像艺术在中国，中国天龙八部造像艺术在巴蜀！** 如果我们不重视该文化的保护与发掘，直可谓暴殄天物，愧对先人！

---

① 李翎：《佛教造像量度与仪轨》，第42页。
② 其分法：则面轮一搩（象鼻不在分内）；以下至心窝、肚脐、阴藏，各十指，而以搩分得二搩有半；足之股胫各一搩；膝盖、足踵，各三指，凑成半搩。通计共为六搩，指分七十二指。此纵分之量度也。广分胸膛横一搩，两手头各一搩，两臂各十指，两臑各八指，合成三搩。通计亦是六搩七十二指。
③ 此处区分了八部鬼神（天、龙、夜叉、香阴、非天、大鹏、疑神、腹行）与八部鬼众（香阴、喽精、甄卵、饿鬼、诸龙、臭鬼、夜叉、罗刹）。
④ 《大正藏》第3册，第691页下。
⑤ 张剑华：《汉传佛教绘画艺术》，第99页。

第二章
成都以东地区的天龙八部造像
——广元、巴中、达州、绵阳、德阳、南充、广安、遂宁

第一节 广元地区的天龙八部造像

广元,我国古代北方入蜀的通衢大道——秦蜀走廊——金牛道的大半路程都在其境内。宋人王象之《舆地纪胜》赞之曰:"郡为蜀之北境,剑外(注:唐宋时期广元被称为剑外、益昌、小益、利州等)一大都会。州城西临嘉陵江,乃咽喉之要路……郡据川陆之会,前接关表(注:如七盘关、朝天关、剑门关等),后通巴蜀。益昌之南,陆走剑门;过剑而外,东、西川在焉。水走阆(注:今阆中)、果(注:果州,今南充),由阆、果而去,适夔峡焉。西则趣文、龙二州(注:今平武、青川、江油地带),东则会集、壁诸郡。故益昌为蜀,最为都会。利于秦蜀,为舟车咽喉……四会五达。"①

所以,地利成就了古代广元地区佛教信仰和艺术的繁荣,并对川东、川南和川西的佛教艺术产生过深远的影响。据《广元石窟艺术》调查统计,广元共有十七处石刻造像,主要分布在利州区、旺苍、苍溪、剑阁等县,比较重要的有市中区皇泽寺、千佛崖、观音岩,旺苍佛子岩,苍溪阳岳寺,剑阁鹤鸣山、环梁子等。据《广元石窟内容总录·千佛崖卷》将广元石窟和摩崖造像分为五期(北朝晚期、隋至初唐贞观年间、唐高宗时期、武周至开元十年左右、八世纪后半叶及其以后),天龙八部造像题材跨越第二、三、四、五期,在中国佛教造像艺术史上占有重要的学术价值和地位。

一、广元千佛崖的天龙八部造像

千佛崖位于广元市城东北五公里的嘉陵江东岸(崖壁下即为古金牛道),是四川地区

---

① [宋]王象之撰,李勇先点校:《舆地纪胜》卷一八四"利州",四川大学出版社,2005年,第5348—5349页。

规模最为宏伟的石窟群之一,崖面龛窟共编号848个,①现存造像约5 300余尊,唐至清代的题记118条。千佛崖造像始凿于北魏晚期(六世纪初),现存此时代龛窟两个。其余造像多是唐代作品,主要集中开凿于高宗、武周、中宗、睿宗、玄宗时期。唐代千佛崖称柏堂寺,是其最辉煌的历史时期,有多龛为中、上层官吏所开,如唐睿宗时期利州刺史毕重华开凿的365、366窟,唐玄宗时期的宰相、监察御史苏颋造211龛,剑南按察使、益州都督府长史韦抗造513窟等。这些官员多来自两京地区,他们带来了京城地区流行的题材和样式,因此千佛崖唐代造像艺术水准跟两京地区相比可谓不分伯仲。五代两宋时期,造像妆彩遗续,但少有新造像。元代改称"千佛崖"至今。清代有钦差大臣、国师章嘉呼图克图活佛造像一龛。

图2-1 广元千佛崖消失的天龙八部造像,从左至右(后文类推,不再赘述):紧那罗、迦楼罗、摩睺罗伽、阿修罗

广元千佛崖现存天龙八部造像十龛。当然,随历史消失的不知还有多少,在千佛崖的介绍展板上,就有一个消失了的"弥勒说法"窟龛旧照。上面是彩绘完好的天龙八部造像,可惜摄影者只记录了右侧壁情况,从内至外分别为:三头六臂举日月的阿修罗,戴盘圈头盔的摩睺罗伽,高发髻尖嘴的迦楼罗,尖角的紧那罗。(图2-1)

(一)千佛崖第86窟(盛唐)

千佛崖第86窟为外方内圆拱形双层龛。外龛平顶,有二层台,环左右后三壁设高坛,坛高43厘米。内龛高285厘米、宽290厘米、深160厘米,环壁凿倒凹字形低坛。

外龛左右壁窄坛上凿二天王二供养菩萨,其后壁面浮雕野猪状异兽四身。内龛塑造一佛二弟子二菩萨五尊立像,龛口立二力士。内龛后壁主尊两侧浮雕菩提双树和天龙八部。主尊座下两侧各雕一供养菩萨。坛前雕博山炉和双狮。门楣上方浮雕缠枝忍冬纹,门两侧上方浮雕二身飞天。

天龙八部造像由左至右为(图2-2):

(1)摩睺罗伽。束八字形双髻,髻前嵌宝珠,脸型方正圆润,左手于胸前执长茎莲花状物(推测工匠在理解粉本时,将手持蛇做成了手持花形),穿交领广袖长袍。

---

① 据北京大学考古文博学院调查,现存龛窟1 192个,其中崖壁正面开凿的848个,龛窟内壁补凿小龛344个,其中窟有二十余个,其他为龛。

图 2-2　千佛崖第 086 窟天龙八部线图：紧那罗、乾闼婆、迦楼罗、阿修罗、龙部、夜叉、天部、摩睺罗伽

（2）天部。以莲花宝珠束刀形高发髻，相貌端正，长耳垂肩，颈上三道蚕节纹，穿交领广袖长袍，左手于胸前捻指。

（3）夜叉。头生三束炎发，兽脸狰狞，手为兽爪。

（4）龙部。束发，头顶生出一龙，左手举火焰状摩尼宝珠。

（5）阿修罗。三头（正面慈悲，左面笑，右面怒）四臂，颈上四道蚕节纹，上面双手左手托日轮，右手举新月形月轮，下面双手合十。戴项圈，穿交领衣袍，束发佩珠。

（6）迦楼罗。戴发箍，向后分五股束发，鸟嘴斜长。

（7）推乾闼婆。头戴兜鍪（是否是工匠识读粉本将兽头冠做成此样式？），身穿铠甲，肩披巾。

（8）推紧那罗。头戴嵌玉软巾（是否为妆彩破坏了独角信息？），面相端正，颈上三道蚕节纹，穿长袍，双手合十。

（二）千佛崖第 206 窟（盛唐，开元初年）

千佛崖第 206 窟为外方内圆拱形双层龛，修公路时毁坏严重。内龛宽 104 厘米、深 43 厘米。内龛中雕一佛二弟子二菩萨，正壁上方浮雕天龙八部。

天龙八部造像由左至右为（图 2-3）：

图 2-3　千佛崖第 206 窟天龙八部：紧那罗、迦楼罗、龙部、夜叉、乾闼婆、阿修罗、天部、摩睺罗伽

(1)摩睺罗伽。身穿交领广袖长袍,戴嵌玉软巾,左手执长茎莲花状物(推测工匠在理解粉本时,将手持蛇做成了手持花形)。

(2)天部。束刀形高发髻,长耳长垂及胸,右手举肩,前伸食指。

(3)阿修罗。三头六臂,戴项圈,上面双手分别托日轮和月轮。中间二手左手拿矩,右手执称。下面双手捧八角轮宝。

(4)乾闼婆。戴兽头冠,兽爪缠搭肩上,身穿甲胄,肩系披巾。

(5)夜叉。兽面,狰狞可怖,左手抓一小儿。

(6)龙部。身着铠甲,戴护颈,头束发,头顶刻一龙。

(7)迦楼罗。头束发,鸟嘴鸟鼻,怪面,穿长袍。

(8)紧那罗。头束发,头顶长角状,面相端正。

(三)千佛崖第207窟(唐代)

千佛崖第207窟为外方内圆拱形双层龛,但修公路时毁坏严重。

内龛中雕一佛二弟子二菩萨,龛口立二力士。内龛正壁上方浮雕天龙八部造像,由左至右为:

(1)龙部。头顶刻一龙,颈上三道蚕节纹,穿交领广袖长袍,腰束带,左手上举捻指,右手胸前托宝珠。

(2)紧那罗。戴嵌玉软巾,头顶尖角状,颈上三道蚕节纹,双手叠于胸前,服饰与龙部同。

(3)乾闼婆。戴兽头冠,兽爪缠搭肩上,服饰与龙部同。

(4)天部。长耳长垂及胸,两手相叠于胸前,服饰与龙部同。

(5)迦楼罗。头束软巾,鸟嘴。

(6)阿修罗。三头六臂,戴三珠冠,上面双手分别托日月。中间二手左手执称,右手拿矩。下二手残失。

(7)夜叉。头生三角,绿面怪异。

(8)残失。推为摩睺罗伽。

(四)千佛崖第212窟(唐代)

千佛崖第212窟为外方内圆拱形双层龛,大小与206龛相当,但修公路时毁坏严重。主要造像无存,仅见正壁上方浮雕天龙八部,大多不清晰,由左至右为(图2-4):

(1)龙部。束发饰珠,头顶刻一龙,颈上三道蚕节纹,身着交领衣,腰束带,头顶刻一龙。

(2)紧那罗。束发,头生尖角,颈上三道蚕节纹,身穿交领广袖长袍,双手握于胸前,掌心向内。

(3)乾闼婆。头戴兽头冠像,左手上举伸食中二指,穿交领广袖长袍。

(4)天部。束发呈刀形,双耳长垂至胸部,双手叠于胸前。

(5)迦楼罗。束发,人形鸟嘴像。

(6)阿修罗。三头六臂像,上面二手分别托举日轮月轮。中间双手左手执称,右手拿

图2-4 千佛崖第212窟及其天龙八部造像：夜叉、阿修罗、迦楼罗、天部、乾闼婆、紧那罗、龙部

尺。当胸双手残损。

（7）夜叉。头生三角，面目狰狞可怖，身躯残损。

（8）残失。

（五）千佛崖第452窟（初唐）

千佛崖第452窟为双层方形敞口平顶龛。内龛高203厘米、宽15厘米、深79厘米。内龛坛上造一佛二弟子二菩萨像，二力士守护龛口，力士脚下有狮子，后壁浅浮雕天龙八部六身，由左至右为：

（1）不详。头戴三珠饰冠，手执宝剑。

（2）龙部。形象残损，头顶雕刻一龙首。

（3）乾闼婆。戴兽头帽形象。

（4）紧那罗。头戴三珠饰冠，头顶生一独角，圆领长袍。

（5）阿修罗。三头像，头戴三珠饰冠，只雕刻托举日月轮之手。

（6）天部。头戴三珠饰冠，耳朵长垂及胸，双手执长条形物，穿圆领长袍。

（六）千佛崖第689窟（盛唐，开元前后）

千佛崖第689窟俗称千佛窟，为方形平顶窟。前壁凿窟门，中央设长方形低坛，坛上造像，像后凿通顶大背屏，与坛等宽。窟高200厘米、宽390厘米、深300厘米，坛长227厘米、宽82厘米、高7厘米。坛上造一佛二弟子二菩萨二天王二力士像。主尊头光两侧背屏上雕菩提双树,其间浮雕天龙八部,四壁浅浮雕千佛。天龙八部八身,从左至右为(图2-5、6):

图2-5 千佛崖第689窟天龙八部全景

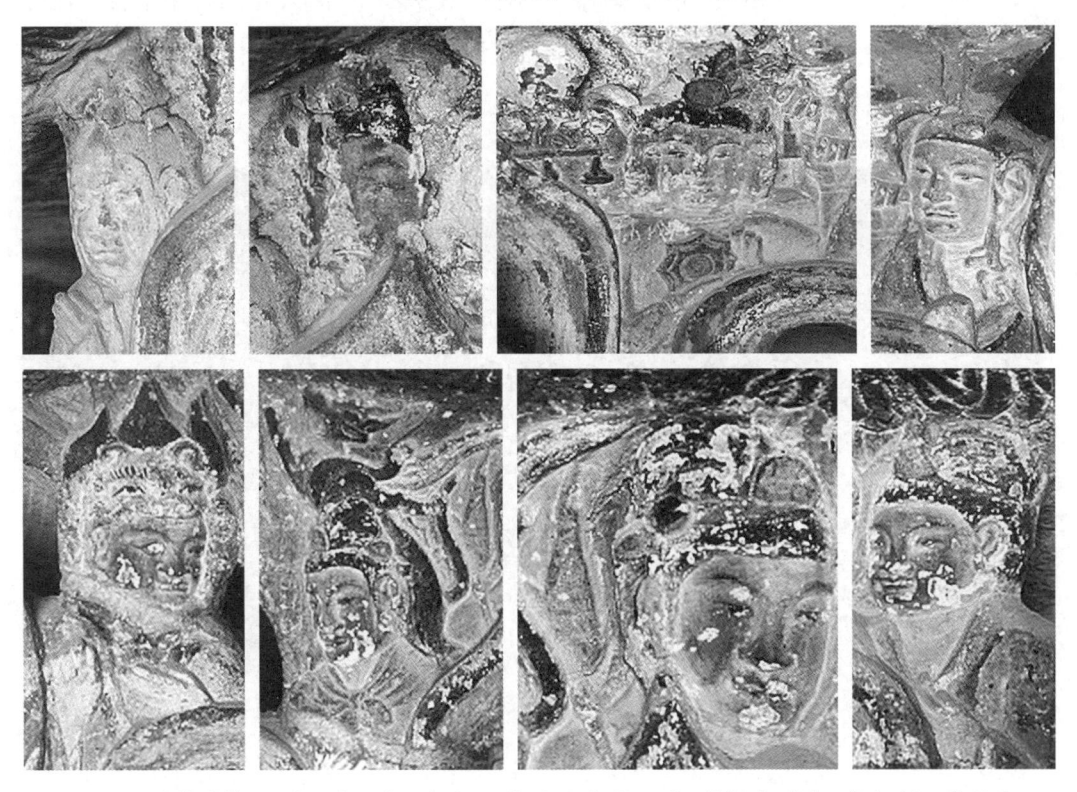

图2-6 千佛崖第689窟天龙八部:夜叉、迦楼罗、阿修罗、天部、乾闼婆、龙部、摩睺罗伽、紧那罗

（1）紧那罗。束发高髻，头顶长角，着交领广袖长袍，左手胸前捻指。

（2）摩睺罗伽。戴束发三珠冠，在其右侧头后伸出长茎莲花状物，与榆林窟2窟《说法图》（西夏）中的摩睺罗伽可以对比。从榆林窟壁画看，这个形状的东西应为摩睺罗伽的法器。（图2-7）

（3）龙部。束发饰珠，肩披巾，头顶刻一龙。

（4）乾闼婆。戴兽头冠，兽爪缠搭肩上，着交领广袖长袍。

（5）天部。束刀形高发髻，长耳长垂及胸，左手食、中二指穿耳垂中，着交领广袖长袍。

（6）阿修罗。三头六臂，戴三珠冠，颈上三道蚕节纹，戴手镯，上双手分别托日轮和月轮。中间二手左手拿矩，右手执称。下面双手捧六角轮宝。

（7）迦楼罗。束发饰珠，鸟嘴。

（8）夜叉。束炎发饰珠，左手放胸前。

（七）千佛崖第744窟（初唐·两身天龙八部形制：龙部+阿修罗）

千佛崖第744窟又称牟尼阁，为敞口平顶窟。其平面呈梯形，窟内正中凿长方形低坛，坛上造一佛二弟子二菩萨二力士像，二力士脚侧雕二蹲狮，像后镂雕菩提双树直通窟顶。左右两侧壁底部凿窄坛并在其上造弟子像。天龙八部像仅制两身（图2-8）：

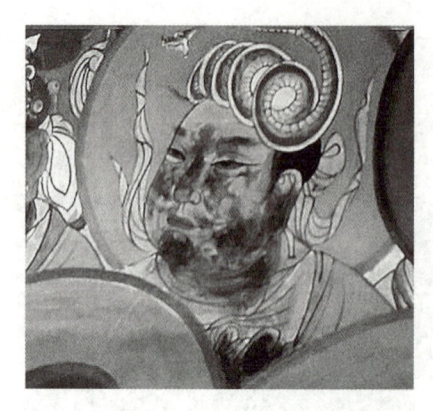

图2-7　榆林窟2窟《说法图》（西夏）中的摩睺罗伽，注意其右侧伸出的莲蕾形状

图2-8　千佛崖第744窟天龙八部：阿修罗、龙部

主尊背后左壁刻一戴尖顶盔武将形象,肩披巾,带护颈,身穿长袍,头顶刻一龙首,为龙部。

主尊后壁右边刻三头六臂像,头戴三珠饰冠,第一双手上举托日月轮,第二双手作曲臂捻指状,当胸二手作合十,为阿修罗。

显然,龙部与阿修罗部的搭配,被认为是天龙八部的极简版本。

牟尼阁从窟形上看,窟中央设方坛,坛上设像,左、右两壁凿弟子像,此种做法应是受到早期密教仪轨的影响。①初唐翻译密典,以来自中天竺的阿地瞿多影响最大。他于永徽二年(651)正月居于长安,曾建陀罗尼普集会坛场,影响遍及长安僧俗显贵。永徽四至五年(653—654),阿地瞿多译出《陀罗尼集经》,奏诸流通天下普闻。该经介绍了各种坛法,千佛崖有七个洞窟(744、746、689、365、366、805、806号)是这种中心坛式窟,或受此影响。

(八)千佛崖第747窟(初唐)

千佛崖第747窟为大型龛,但修公路破坏严重。龛内雕一佛二弟子二菩萨二天王像,后壁浅浮雕菩提双树和天龙八部。天龙八部残剩两身,由左至右为(图2-9):

(1)不详。武将形象,头戴盔,肩部系披巾,左手被挡住,右手露花边状袖口。

(2)阿修罗。头部残损,第一双手上举残损,中间第二双手上举,右手作捻指状,左手残损,第三双手当胸合十。

(九)千佛崖第806窟(开元前夕·多宝窟,七身天龙八部形制)

千佛崖第806窟为敞口方形平顶窟,高220厘米、宽300厘米、深360厘米。窟

图2-9 千佛崖第747窟全景

中间凿横长方形大坛,坛长210厘米、宽94厘米、高40厘米,坛上置长方形高座,上雕释迦、多宝佛并坐像,二弟子二菩萨。其身后雕通顶大背屏。背屏上浮雕天龙八部7身,由左至右为(图2-10):

(1)夜叉。头生双角,面目如鬼魅,口长獠牙,裸上身,肌肉发达,双手置胸前。

(2)乾闼婆。戴兽头冠,身穿交领束腰长袍,双手执一窄板(应为琴)。

(3)龙部。头部残损,束发,穿交领广袖长袍。其头顶壁面彩绘残片较多。

(4)阿修罗。位于二佛之间,将天龙八部一分为二,两边各三尊。三头四臂像,头戴冠,戴项圈、手镯,袒露上身,斜披络腋,上二手执日月轮,当胸手捧六角轮宝。

---

① 罗宗勇主编:《广元石窟》,巴蜀书社,2002年,第28页。

图2-10　千佛崖第806窟天龙八部：摩睺罗伽、迦楼罗、紧那罗、阿修罗、龙部、乾闼婆、夜叉

（5）紧那罗。头部残损，束发，隐约有生角样态，穿交领广袖长袍，右手举肩部，掌心向外，屈拇指。

（6）迦楼罗。束发，人身鸟嘴，身穿交领长袍，腰束带。

（7）摩睺罗伽。头戴冠，束发人形，颈间缠绕一蛇。

（十）千佛崖第827龛线刻天龙八部（初唐）

千佛崖第827窟为双重龛，外龛已经残毁（守龛力士不存）。内龛雕塑一佛二弟子二菩萨。主尊释迦牟尼结跏趺坐于仰莲台上。在主尊身后龛壁上阴刻天龙八部和华盖。众所周知，线刻很容易风化，但此龛线刻天龙八部能够清晰保留至今，实属珍贵难得。从左到右（图2-11、12）：

（1）天部。束高发髻（推测粉本为长方形发髻，但刻成了尖角状），双耳垂肩。

（2）乾闼婆。戴兽头冠，三丛炎发上竖，手中抱长条状物（根据四川明代佛寺壁画对比，应该是琴盒）。

（3）龙部。头上有龙，脖子上三道蚕节纹，交领宽衣，右手伸在胸前。

（4）迦楼罗。扎发髻，尖耳，尖嘴似鸟嘴突出。

图2-11　千佛崖第827龛全景

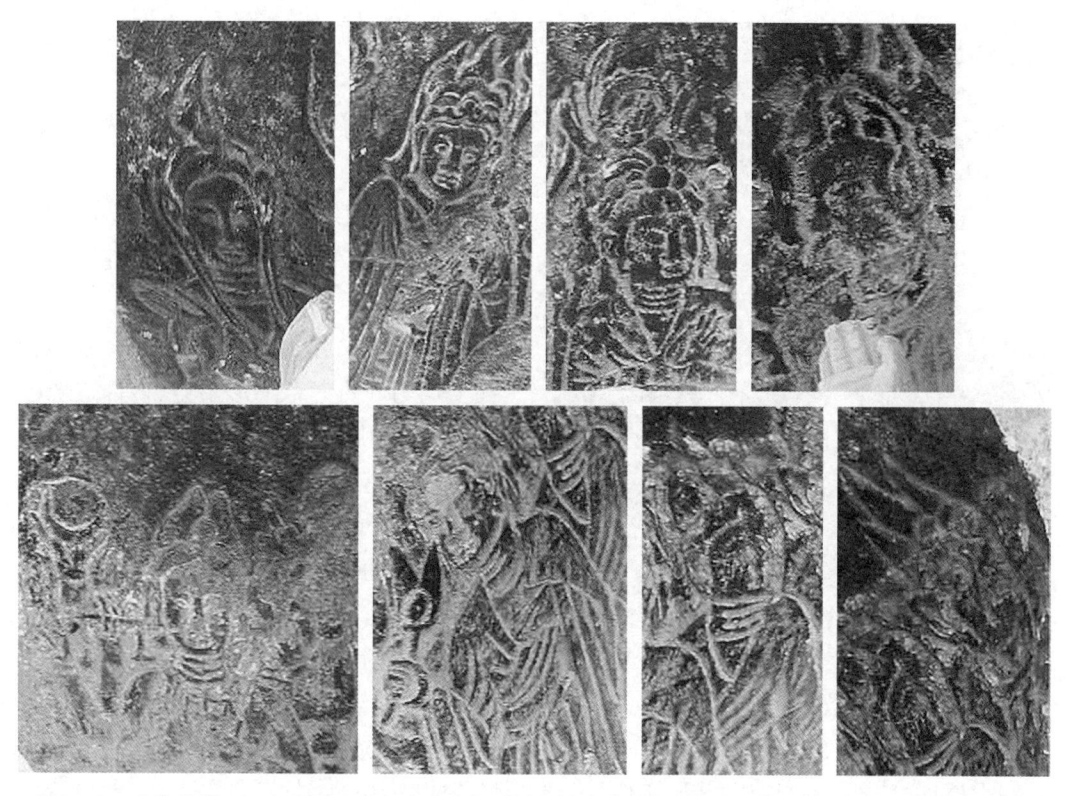

图2-12 千佛崖第827龛线刻天龙八部：天部、乾闼婆、龙部、迦楼罗、阿修罗、摩睺罗伽、紧那罗、夜叉

（5）阿修罗。三头六臂持日月，余手风化。

（6）摩睺罗伽。头上有盘旋线条，穿交领袍服，右手持物柄，物端似剪刀（推测手持物粉本为蟒蛇头部，刻工不明就里，所以造型的意义比较混沌）。

（7）紧那罗。头上有尖角，穿宽松交领袍服，颈上三道蚕节纹。

（8）夜叉。炎发形成三个尖角上冲，面貌丑陋。

二、广元皇泽寺的天龙八部造像

皇泽寺是唐代女皇武则天的祀庙，位于广元市城区西1公里的西山脚下，嘉陵江畔，现存造像57龛，大小造像1 200余尊。造像主要分布在寺内写心经洞区（1—14号，53—57号）、大佛楼区（15—46号）、五佛亭区（47—52号）。北魏晚期皇泽寺窟龛造像肇始，历经北周、隋代、唐初的不断发展，到高宗、武周时期达到全盛，之后就衰落了。广元皇泽寺的天龙八部造像共有6龛。

（一）皇泽寺第9龛（初唐·两身天龙八部形制）

皇泽寺第9龛为外方内圆拱形双重龛。外室为方形平顶敞口龛；内室高70厘米、宽55厘米、深48厘米，马蹄形平面，圆拱形龛，饰桃形光楣，光尖折至外龛顶部，桃形光内饰团花数朵，龛沿饰连珠、回纹、连珠组成的纹饰带，龛楣悬帷帐。

龛内雕一佛二弟子二菩萨二力士七尊像，龛口二蹲狮，后壁浮雕两身天龙八部像，整

龛造像均风化严重，天龙八部无法辨识尊格。（图2-13）

（二）皇泽寺第13龛（初唐·两身天龙八部形制）

皇泽寺第13龛为外方内圆拱形敞口龛。内龛高226厘米、宽183厘米、深90厘米，马蹄形平面，顶略弧，高于外龛顶部，桃形龛楣，光尖折至外龛顶部，桃形龛楣上均匀开凿七个圆形小龛（内部造像风化，应为化佛）。

龛内造像悉毁或剥蚀严重，根据残存痕迹，推测原造像应为一佛二弟子二菩萨二天王二力士，龛口立二狮，后壁浮雕双树，双树间浮雕两身天龙八部像。内室基部雕六壶门，壶门内各雕一伎乐，伎乐臂绕帔巾，手中各持乐器，分别为箜篌、笙、琵琶、琴等。

图2-13 皇泽寺第9龛两身天龙八部

（三）皇泽寺第28号大佛窟（隋初或初唐·巴蜀最早系统化八部众造像）

皇泽寺第28号大佛窟的开凿年代，有隋代说①和初唐说。②据王剑平考证，此窟最初为隋文帝第四子蜀王杨秀出资，高僧善胄主持，仁寿二年（602）所开。如此，这批系统化天龙八部造像当为现存巴蜀地区最早的遗迹，它不同于中原北方石窟中单个的八部护法神形式，③在天龙八部造像史中具有重要的地位。有学者认为，广元所处地理位置优越，皇泽寺第28号大佛窟的造像风格明显受到成都与长安地区的相互影响。④

窟内造一佛（阿弥陀佛）、二弟子、二菩萨、二力士七尊像，右弟子与菩萨脚部空隙处雕胡跪男供养人一尊。高浮雕人形化天龙八部雕刻于后壁，从左至右为（图2-14）：

（1）夜叉。卷发、短髯，肩系帔巾，右手上举胸前似有一小儿。

（2）紧那罗？武将形象，戴头盔，上饰长缨、宝珠、三珠等，着甲胄，身型雄伟，面相肃穆，有髯。

（3）乾闼婆。戴兽头皮饰，颈搭兽脚，满面浓厚须发，着厚衣，左手执圜首刀于腰间，刀环上垂刀穗，右手上举肩侧，伸拇、食、中三指，余二指屈。

（4）阿修罗。三头六臂像，上半身着丝衣，正面相庄严肃穆，左面呈微笑相，右面忿怒

---

① 阎文儒：《四川广元千佛崖与皇泽寺》，《江汉考古》1990年第3期，第90页。
② 广元市文物管理所、中国社会科学院宗教所佛教室：《广元皇泽寺石窟调查记》，《文物》1990年第6期，第33页；温玉成：《中国石窟与文化艺术》，上海人民美术出版社，1993年，第364页。
③ 如云冈第8窟后室南壁拱门两侧，塑造骑牛三头八臂摩醯首罗天、骑金翅鸟五头六臂鸠摩罗天［《中国石窟：云冈石窟》（卷一），文物出版社，1991年，图版183、184］；另龙门宾阳洞、庆阳北石窟寺第165号窟内亦发现少量阿修罗像。
④ 广元皇泽寺博物馆：《广元皇泽寺28号窟时代考证》，《四川文物》2004年第1期，第64—67页；王剑平：《广元皇泽寺28号窟时代续考：兼论其造像艺术风格及渊源》，《2005年重庆大足石刻国际学术会议研讨会论文集》，文物出版社，2007年，第594—599页。

图2-14　皇泽寺第28号大佛窟的天龙八部：夜叉、紧那罗（？）、迦楼罗、龙部、阿修罗、乾闼婆、摩睺罗伽（？）、损毁推为天部

相。左右第一双手胸前合十，第二双手中隐于弟子头光中，左手持矩，右手上举作捻指状，第三双手托日月轮。

（5）龙部。神将形象，头戴三珠饰宝冠，面相威严，一龙飞升卷曲于头顶，龙头左顾，鳞甲分明，极富活力。

（6）迦楼罗。头顶结发髻，戴束发三珠冠，嘴尖长，上半身裸露配胸饰，下半身为线刻长裙，右手于胸前作捻指状。

（7）摩睺罗伽？武将形象，着甲胄，形象同2基本相同，无髯。依稀可见头旁有鳞状装饰。

（8）已漫灭，推为天部。

（四）皇泽寺51号窟（初唐）

皇泽寺51号窟俗称五佛窟，大致凿于初唐高宗前期，为敞口外方内圆拱形窟。圆拱形窟楣上方浅雕桃形窟楣。外室平顶；内室高236厘米、宽180厘米、深105厘米，顶部略弧，马蹄形平面。内室宽坛上凿一佛二弟子二菩萨五尊立像，背壁刻菩提双树，[①]树间浅浮雕天龙八部。

以主尊为界，天龙八部分上下二列排列，每列二身，除主尊右侧一像风化严重外，其余保存基本完好。（图2-15）

---

① 释迦牟尼当年在拘尸那城娑罗双树之间入灭，东西南北各有双树，每一面的两株树都是一荣一枯，称之为"四枯四荣"。据佛经中言道：东方双树意为"常与无常"，北方双树意为"乐与无乐"，西方双树意为"我与无我"，南方双树意为"净与无净"。繁盛荣华之树意示涅槃本相：常、乐、我、净；枯萎凋残之树显示世相：无常、无乐、无我、无净。如来佛在这八境界之间入灭，竟为非枯非荣，非假非空。

图2-15　皇泽寺51号窟天龙八部：上排：夜叉、紧那罗、龙部、乾闼婆；下排：迦楼罗、阿修罗、天部、摩睺罗伽

自左至右，左侧上列：

（1）天部。戴束发三珠冠，挽高发髻，耳长垂及胸，着交领窄袖袍，右手屈举前伸，伸出食、中二指相捻。

（2）阿修罗。三头六臂，戴三珠冠，绾高髻，颈上三道蚕节纹，着交领窄袖袍，腰束带。上二手上举托日月轮；中二手左手上举，拇指与食、中二指做捻指状，右手未雕出；下二手合十当胸。

左侧下列：

（3）摩睺罗伽。戴螺形（或是蛇形的象征）头盔，中饰三珠，肩束披巾，身着甲，脚穿长靴，左手横置腹前，呈现蛇身的形状，右手未雕出。

（4）迦楼罗。戴束发三珠冠（发髻形状歪斜），鸟嘴，着交领广袖长袍，双手相握置胸前。

右侧上列：

（5）龙部。戴螺形头盔，中饰三珠，天王面，蓝面，肩束巾，背后一龙首伸至头顶。

（6）紧那罗。戴束发三珠冠，头生尖角，着交领广袖长袍，左手当胸捻指，右手作握物状上举。

右侧下列：

（7）乾闼婆。头戴兽面冠，面部及身体剥蚀严重，似着交领广袖袍。

（8）夜叉。鬈发披至肩，红面狰狞，口生獠牙，袒上身，右手当胸托一裸身合十跪姿小儿。

（五）皇泽寺55号龛（初唐）[①]

皇泽寺55号龛凿于初唐，为外方内圆拱形龛。内龛高117厘米、宽136厘米、深80厘米。内龛龛楣浮雕桃形光楣，光尖折至外龛顶部，近龛缘处饰一圈连珠、回纹、连珠组成的纹饰带。光楣中间距均匀地分布有七个圆形小龛，正中小龛内雕一坐佛二胁侍，其他小龛内均有一结跏趺坐佛。

内龛造三尊坐佛，佛侧陪侍四弟子，两侧壁立二菩萨，龛口立二力士。龛后壁转角处浮雕菩提双树，双树间浮雕天龙八部像三身。主佛座间各雕二蹲狮，共计四身。天龙八部（图2-16）：

图2-16　皇泽寺55号龛全景

（1）乾闼婆。戴兽头冠，风化严重。位于左侧壁转角处上方。

（2）推为阿修罗。残毁，仅存轮廓。位于后室正壁上方。

（3）推为夜叉。面目狰狞，鬈发下垂，双眼鼓突。位于左侧壁转角处。

（六）皇泽寺56号龛（初唐·七身天龙八部形制）

皇泽寺56号龛凿于初唐，为外方内圆拱形龛。内龛高135厘米、宽173厘米、深120厘

[①] 罗宗勇、王剑平：《四川广元皇泽寺新发现的唐代石刻摩崖造像》，《文物》2009年第8期，第72—82页。

米。内龛龛楣浮雕桃形光楣,光尖折至外龛顶部。龛内造二坐佛,佛侧陪侍三弟子,两侧壁立二菩萨和二天王,龛口立二力士。龛后壁浮雕天龙八部七身,以阿修罗为中轴对称分布左右。天龙八部从左至右分别为(图2-17、18):

图2-17　皇泽寺56号龛全景

图2-18　皇泽寺56号龛残余天龙八部:紧那罗、迦楼罗、摩睺罗伽、夜叉、乾闼婆

(1)推为乾闼婆。双手拱于胸前,头部挤成扁长形,戴束发三珠冠。

(2)夜叉。面目狰狞,双眼外突,头发火焰状。

(3)推为龙部。左手放于腰部握剑,身体风化,头残。

(4)阿修罗。三残头共戴一个三珠冠,四臂,上二手于头侧举日月,下二手于胸前握宝珠。

(5)推摩睺罗伽。戴盔,束三珠冠,右手握环手剑举于头侧,剑身(或许是工匠将蛇看作是剑?)横过头后。

(6)迦楼罗。鸟嘴,右手于胸前握桃形宝珠,戴束发三珠冠。

(7)紧那罗。头上一角,右手于胸前握桃形宝珠,戴束发三珠冠。

三、广元旺苍县普济镇佛爷洞摩崖石刻1号龛的天龙八部[①]（初唐·四身形制）

广元市旺苍县普济镇外古田坝广巴公路南侧山崖上的佛爷洞摩崖石刻,现存两龛唐代造像,其中崖面西边的1号龛有天龙八部。

该龛距地面高180厘米,为外方内圆拱形双层龛。外龛敞口平顶。内龛平面呈长方形,弧顶,圆拱形龛楣上饰回形几何纹,内宽103厘米、口宽88厘米、内高155厘米。内龛龛楣顶部饰桃形光。内龛龛基上雕二门,门中各雕伎乐一身,右侧的抱琵琶,左侧的跪坐姿,其乐器风化。外龛底部有二圆形浅坑,原来当放置有二狮。

龛内雕一佛、二弟子、四菩萨七尊像,后壁雕饰菩提双树,两侧壁雕四身天龙八部像,二力士立于龛口山岩座上。

内龛左右壁均刻一浅台,台上各立二身天龙八部像。

右壁从内至外:

(1)龙部。头戴盔,着武士装,衣服袖口呈花边状,穿三叉形战裙,着鞋,双腿叉立,举右手,左手横握一物于前,右肩侧伸出龙头。

(2)夜叉。面丑陋,有头光,裸上身,下身系长裙,左手于腹侧托一双手合十胡跪于圆座上的童子。

左壁从内至外:

(1)阿修罗。三头六臂,上四手托物(全残),下二手合十,戴项圈、手镯,袒上身,下身着长裙,帔巾横腹、膝上各一道,绕肘部垂于体侧。

(2)紧那罗。头上长一角,束发,椭圆脸形,颈上三道蚕节纹,帔巾横腹、膝上各一道,绕肘部垂于体侧。

1号龛的形制与巴中南龛139号龛、西龛21号龛、北龛7号龛等早期龛像相似,其时代亦应与之相近。另外,龛楣饰回形纹以及兽吐莲枝托座与剑阁横梁子造像相似。因此,有学者判断其开凿于初唐贞观时期。

[①] 梁咏涛、雷玉华、王剑平:《旺苍县普济镇佛爷洞摩崖石刻造像调查简报》,《四川文物》2004年第1期,第72—74页。

第二节　巴中地区的天龙八部造像

巴中市坐落于川东北米仓山之南麓，为古代南北交通要道——米仓道——的要冲。巴中与汉中（梁州、兴元府）因米仓道相通，而汉中又有汉水之水利，有骆谷、斜谷等陆路与京城相连。巴中在唐宋时期的交通地位十分重要，陆路连接阆中（唐之阆州）、三台（唐之梓州，曾是唐东川节度治所）、成都（唐之益州，西川节度治所）等，北上还可分道入河西，水路可顺渠江、嘉陵江到达重庆而汇入长江。部分南来北往的客商、官员或文人在巴中开窟造像，妆彩题词，为我们留下了叹为观止的石刻艺术珍品。

巴中境内现存石窟计有五十九处，五百余窟（龛），是川东北区石窟最为富集的地区。①其中隋唐佛教造像共计十八处，四百五十余窟（龛）。巴中城周边的南龛、北龛、西龛，水宁寺镇的水宁寺、化城镇的石门寺、兴文镇的沙溪和三江乡的龙门村等石刻造像保存较好且分布集中。其他还有许多规模较小的窟龛分布散落，反映出巴中石窟造像的状态：在盛唐以前，传统上是以皇室为首的统治阶级和有一定经济能力的人主导造像；盛唐以降，下层广大信众也积极热衷造像功德，因此可看到窟龛造像从城市发展到乡村的轨迹，展现出了唐代佛教信仰的发展与繁荣状态。

巴中地区摩崖造像非常有地区特点，天龙八部造像是四川地区数量最多，人物形象变化最大，因而巴中地区的天龙八部造像具有重要的研究价值。（图2-19）

一、巴中南龛的天龙八部造像

巴中市城南5公里的南龛山上有巴中石窟中规模最大，保存最完好的南龛摩崖石刻，现存有编号的窟龛有一百七十六个。其题材之丰富，造像之精美，令人惊叹，尤其是菩提瑞相、阿弥陀佛与五十菩萨、毗沙门天王、鬼子母神等题材让人印象深刻。

巴中南龛摩崖石刻有天龙八部题材的窟龛数为八龛：

（一）巴中南龛第53龛（盛唐）

巴中南龛第53龛为盛唐造像，外方内双层檐佛帐形龛。外龛方形素面，外龛前有一台阶，上雕二狮。内龛上层檐顶有山花蕉叶，檐面饰方格莲花、团花，中部雕有一兽头。内龛高186厘米、宽214厘米、深98厘米，其下层檐顶有山花蕉叶，檐面饰忍冬纹。方形龛楣，龛楣上部饰三角形边饰，下部悬挂华帐、华绳、风铃。方形龛柱，上面浮雕方格莲花。龛内方形圜顶，顶上方雕饰圆形华盖，盖底雕饰莲瓣，盖周悬帐幔、垂珠链。（图2-20）

造像内容为一佛二弟子二菩萨二天王二力士，佛座前雕二供养菩萨，龛壁雕饰天龙八部。

---

①　本节参见雷玉华：《巴中石窟研究》，四川大学博士学位论文，2005年。

图2-19 2016年3月，笔者与中国国家博物馆研究员李翎老师到巴中石窟（此为南龛）实地考察，留下了美好的回忆

图2-20 巴中南龛第53龛全景

天龙八部造像从左至右为（图2-21）：

图2-21　巴中南龛第53龛的天龙八部：摩睺罗伽、天部、乾闼婆、阿修罗、龙部、迦楼罗、紧那罗、夜叉

（1）摩睺罗伽。鬼神形象，上半身裸露筋肉隆起，面呈忿怒像，头顶蛇头盘绕，头发为二束炎发。两手置胸前。

（2）天部。耳长像，耳朵长垂于胸前，穿交领广袖大衣，头顶束刀形发髻。

（3）乾闼婆。兽头冠像，兽脚搭肩，穿长袍衣物。

（4）阿修罗。三头六臂像，戴胸饰，穿天衣挂条帛。当胸双手合十，左边第二手执矩，右手拿称。上面双手举日月轮。

（5）龙部。穿盔甲，戴领巾，左手提剑，头上一龙。

（6）迦楼罗。头顶结发髻，尖嘴下带肉垂。穿布交领长袍。

（7）紧那罗。顶结发髻，上画三角锥状图案，应为独角的表现，穿交领长袍。

（8）夜叉。鬼神形象，左手托童子。

（二）巴中南龛第70龛（盛唐）

巴中南龛第70龛为盛唐造像，据71龛题记，唐代文德元年（888）曾经被李思弘报修妆彩过。该龛为外方内双层檐佛帐形龛。外龛中部设一台，台上置四足香炉，台下两侧各雕一石狮。内龛高114厘米、宽147厘米、深77厘米，其两层檐顶均有山花蕉叶，上层檐面饰折枝花卉，下层檐面饰忍冬纹。方形龛楣，龛楣上部浮雕三角形装饰、二方连续忍冬纹、带状方格团花，下部悬帐六波、饰珠链，每波之间以垂铃间隔。方形龛柱，其上图案风化。龛内平顶弧壁，顶上方雕饰圆形华盖，盖底雕饰莲瓣，盖周悬帐幔、垂珠链、风铃。（图2-22）

造像内容为一佛二弟子二菩萨，二天王二力士立于龛口内外两侧，龛壁浮雕天龙八部和二听法人。

左侧从内至外（图2-23）：

（1）乾闼婆。头似裹幞头（应该是妆彩导致兽头帽特征被掩盖），人形。

（2）龙部。头裹幞头，肩束巾，手握剑，头顶雕一龙。

（3）迦楼罗。长发，三角形嘴，面相怪异，右手伸出二指，余指曲回。

（4）夜叉。长发，面相丑陋，露上身，左手托一小儿。

图 2-22　巴中南龛第 70 龛全景

图 2-23　巴中南龛第 70 龛天龙八部：摩睺罗伽、紧那罗、阿修罗、天部、乾闼婆、龙部、迦楼罗、夜叉

右侧从内至外：

（1）天部。穿圆领衣，左手置于胸前，长耳过肩，头部用宝珠束扎刀型高髻。

（2）阿修罗。三头六臂，穿圆领衣，上两手举日月，日月图案中有"日月"二字，中二手被挡住，下二手捧圆饼状物于前。

（3）紧那罗。锥状发髻（跟其面前菩萨头冠类似），上有尖状彩绘，穿圆领长袍，腰系长带，双手捧于胸前。

（4）摩睺罗伽。左手捉蟒蛇，面容丑陋。

（三）巴中南龛第91龛（盛唐）

巴中南龛第91龛为盛唐造像，外方内双层檐佛帐形龛。二层檐顶皆有山花蕉叶，檐面饰方格莲花纹。方形龛楣上刻饰帐幔、华绳。方形柱龛，柱上饰方格莲花纹。龛内顶上悬圆形华盖，龛前雕二狮。

内龛高97厘米、宽110厘米、深56厘米，有一佛二弟子二菩萨，二天王二力士分别立于龛口内外两侧，龛壁浮雕天龙八部。（图2-24）

图2-24　巴中南龛第91龛的天龙八部：风化、风化、阿修罗、乾闼婆、天部、龙部、夜叉、风化

左侧从内至外：
（1）天部。双耳垂肩，上着交领广袖衣，下着裙，双手捧物于前。
（2）龙部。宽脸，头顶戴束发箍，上有浮雕龙形。
（3）夜叉。面貌丑陋，大嘴，左手抱小儿。
（4）风化。

右侧从内至外：
（1）乾闼婆。仅露出左侧半身，戴兽头帽，穿双领下垂广袖衣。
（2）阿修罗。三头六臂，下二手合十于胸前，中二手被挡，上二手托举日月。
（3）风化。
（4）风化。

（四）巴中南龛第100龛（盛唐）

巴中南龛第100龛为盛唐造像，是外方内圆拱形双层龛。内龛高112厘米、宽126厘米、深26厘米，弧壁圜顶，龛基侧雕二狮。

巴中南龛第100龛造像内容为一佛二弟子二菩萨，二力士立于龛口两侧，后壁浮雕六身天龙八部像，左右各三尊，仅露头部，风化严重。

（五）巴中南龛第101龛（盛唐）

巴中南龛第101龛为盛唐造像，是外方内圆拱形双层龛。内龛高170厘米、宽184厘米、深100厘米，弧壁圜顶，龛基前置香炉，炉侧雕二狮，残。

巴中南龛第101龛造像为一佛二弟子二菩萨,二天王二力士立于龛口两侧,后壁浮雕天龙八部像,风化严重,仅存四尊。

(六)巴中南龛第137龛(盛唐)

巴中南龛第137龛为盛唐造像。龛楣正中阴刻追扈唐僖宗入蜀的户部大臣张祎的唐中和四年(884)的造像记打破了龛楣,但铭文所记造像不知所在,铭文计18行,每行12字,大多漫漶。

巴中南龛第137龛是外方内二层檐佛帐形大龛。内龛高200厘米、宽300厘米、深130厘米,其上层檐面饰方格卷草纹,檐顶有山花蕉叶纹。下层檐面饰忍冬纹。方形龛楣,其上部刻饰方格团花纹,下部垂珠链、帐幔。龛内顶部刻饰菩提双树,左右各造一身飞天。龛前地面有二圆雕大柱础。

巴中南龛第101龛风化严重,从残迹看,内龛正壁为一佛二弟子二菩萨,左右壁各雕一坐像、一立菩萨像,龛柱外两侧立二力士,后壁浮雕天龙八部像,几乎无法识别。

(七)巴中南龛第139龛(初唐)

巴中南龛第139龛为初唐造像,是外方内圆拱形双层龛。内龛高195厘米、残宽160厘米、深80厘米,有拱形龛楣,龛楣纹饰呈带状分布,现存二层,内层雕方格几何纹,外层雕镂卷草纹。该龛风化严重,内龛仅存主尊座和左壁造像,为一立菩萨和五尊弟子,以及四尊天龙八部残痕。略清楚的天龙八部造像有两尊,其一螺发,着袈裟(?),其一双髻,项戴锁状物(似为摩睺罗伽)。

(八)巴中南龛第140龛(初唐)

巴中南龛第140龛为初唐造像,是外方内圆拱形双层龛。内龛高190厘米、宽153厘米、深114厘米,拱形龛楣,圜形顶,龛楣纹饰有三圈呈带状,内圈饰连珠纹和云雷纹,中圈镂雕卷草纹,外圈雕刻火焰纹,风化较严重。内龛的下部开凿倒凹字形宽坛,坛正前一面龛刻四个壸门,左右壁各龛刻一个壸门,所有壸门内皆雕刻伎乐,共计六身,均风化。

巴中南龛第140龛现存一主尊和二尊弟子像,皆经过现代改造了。左右壁现存四尊菩萨像和二尊立像,二天王和二力士立于龛口两侧。诸像身后浮雕天龙八部及听法神像,由于被现代改造和妆彩,原状已经破坏。

左壁后排现存浮雕听法像和天龙八部共五尊,从内至外分别是:

(1)高发髻,着交领袈裟,左手横置左胸侧,右手曲臂放于胸右侧,立于覆莲圆台上,莲台下有变形莲茎。

(2)绾高发髻,发后束带,着交领衣,衣饰与右壁第一尊菩萨相同,右手下垂握带,左拳上举,腕以下残,立于覆莲圆台上,圆台束腰部分呈瓜瓣形。

(3)风化。

(4)风化。

(5)风化。

龛内右壁后排造像六尊,从内至外分别是:

(1)风化。

（2）菩萨形象，仅存残痕。

（3）绾高发髻，髻后束带，着交领衣。

（4）摩睺罗伽。绾高发髻，头戴环状物，颈挂锁状物，面貌丑陋。

（5）菩萨形象，绾高发髻，束三珠冠，发辫垂肩，戴手镯，饰项圈，右手举一桃状物于左肩前。

（6）天王形象，头为后代补接，着铠甲，下露三叉短裙，扎绑腿，穿中袖外衣，袖口呈花边状飞起，腰系粗绳，双手均残。

（九）巴中南龛第25龛的阿修罗（盛唐）

在巴中南龛第25号为地藏菩萨与六趣轮回变。地藏菩萨右侧内龛壁上塑造一阿修罗，作为六道轮回阿修罗道的代表。三头六臂，三种表情，高发髻，上二手持日月，中二手持秤和矩尺，下二手胸口合十。上身赤裸，披帔帛，下穿宽松长裤，立于云端。这个造型可以视为巴蜀地区对阿修罗的典型认识。（图2-25）

图2-25　巴中南龛第25号龛的阿修罗

二、巴中北龛的天龙八部造像①

巴中北龛摩崖石刻造像位于巴中市城北1公里的苏山之麓的北龛寺内。现存造像34龛，共计348尊。始凿刻于初唐，以盛唐造像为多。巴中北龛摩崖石刻有天龙八部题材的窟龛数为六龛：

---

① 感谢巴中北龛摩崖造像文保员杨飞和文物守护员李芳烈提供考察方便。

(一)巴中北龛第7龛(随至初唐·窟龛结构独特)

巴中北龛第7龛凿于隋至初唐(一说初唐,或说中晚唐,但整体形制和装饰带有浓厚的北朝遗韵,离后者的风格较远)。

该龛为三层龛。外层为敞口平顶方形龛。中层是单檐佛帐方形龛,檐顶上沿雕塑八尊结跏趺坐小佛。八佛均刻饰忍冬纹的桃形头光。中层龛檐面饰方格团花纹、连珠纹、几何方格纹等。中层龛龛楣为方形,龛楣上悬帐,饰华绳。龛柱也为方形,有调查文章称柱身缠绕龙(右侧柱)凤(左侧柱),[①]雕饰珠链纹和几何纹。从龙凤的分布看,本龛似乎阴阳倒置,颇有深意,但笔者怀疑其左侧柱为龙,只是因风化严重,视觉误差造成凤的感觉而已。龛柱下有覆莲柱础。柱础之上为覆莲圆台,之下为瓜瓣形圆座,中部镂孔雕莲叶和莲茎。柱础下有延至外龛两侧的山石。中龛与内龛间台前有四个壶门,壶门内各雕一伎乐。内龛高214厘米、宽190厘米、深93厘米,圆拱形,有桃形龛楣。龛楣有两层纹饰,内层饰连珠纹和卷草纹,大部分已残毁。外层雕七佛,六伎乐间隔分布其间。

巴中北龛第7龛的内龛原刻之主尊像已残失,原来造一佛二弟子四菩萨二天王二力士,龛内两侧壁浮雕天龙八部,中层龛柱侧坐二天王。(图2-26)

图2-26 巴中北龛第7龛全景

---

① 何汇:《巴中石窟龛窟形制及相关内容》,《中原文物》2011年第6期,第54—61、71页。

内龛左壁后排浮雕天龙八部，由内至外为(图2-27)：

(1)龙部。头顶龙一条。

(2)紧那罗。绾高螺发(成为独角形状)，穿交领广袖长袍，双手拱腹前藏于袖口内。

(3)迦楼罗。绾高发髻，头顶金翅鸟，上着交领广袖衫，下系长裙，裙腰外翻，着棉鞋，双手合十于前。

(4)夜叉。位于前排第三身菩萨后，面残，颈部青筋突起，肩系巾，裸上身，下系裙，左手抓小人，右手举右肩前抓一物，残，手中小人跪姿，双手合十。

内龛右壁后排浮雕天龙八部，由内至外为：

(1)阿修罗。侧身而立，仅露出头部和一手，面丑陋，绾高发髻，髻前束冠，身子被前排菩萨的头光挡住。

(2)推为天部。位于天王后，露出大半身，绾高发髻，束三珠冠，戴锁状项链，戴手镯。肩系巾，左肩垂二带，下系长裙，裙上端外翻，左手置胸前，右手被挡住。

(3)乾闼婆。位于天王与外侧菩萨之间，绾高发髻，头顶兽头，双手抓兽爪，着铠甲，穿

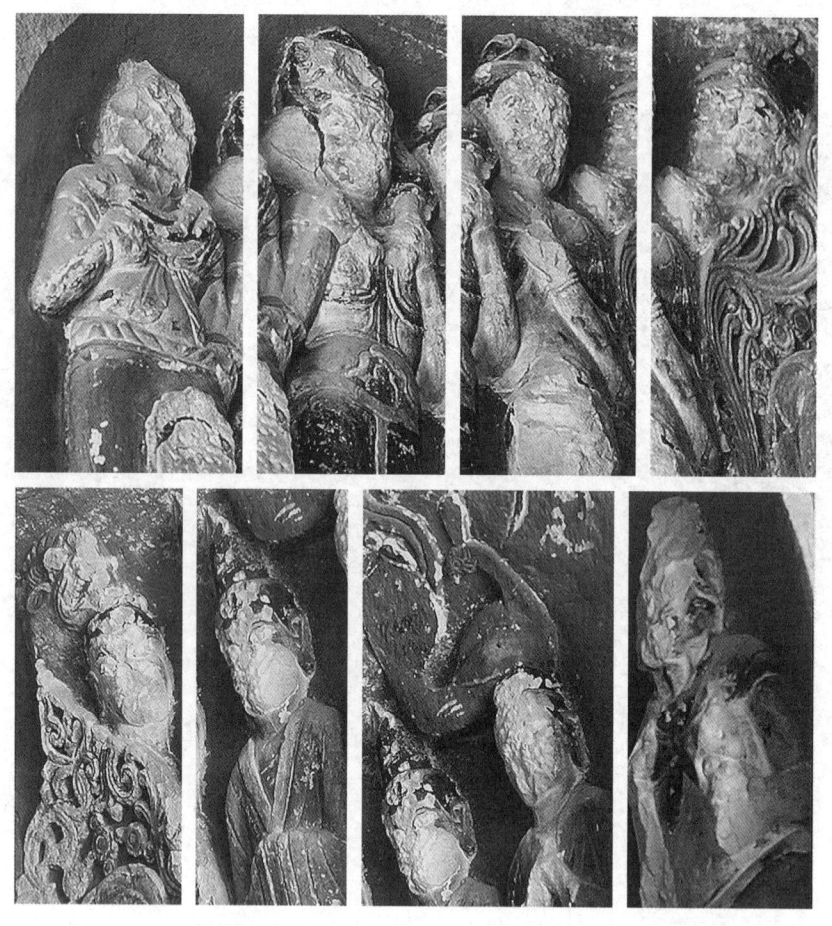

图2-27 巴中北龛第7龛的天龙八部：摩睺罗伽、乾闼婆、(天部)、(阿修罗)、龙部、紧那罗、迦楼罗、夜叉

战裙,腰束带,着棉鞋,腰细长,身体扁平,身材修长。

(4)摩睺罗伽。面部残,绾高发髻,发带飞起,颈缠蛇,戴手镯,肩系被巾,帔巾结结于胸前,裸上身,下着短裙,腰系粗绳。

(二)巴中北龛第14龛(初唐·药师佛龛,夜叉与摩睺罗伽的混合体)

巴中北龛第14龛凿于初唐,为药师龛,与旁边的弥勒龛和阿弥陀龛共同组成了三佛龛制。该龛为外方内两层檐佛帐龛。内龛高160厘米、宽157厘米、深94厘米,上层檐残毁,下层檐顶有山花蕉叶,檐面饰忍冬纹。方形龛楣,上饰二飞天,镂雕忍冬纹,垂华绳、华铃。龛柱为八棱形,上面雕刻盘绕之龙。龛内弧壁圜顶。顶上雕饰两尊飞天,中部悬圆形华盖,华盖顶有莲瓣承托覆钵,顶部雕饰莲瓣和山花蕉叶。盖身饰方格连珠纹和回纹,下部垂帐,装饰有华绳和华铃。下部三面设高坛。

龛内造像多残毁,或是经现代修补。主尊后左壁像无存,但应与右侧对称。整体看,为一佛二弟子十菩萨十二药叉神将二力士天龙八部以及伎乐飞天、供养人等。

右侧壁四尊天龙八部从内向外依次为(图2-28):

图2-28 巴中北龛第14龛右侧壁天龙八部:夜叉与摩睺罗伽的混合体、阿修罗

(1)不详。绾高发髻,存残痕。

(2)不详,推为天部。头残,两侧垂缯带,戴项圈,着交领衣,腰系带,右手屈右胸侧,食指、中指斜指左肩,余指内屈。

(3)阿修罗。三头六臂。上二臂托举日月(右月左日);中二臂上举,左残,右举称;下二臂置腹前,被菩萨挡住。

(4)夜叉与摩睺罗伽的混合体。头发竖立,额头上有皱纹,怒目圆睁,裸上身,颈部缠蛇，蛇头在头左侧伸出，蛇尾在胸前（摩睺罗伽特征）。戴手镯，腰系粗带，左手握拳，右手抓一小人举胸侧（夜叉特征）。

（三）巴中北龛第29龛（初唐）

巴中北龛第29龛凿于初唐。该龛为外方内二层檐佛帐龛。外龛方形平顶。内龛高145厘米、宽134厘米、深95厘米，有两层檐，檐顶刻山花蕉叶，檐面饰忍冬纹。龛楣为方形，上饰珠链状菱形纹，外悬华绳。龛柱也为方形，其上方两侧面各雕一尊伎乐，左吹笙，右弹琵琶；正面则雕饰卷草。龛内三壁凿坛，顶悬华盖，盖顶有山花蕉叶，周垂帐纹，悬华绳。坛基前雕博山炉。

内龛造像：一佛十二弟子二菩萨二天王，诸弟子后浮雕天龙八部，二力士立于龛柱外侧，龛基左右侧各雕一供养人，一男一女。

由于此龛位于寺外东侧崖壁绝高处，无法就近辨识，但可以感受其天龙八部保存完好。

（四）巴中北龛第30龛（盛唐·释迦龛）

巴中北龛第30龛凿于盛唐，为外方内二层檐佛帐龛。外龛方形，敞口平顶。内龛高160厘米、宽148厘米、深90厘米。有两层檐，檐顶有山花蕉叶，上、下层檐面分别饰团花、忍冬纹。方形龛楣，其上、下部分别雕方格团花、缠枝忍冬纹。缠龙方柱。龛内弧壁平顶，顶悬圆柱形华盖，盖顶有山花蕉叶，盖身悬帐幔、华绳，盖中心雕莲花。内外龛间设台，两侧二狮昂首相向。

内龛雕一佛二弟子二菩萨二天王，其间散布天龙八部，二力士立于龛柱外两侧，二立柱上方各雕一身伎乐。（图2-29）

图2-29　巴中北龛第30龛的天龙八部：夜叉、（迦楼罗）、龙部、紧那罗、天部、阿修罗、乾闼婆、（摩睺罗伽）

左壁从内向外：

（1）天部。绾锥状高发髻，长耳，戴手镯，着广袖衫。

（2）阿修罗。三头六臂，锥状发髻，戴项圈、手镯，裸上身。上二手举日月；中二手，左手握曲尺,右手半握拳;下二手合十。

(3)乾闼婆。头顶兽头,着战袍、战裙,双手合十。

(4)不详(推为摩睺罗伽)。绾锥状高发髻,束小冠,穿交领广袖衣,腰系细带,双手抱胸前。

右壁从内向外:

(1)紧那罗。绾锥状高发髻(应为独角),束锥状小冠,穿交领广袖衣,腰系带,双手抱胸前。

(2)龙部。右侧伸出龙头,高发髻,束小冠,肩系巾,着战袍,穿长靴。

(3)推为迦楼罗。绾高发髻(似为鸟身翅膀等),穿交领广袖短袍,下着百褶长裙,左手被遮挡,右手举一物,残。

(4)夜叉。头发呈尖状向后竖立,怒目张口,面貌丑陋,肩系巾,裸上身,腰系厚重短裙,裙腰呈粗绳状,左手托跪拜状童子,右手举于胸侧。

(五)巴中北龛第32龛(盛唐·释迦龛)

巴中北龛第32龛凿于盛唐,为外方内二层檐佛帐龛。内龛高105厘米、宽113厘米、深62厘米,檐顶有山花蕉叶,龛楣饰华帐。方形龛柱,其上纹饰风化。龛内顶悬圆形华盖。

内龛造像为一佛二弟子二菩萨,现存六尊天龙八部散落诸神之间。内龛外侧原来应有天龙八部各一尊,现已无存。

左壁从内至外:

(1)不详。头戴高冠,长发披肩,颈上有三道蚕节纹,着通肩袈裟,右手横置胸前。

(2)不详。面部风化,颈上二道纹,着通肩衣,仅雕上半身。

(3)不详。面部风化,头戴高冠,仅雕上半身。

(4)无存。

右壁从内向外:

(1)阿修罗。三头六臂,戴项圈,下围长裙,上二手托日月,中二手持矩尺,下二手合十。

(2)不详。头顶双角,面部风化,身穿铠甲。

(3)不详。仅雕头部,面部风化。

(4)无存。

(六)巴中北龛第33龛(盛唐·释迦龛)

巴中北龛第33龛凿于盛唐,为外方内二层檐佛帐龛。外龛为敞口平顶方形龛,其中部设一台。内龛高150厘米、宽202厘米、深106厘米。内龛两层檐顶均有山花蕉叶。镂雕方形龛楣,方形龛柱,柱上缠龙。龛内弧壁圜顶,顶悬圆形华盖,风化严重。

内龛造像为一佛二弟子二菩萨二天王,二力士立于龛口两侧,天龙八部散落诸神之间。

左壁从内至外:

（1）不详。螺状发髻高耸，穿广袖外衣，着云头鞋。

（2）阿修罗。三头六臂。

（3）不详。头风化，穿铠甲、战袍，腰束带，着长筒靴。

（4）不详。戴项圈，穿战袍，腰系绳。

右壁从内至外：

（1）不详。高发髻，穿广袖外衣，下着百褶裙，云头鞋。

（2）不详。戴三叶冠。

（3）风化。

（4）风化。

三、巴中西龛的天龙八部造像

巴中西龛摩崖石刻始凿刻于初唐，以盛唐造像为多，位于巴中市凤谷山西龛村，在城西约1公里处。现存造像九十二龛，共计2 118尊，分布在西龛寺（佛爷湾）流杯池、龙日寺三处。① 三地相距各约1公里。巴中西龛摩崖石刻有天龙八部题材的窟龛数为八龛：

（一）巴中西龛第2龛（初唐·释迦龛）

巴中西龛第2龛凿于初唐，为外方内圆拱形双层龛。内龛高195厘米、宽150厘米、深80厘米，有桃形龛楣，上面残存卷草纹痕迹。龛内弧壁穹顶，顶上悬圆形华盖，下部后壁设坛，坛上边沿饰覆莲花瓣，坛下有变形莲茎。

内龛中雕一佛二弟子二菩萨，二力士守护龛口，诸像间散布天龙八部。

天龙八部左右各四尊，风化严重。（图2-30）左侧从内向外：

（1）阿修罗。三头六臂，头绾高髻，束三珠冠，六臂均为广袖，戴项圈、手镯，披帔帛，下系长裙，上四臂举物，下二臂抱一圆瓶状物于胸前。

2、3、4皆残毁。

右侧从内向外：

（1）龙部。头顶龙。

2、3、4皆残毁。

图2-30 巴中西龛第2龛的天龙八部：残剩龙部和阿修罗

---

① 巴中文管所1990年编号，第1龛至第52龛位于山下西龛寺，第53龛至第55龛、第92龛位于山腰流杯池，其余龛位于山顶龙日寺。

（二）巴中西龛第3龛（初唐·弥勒龛）

巴中西龛第3龛凿于初唐，为外方内圆拱形双层龛。外龛方形，敞口平顶。内龛高182厘米、宽150厘米、深75厘米，圆拱形，有桃形龛楣，龛楣纹饰呈带状分布，均镂雕，外层饰火焰纹，中层饰忍冬纹，内层饰菱形与桃形连续几何纹。龛内弧壁圜顶，龛壁浮雕菩提萨双树，顶悬圆柱状莲花华盖。（图2-31）

内龛中雕一佛二弟子二菩萨二天王，二力士守护龛口，龛壁浮雕八身天龙八部。（图2-32）

左壁从内向外：

（1）龙部。头顶龙，绾发髻，头侧垂缯带，肩系巾，外衣袖口呈花边状飞起，上穿战袍，下着三叉战裙，腰系粗绳，帛带呈圆弧状绕腹前，双手举物于右胸侧，扎绑腿，穿棉鞋。

图2-31　巴中西龛第3龛全景

（2）不详（推为迦楼罗）。胸像，绾高发髻，穿圆领衣，脖子上有蚕节纹。

（3）乾闼婆。戴兽头帽，仅露出胸以上。

（4）夜叉。光头，头生双角，肩系巾，左手抓一小人，仅露出胸以上。

右壁从内向外：

（1）阿修罗。三头六臂，穿双领下垂式广袖衫，腰系粗绳，上四手风化，下二手握圆轮于胸前。

（2）残毁（推为天部）。似乎有长耳残迹。

（3）残毁（或为紧那罗）。有三角锥状的发髻性状残留。

（4）摩睺罗伽。头上有二小髻，皱眉鼓眼，口含一蛇，蛇身缠颈上，肩系巾。

图2-32　巴中西龛第3龛的天龙八部：摩睺罗伽、风化、风化、阿修罗、龙部、推迦楼罗、乾闼婆、夜叉

（三）巴中西龛第5龛（初唐·弥勒龛）

巴中西龛第5龛凿于初唐，为三层龛。外龛方形敞口。中层龛佛帐形，龛顶有两层檐，檐顶残，左侧可见凤鸟及卷草纹，下层檐上有山花蕉叶，下部残。中层龛基两侧有二狮残迹。方形龛柱，柱上雕刻风化。内龛高220厘米、宽185厘米、深100厘米，圆拱形，龛楣残，龛楣纹饰呈带状分布，纹带中镂雕卷草和化佛。龛内壁浮雕菩提双树，顶悬华盖。下部凿坛，坛基正面雕五个壶门，壶门内各有一伎乐。

内龛中雕一佛二天王二弟子二菩萨二金刚二供养人，二力士守护龛口。在主尊身后左右龛壁上浮雕天龙八部等听法像十四尊，是该类题材中所刻护法及听法尊像数量最多的一龛，可惜风化后很难系统识别。（图2-33）

图2-33　巴中西龛第5龛全景

左壁从内向外（图2-34）：

图2-34　巴中西龛第5龛左侧壁天龙八部等听法护法众

（1）不详。位于佛光左侧，头向左，戴兜鍪，扎汗巾。推测为护法天王。

（2）阿修罗。三头六臂，头绾锥状高髻，束三珠冠，戴项圈、手镯，上着无袖交领衣，下系长裙，腰系粗绳，帛带自肩下垂。

（3）推紧那罗。头绾高髻，戴三珠冠，冠顶为三角形，冠侧垂缯带，方圆脸，颈上两道蚕节纹，肩系巾，穿铠甲。

（4）不详。在3左下端。头绾尖锥状高髻，颈上两道蚕节纹，内着圆领衣，外着交领广袖衣，下系短裙，左手置胸侧。

（5）乾闼婆。在4顶上。戴兽头，双手于胸侧抓兽爪，披云肩，着铠甲。

（6）不详。头绾高髻，头侧垂缯带，方圆脸，颈上两道纹，戴圆珠项圈，上着交领广袖衣，下系百褶裙，左手举莲苞，右手摸项圈。

（7）夜叉。位于力士头光上方，头生炎发呈现五个角锥状（已断毁），怒目皱眉，面目丑陋，颈上青筋，肩系巾，巾角下垂，双手分方胸两侧，右手似有小儿残迹。

右侧从内向外：

（1）佛头光右侧与左1对称位置残毁。推测为护法天王。

（2）龙部。头顶龙。

（3）不详。面部残。

（4）推迦楼罗。位于3的右下侧。面部残，圆形发髻，颈上两道蚕节纹，内着交领衣，外披双领下垂式袈裟，袈裟右襟搭左肘上，下露百褶，着云头鞋，左手置左胸前，手指似鸟趾。

（5）残毁。位于4的上端。面部残，披云肩，穿广袖衣。

（6）摩睺罗伽。头残，颈缠蛇，肩系巾，巾带下垂，上身斜挂络腋，露胸肌，腰系粗绳，右手举胸侧握一物。

（7）位于6的右侧，残损。

在刘宋沮渠京声译《佛说观弥勒菩萨上生兜率陀天经》中有"比丘、比丘尼、优婆塞、优婆夷、天、龙、夜叉、乾闼婆、阿修罗、迦楼罗、紧那罗、摩睺罗伽等……若有得闻弥勒菩萨摩诃萨名者，闻已欢喜，恭敬礼拜，此人命终，如弹指顷，即得往生"[1]句，此龛听法众是否按此而设计，值得探究。

（四）巴中西龛第10龛（盛唐，开元三年·弥勒龛）

巴中西龛第10龛凿于唐开元三年（715），[2] 为外方内圆拱形龛，弥勒龛。外龛方形圜顶。内龛高190厘米、宽150厘米、深95厘米，圆拱形，桃形龛楣，龛内弧壁圜顶，顶部悬圆柱形莲花华盖。

内龛造一佛二弟子二菩萨。天龙八部分布于主尊左右两侧，各三身对称布局。二菩萨座前各雕一蹲狮。内龛外两侧立二力士。（图2-35、36）

左壁从内向外：

---

[1] 《大正藏》第14册，第420页上—中。
[2] 巴中西龛第10龛外龛左壁阴刻唐开元三年造像记，由左至右竖刻六行：菩萨圣僧金刚等，郭玄亮、毗季奉为亡考造前件尊容。愿亡考乘此微因，速登净土弥勒座前，同初会法，开元三年岁次乙卯四月壬子朔。

图 2-35　巴中西龛第 10 龛全景

图 2-36　巴中西龛第 10 龛的天龙八部：迦楼罗、天部、阿修罗、龙部、乾闼婆、紧那罗

（1）龙部。头绾高髻，戴三珠冠，披云肩，下着战裙，穿长裤、长靴。头顶龙头。

（2）乾闼婆。戴兽头，披帔帛。

（3）推为紧那罗。头绾高髻，戴三珠冠，冠前部似有角，两侧垂缯带，披云肩，下着裤，穿长靴。右手于胸侧握一桃形物（摩尼宝珠？）。

右壁从内向外：

（1）阿修罗。三头六臂，头绾高髻，髻前饰珠，戴手镯，披帔帛，帛带绕腹、腿上各一道，穿广袖衣，下着裙。上二手托举日月，中左臂残，中右臂举长棍状物，下左臂胸前托一珠，右手屈胸侧。

（2）推天部。头绾柱状高髻，两侧垂缯带（或是后期妆彩的错觉，实为长耳垂胸？），髻前饰宝珠，穿交领广袖衣，双手合十。

（3）迦楼罗。头绾高髻，鸟嘴状，束三珠小冠，前部饰珠宝，腰部系带挽结，着靴，右手伸胸前。

（五）巴中西龛第21龛（隋代）

巴中西龛第21龛开凿于隋代。其重要题记有二：一是外龛左壁镌刻唐乾符五年（878）题记；一是中龛左壁的前蜀"永平三年（913）院主僧傅芝记""捡得大隋大业五年造前件古像"。

巴中西龛第21龛由外向内分作三层龛。

外龛为方形敞口平顶。

中龛为二层檐佛帐龛，上层檐顶装饰有山花蕉叶，檐面雕饰则残损，下层檐顶翘脚，珠链将檐面分成六个长方形格子，方格内饰卷草纹、两两对称的异兽纹，方格下方雕饰兽头铺首和圆形花纹。龛楣为方形，上部垂帐，帐外悬三角形装饰。立柱也为方形，上饰几何纹、连珠纹，柱身缠龙。柱础为覆莲形，柱础石下有变形莲茎。

内龛高230厘米、宽192厘米、深120厘米，圆拱形，桃形龛楣，龛楣上雕七佛，六伎乐天。龛楣正中浮雕一佛二弟子和方形宝塔。龛内弧壁穹顶，后壁雕饰菩提双树，龛顶前部左右各雕饰飞天两尊。内龛中雕一佛二弟子二菩萨二天王计七尊像，左右侧壁下方各雕菩萨像二尊（左侧壁的毁坏）。佛身侧浮雕菩提双树，左右各雕一弟子像，天龙八部和听法像散布其间。窟顶浮雕伎乐天四身，内龛龛楣上相间雕饰七佛和六身伎乐天，中间一尊坐佛旁胁侍二菩萨。中层龛左右壁下方各雕一力士，力士足前各蹲一狮。外龛左右侧壁雕二天王舒坐像。（图2-37）

图2-37 巴中西龛第21龛全景

由于风化严重，加上后代改造，目前多尊像不能辨识。（图2-38）

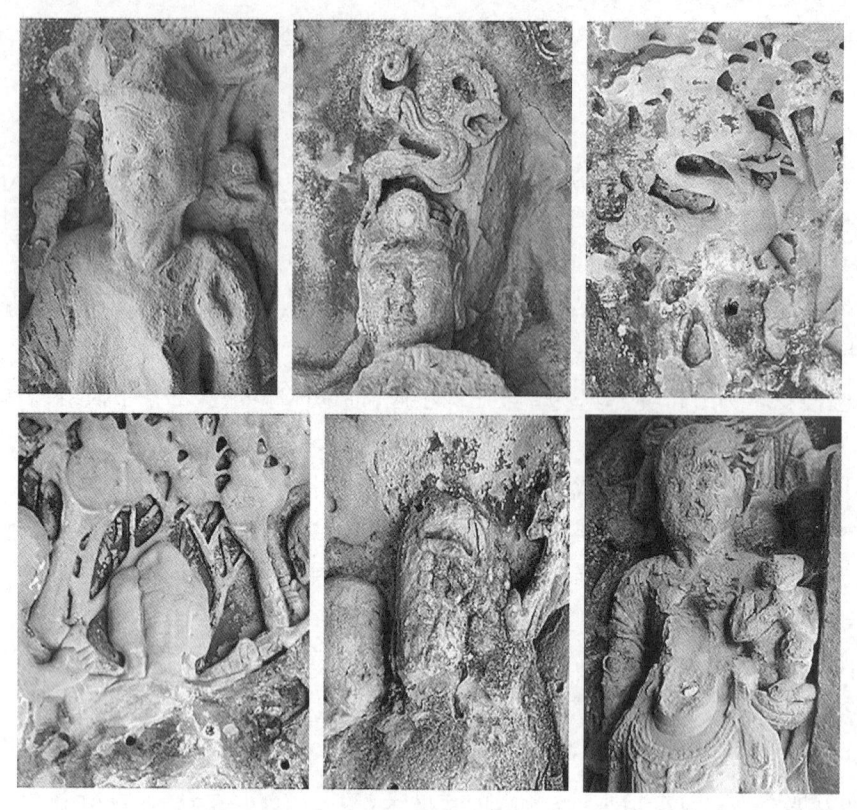

图2-38　巴中西龛第21龛残留天龙八部形态：（摩睺罗伽）、（迦楼罗）、龙部、阿修罗、（乾闼婆）、夜叉

左壁从内至外：
（1）不详。光头，一手指向左侧。
（2）三头六臂阿修罗。
（3）乾闼婆。兽头帽有残毁。
（4）夜叉。相貌丑陋，右手托一小儿，小儿胡跪，双手合十。

右壁从内至外：
（1）残毁。
（2）龙部，头顶龙形尚在。
（3）推迦楼罗。头顶有鸟羽状浮雕。
（4）推摩睺罗伽。其身后、脖子上有风化动物残迹。

（六）巴中西龛第30龛（盛唐）

巴中西龛第30龛凿于盛唐，为外方内二层檐佛帐龛。外龛方形平顶。内龛高200厘米、宽173厘米、深90厘米。内龛两层檐佛帐形，檐顶有山花蕉叶，上层檐面饰团花，下层檐面饰卷草纹。方形龛口，方形龛楣，楣饰风化。方形龛柱，柱上饰莲花。龛内弧壁圜顶。

巴中西龛第30龛雕一佛二弟子二菩萨二天王二力士像，其身后有浮雕天龙八部。但风化殆尽，无法识别。

（七）巴中西龛第44龛（盛唐·菩提瑞相龛）

巴中西龛第44龛凿于盛唐，为外方内圆拱形龛。外龛方形，左右侧雕狮。内龛圆拱形，高150厘米、宽130厘米、深70厘米。内龛有拱形龛楣，龛楣饰菱形宝珠纹一周，卷草纹一周。龛内弧壁平顶，顶悬圆柱形华盖，盖底饰莲花，盖周悬帐，垂流苏、华绳，盖顶呈瓜瓣状，刻饰壶门宝珠。

巴中西龛第44龛内造一佛二弟子二菩萨像，二力士立龛口，左右壁浮雕天龙八部。（图2-39）

图2-39　巴中西龛第44龛的天龙八部

左壁从内向外：
（1）阿修罗。三头六臂，穿交领无袖衫，戴手镯，上二手举日月，中右手举法器，下二手合十。
（2）乾闼婆。戴兽头帽。
（3）不详。位于2下方。风化，露出头形，头上扎髻，双手合十。
（4）风化。位于2右侧。头顶有戴冠（或束髻）的痕迹。手在胸前。

右壁从内向外：
（1）龙部。头顶龙。
（2）残毁。戴冠，穿铠甲，左手胸前持物（摩尼珠？）。
（3）妆彩或后世修改过，特征不明。穿交领袍服，头上应有冠（现风化严重）。
（4）残毁。

（八）巴中西龛第73龛（盛唐·二佛并坐龛，九身天龙八部形制）

巴中西龛第73龛凿于盛唐，为外方内二层檐佛帐龛。外龛方形平顶。内龛高117厘米、宽103厘米、深80厘米。内龛檐顶有山花蕉叶，下层檐面饰卷草纹，上层檐面纹饰风化。龛楣为方形，上部悬帐，垂华绳、风铃。龛柱也为方形，柱侧面饰方格莲花纹。龛内顶悬二莲花状华盖，盖顶有山花蕉叶以及三角形边饰。

巴中西龛第73龛雕二坐佛二弟子二菩萨二天王。二天王二力士立于龛口内外两侧。座下饰伎乐两身，天龙八部等听法像九身散布诸像间。

二佛之间的后壁雕阿修罗。三头六臂，穿圆领衣，戴手镯，上二手举日月，中二手被挡，下二手合十。（图2-40、41）

图2-40　巴中西龛第73龛全景

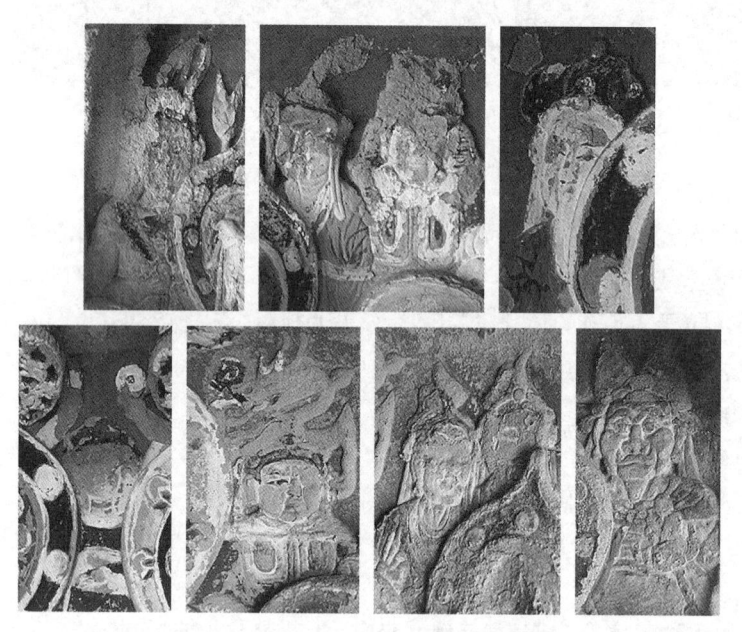

图2-41　巴中西龛第73龛的九身天龙八部：摩睺罗伽、天部、乾闼婆、
　　　　不详、阿修罗、龙部、迦楼罗、紧那罗、夜叉

左壁从内向外：

(1) 龙部。肩系巾，头顶龙，穿铠甲。

(2) 推为迦楼罗。脸部风化，穿交领袍服。头上发髻风化，似乎是鸟形。

(3) 紧那罗。头上发髻前有独角。

(4) 夜叉。头生双角，左手抱胡跪拜佛的小儿。

右壁从内向外：

(1) 盘发髻，垂缯带，穿广袖衣。不在通常八部序列之中，因此暂按佛经通用的描述定"人非人"。

(2) 乾闼婆。戴兽头冠，穿甲胄。

(3) 天部。刀型高髻，双耳垂肩。

(4) 摩睺罗伽。头上缠绕蟒蛇，脸风化，头左侧有莲蕾状浮雕。

四、巴中东龛第1龛的天龙八部造像（隋至初唐）

巴中东龛摩崖石刻造像位于巴中市城东0.5公里的插旗山下。原有佛教造像二十四龛二百余尊。"文化大革命"中因修巴中大桥取石头而惨遭破坏，现仅存八龛，且多经改造并妆彩。

巴中东龛摩崖石刻有天龙八部题材一龛——巴中东龛第1龛——凿于隋至初唐，是东龛寺内最大的龛，为外方内圆拱形楣雕纹饰龛。内外龛间凿有台基，台高30厘米，其正面雕椭圆形壸门四个。壸门内刻伎乐，惜已风化。内龛高198厘米、宽200厘米、深130厘米，有圆拱龛楣或桃形龛楣。龛楣边饰连珠纹，中间饰其尊坐佛和忍冬纹。龛内设坛，坛高60厘米。

内龛中雕一佛二弟子六菩萨，二力士守护龛口（右侧力士足下现存一蹲狮和训狮人），龛壁浮雕天龙八部。可惜整个龛窟被现代改造并妆彩，大多数像原状不清楚了。

五、巴中兴文沙溪摩崖石刻第7龛的天龙八部（初唐，唐高宗前期·线刻）

巴中兴文沙溪摩崖石刻位于兴文镇沙溪村五社邬家梁，温玉成先生认为是唐高宗前后的窟龛。现存十九龛（崖面十七龛，崖前水田中二龛），有佛教造像约二百身。崖面上的造像分为三组，各组规划统一，龛形组合等基本一致。

天龙八部位于巴中兴文沙溪第7龛，凿于唐高宗前期，为外方内圆拱形龛。外龛方形，敞口平顶，中部设台。内龛马蹄形，高90厘米、宽93厘米、深40厘米，拱形龛楣，上饰忍冬纹。龛内弧壁罩顶，顶雕圆形华盖，华盖顶有山花蕉叶，盖周垂帐，饰流苏、华绳。

内龛中雕一佛二弟子二菩萨，诸尊后壁线刻天龙八部（风化严重，现存三身），顶饰飞天，二力士守护龛口。外龛左右侧原有二兽（现存左侧一身），左壁下方浅浮雕女供养人（现存二身），右壁下方浅浮雕男供养人四身。

现存天龙八部，左壁从内至外（图2-42）：

(1) 不详（或者为菩萨，非天龙八部）。头绾高髻，耳侧垂带，帔帛绕臂，腰系长裙，穿

图 2-42　巴中兴文沙溪第 7 龛线刻天龙八部之阿修罗

云头鞋,立于覆莲之上。

(2)不详。颈部青筋高突,风化。

(3)阿修罗。三头六臂,戴项圈,帛带两道绕腹前,腰系长裙,上两手举日月,中手上举(风化),下二手合十。

六、巴中水宁寺摩崖造像中的天龙八部

巴中水宁寺摩崖石刻造像分布于巴中市水宁镇水宁村水宁寺(1—11龛),水宁村千佛崖(12—20龛),佛龛村二、四社交界处(21—34龛),二郎山(35—39龛)等处,距巴中市区37公里。现存造像三十九龛316尊。巴中水宁寺摩崖石刻有天龙八部题材三龛,但保存完整,形式规整,可以作为研究天龙八部造像基本尊格的样本。

(一)巴中水宁寺第8龛(盛唐·经典)

巴中水宁寺第8龛凿于盛唐(也有学者判定为中晚唐的),为外方内单层檐佛帐龛。外龛敞口平顶。内龛高164厘米、宽110厘米、深103厘米,檐面上饰卷草纹。内龛龛楣方形,上部雕饰兽面五个,垂三角形边饰,下部垂帐幔、风铃、华绳。重叠束莲柱,柱上缠龙。内龛两侧壁上方出檐,檐上雕祥云和飞天。内龛下部三壁开低坛,坛上造像。坛基前雕一博山炉,炉两侧雕二狮。内龛后壁雕菩提双树。内龛顶悬圆状华盖,华盖下部垂流苏、悬华绳和华帐,上部饰连珠纹、回形纹和花卉纹。

内龛坛上雕一坐佛二弟子二菩萨二天王二力士,八尊天龙八部散布诸像间。前跪二尊供养菩萨。二力士立于龛柱外侧。顶壁浮雕二飞天。外龛两侧壁各雕供养人五身。

内龛左右壁各浮雕天龙八部三身,左右龛外各一身,由于保存完好,堪称经典。(图2-43、44)

图2-43 巴中水宁寺第8龛全景

图2-44 巴中水宁寺第8龛天龙八部：阿修罗、摩睺罗伽、天部、乾闼婆、迦楼罗、紧那罗、夜叉、龙部

左侧从内至外：

（1）迦楼罗。高发髻，束单珠冠，头顶一鸟，尖嘴圆脸，着交领广袖衣。

（2）紧那罗。绾尖锥状高髻（一角），圆脸，内着窄袖交领衣，外着双领下垂式广袖衣，腰系带。

（3）夜叉。短发披肩，头绾小髻，束头巾，两小立耳，肩系巾，戴项圈、手镯。饰臂钏，系短裙，裙腰外翻，左手托一小儿于胸。

(4)龙部。高发髻,束单珠冠,有髯须,着交领广袖衣,头顶龙头,左手抚须,右手置肩侧。

右侧从内至外:

(1)乾闼婆。头顶虎头,着广袖交领衣。

(2)天部。束单珠小冠,长耳垂肩,着广袖交领衣,腰系带。

(3)摩睺罗伽。颈缠蛇,头系巾。

(4)阿修罗。三头六臂,绾高发髻,束单珠小冠,戴项圈、手镯,上身斜挂络腋。上二手举日月,中左手举矩尺,下二手合十。

(二)巴中水宁寺第9龛(盛唐·释迦龛)

巴中水宁寺第9龛凿于盛唐(也有学者判定为中晚唐的),为外方内二层檐佛帐龛。外龛方形,敞口平顶。内龛残高100厘米、宽120厘米、深80厘米。内龛二层檐,上层檐上有山花蕉叶,檐面饰二飞天相向而飞。下层檐顶有山花蕉叶,檐面饰忍冬纹。方形龛口,方形龛楣。龛楣镂雕网状纹,外悬华绳、流苏。方形立柱,柱正面饰花卉。龛内弧壁。

内龛造像为一坐佛二弟子二菩萨五尊像,二力士立于龛口两侧。左右壁诸像间散布天龙八部八尊。(图2-45)

图2-45 巴中水宁寺第9窟天龙八部

内龛左右壁各浮雕天龙八部三身,左右龛外各一身,由于保存完好,堪称经典。

左侧从内至外:

(1)龙部。绾高发髻,头顶龙头。

(2)紧那罗。在龙部下方,绾螺状锥髻,当为一角。

(3)迦楼罗。发束冠,五官端正,尖嘴,头顶有物但残损。

(4)夜叉。立龛口左侧,怒目圆睁,嘴为尖喙状,尖耳,裸露上身,双手持物于胸前。

右侧从内至外:

(1)阿修罗。三头六臂,上二手举日月。

(2)天部。在阿修罗下方,长耳垂肩,穿交领长袍。

(3)乾闼婆。兽头冠像,其余部分隐。

（4）摩睺罗伽。立龛口右侧，鬼神形象，怒目张口，裸露上身，双手抓蟒蛇于胸前。

（三）巴中水宁寺千佛崖第19龛（初唐·二佛并坐龛）

巴中水宁寺千佛崖第19龛凿于初唐，为外方内圆拱形龛。外龛方形，敞口平顶。外龛龛基前雕二狮。内龛高80厘米、宽74厘米、深35厘米。内龛弧壁圜顶，圆拱形龛楣，龛楣左右侧各雕一飞天。龛楣正中有一小龛，内置一坐佛。

内龛中雕二佛二弟子二菩萨，天龙八部神众散布其间，佛前两侧各雕一供养人，二力士守龛口。

二佛之间雕阿修罗，三头六臂，高髻，戴项圈，上着广袖交领衣，下系裙。上二手举日月，中二手上举被挡住，下二手合十。其余七身天龙八部均浮雕刻于后壁，由左至右分别为：

（1）完全残损。
（2）摩睺罗伽。头戴盔，颈缠蛇，穿战袍，花边袖口，左手抚左腹侧，右手抓蛇。
（3）乾闼婆。头顶兽头冠，着交领衣。
（4）天部。锥状螺发，长耳垂肩，上穿交领衣，下系裙。
（5）不详。肩系巾，头生双角。
（6）不详。面风化。
（7）龙部。穿广袖衣，身后侧伸龙头。

七、巴中三江佛爷湾摩崖石刻第1龛的天龙八部（初唐）

巴中三江佛爷湾摩崖石刻位于三江乡民主村向南约50米处的公路边。现存造像一龛，凿于初唐，为外、中、内三层龛。外龛方形；中层顶部残，现存龛为方形。内龛高158厘米、宽144厘米、深123厘米，为圆拱形，有桃形龛楣，龛楣上饰忍冬纹。

内龛雕一坐佛二弟子二菩萨二天王七尊像，主佛头侧塑造菩提双树，诸像间散布天龙八部和听法神众，左侧七尊，右侧六尊。二力士立于内龛外壁。中层龛左、右壁各雕一狮。诸像近年已经彩绘，原状被破坏。

八、巴中恩阳佛尔崖摩崖石刻第3龛的天龙八部（隋至初唐）

巴中恩阳佛尔崖摩崖石刻位于恩阳镇政府往北1公里的半山处。二十世纪八十年代尚存八龛，现被当地人破坏仅存三龛，且除第2龛外都被改造彩绘。天龙八部题材在其第3龛。巴中恩阳佛尔崖第3龛凿于隋至初唐，为外方内圆拱形楣雕纹饰龛。内龛高203厘米、宽200厘米、深162厘米，有桃形龛楣，龛楣上雕饰七佛、回纹和连珠纹，周饰火焰纹。龛内壁原有菩提双树。

内龛经现代改造和彩绘，原状已经不清楚。其天龙八部造像为与听法人像混合的样式。

九、巴中麻石佛尔崖摩崖石刻第4龛的天龙八部（盛唐，开元二十八年）

巴中麻石佛尔崖摩崖石刻位于麻石垭乡一村一社张家湾公路旁，西距巴中城约23公里,现存造像五龛。天龙八部题材就在其第4龛。

巴中恩麻石佛尔崖第4龛凿于唐开元二十八年(740)前后。在4龛右下方存唐开元二十八年邑人严从愿等造像记的碑文。

恩麻石佛尔崖第4龛为外方内二层檐佛帐龛。外龛方形敞口,外龛左右壁各雕飞天一身。内龛高176厘米、宽192厘米、深88厘米,两层檐,上、下层檐顶皆有山花蕉叶,上、下檐面分别饰方格团花、忍冬纹。龛柱为方形,其正面饰方格四叶团花,侧面饰团花。内龛下部三面设高14厘米的坛。内龛弧壁圜顶,顶悬八角华盖,华盖底饰涡纹,华盖顶饰山花蕉叶,后壁上部有菩提树。

内龛雕一佛二弟子二菩萨,龛柱内外两侧分别立二天王、二力士,天龙八部分布于内龛诸像间。龛内天龙八部经近代修补并妆彩,龙部在左侧,阿修罗在右侧。

十、巴中通江县的天龙八部

巴中市通江县位处米仓山东段南麓大巴山缺口处,东邻万源,南毗平昌,西通巴中、南江二县,北接汉中,是米仓古道之重镇。通江境内现存石窟寺数量也很多,有的还颇具规模,如白乳溪、千佛岩、佛尔岭(四龛窟)、赵巧岩(十四龛窟)、七里坪(三龛窟)等地。[①]其唐代的造像数量多,天龙八部造像数量也多,表现精美。

(一)通江白乳溪摩崖造像A区4号龛的天龙八部[②](盛唐·弥勒龛)

白乳溪摩崖造像又名鲁班石摩崖造像,为第七批全国重点文物保护单位。造像共计二十六龛,分布在四块石包上,天龙八部龛位于A区4号龛。

白乳溪4号龛为双层龛,时代应为开元后期至天宝时期。外龛为横长方形残龛;内龛为拱形龛,平面呈宽"U"形,宽144厘米、残高157厘米、残深100厘米。内龛造一佛二弟子二菩萨二天王二力士像,为弥勒龛。佛像左右侧自龛底伸出一棵菩提树,向上延伸遍布龛顶。(图2-46)左右侧壁面上部造天龙八部像,左右各四身。

左壁由内至外:

(1)乾闼婆。戴虎头帽,虎爪伸胸前,双手似置于身前。

(2)阿修罗。三头六臂,上二臂托物上举于头顶,左手托物残,右手托日,中二臂亦托物上举于头侧,左手提权,右手似提称,称右端残,下二臂置于身前。

(3)紧那罗。面部及左手残,着甲,右手于腹前倒持一把剑。

(4)夜叉。面部狰狞,上身似赤裸,肌肉隆起,双手于腹前托一人。

右壁从内至外:

(1)龙部。戴兜鍪,怒目圆睁,着甲,左手于胸前倒持一把剑,头上盘一头龙。

(2)天部。束髻,长耳垂于胸前,双手握长耳。

---

① 陶鸣宽:《通江县的摩岩造像》,《文物》,1957年第1期;国家文物局主编:《中国文物地图集·四川分册》(下)"通江千佛岩石窟"条,文物出版社,2009年,第951页。

② 邓宏亚、赵川等:《四川巴中通江白乳溪摩崖造像调查简报》,《石窟寺研究》2017年第00期,第1—19、423—425页。

图2-46　巴中通江白乳溪摩崖造像A区4号龛正面

（3）迦楼罗。头部残，着广袖长袍，双手于身前抱一件长形物，不识（芦笙？）。

（4）摩睺罗伽。头部经后代改刻，双耳上竖，上身赤裸，肌肉隆起，颈部缠绕一条蛇，双手握蛇于左胸处。

（二）通江千佛岩石窟的天龙八部[①]

千佛岩石窟位于通江城西五里处诺江镇千佛村的白砂岩石壁上，通江至汉中的公路通过岩前。石窟雕凿于唐龙朔三年至开元七年（663—719），现存五十四龛（正面二十八龛，盛唐；左侧二十六龛，初唐），三千余尊，造像题材有西方净土变、天龙八部、说法图、七级佛塔、千佛屏等典型形制，惜"文化大革命"时期破坏非常严重。

千佛岩石窟以唐代造像为主，其天龙八部在第17窟、31号窟，[②] 分别代表初唐和盛唐的样貌。（图2-47）

第17窟（初唐）为一佛二弟子二菩萨二力士加天龙八部的布局，在"破四旧"时凿毁严重。可以看见：（1）乾闼婆，戴兽首帽；（2）龙部，头顶一龙；（3）不详；（4）不详。佛右侧从内向外：（1）不详；（2）阿修罗；（3）紧那罗，有一尖角；（4）不详。

第31号窟（盛唐）是双叠室形，内窟窟门楣左右两边各刻有一龙柱，龙尾相交于窟额中部。窟内刻一佛二弟子二菩萨二力士二天王，以及天龙八部。外龛右壁下部立一供养人，左壁下部跪一胡人状供养人。此龛"破四旧"时毁坏也非常严重，现能识别龙部、阿修罗、乾闼婆等。

另外，第37号龛的龛型与31号窟类似，龛内雕刻二佛（左为弥勒，右为释迦）二弟子

[①] 四川省文物管理局编：《四川文化遗产——全国重点文物保护单位》，文物出版社，2009年，第244页。

[②] 胡文和：《四川道教佛教石窟艺术》，四川人民出版社，1994年，第113页。

图2-47　通江千佛岩天龙八部对比：上第17号龛初唐，下第31号龛盛唐（左为破坏前旧照，右为现状）

二菩萨二力士二天王以及天龙八部，但凿毁严重。可能与巴中北龛第6号为同一时期（初唐）的作品。

（三）通江佛尔岭石窟①的天龙八部

佛尔岭石窟②位于文胜乡白石寺村村北二组与七组交界处，现存龛窟十八个，造像246尊，分布于两块巨石及一崖壁上。没有题记，造像为唐代特征。天龙八部有四龛，形象丰满，刀法流畅。其中有尊像头顶雕有神鸟、鱼、兽。

1. 东区第3号龛的天龙八部（唐代·佛道合龛）

东区第3号龛为外方内圆龛。内龛龛楣及两侧柱饰卷草多已模糊不清。龛内弧壁圜顶，顶上浮雕飞天、神鸟，中部悬华盖，龛壁浮雕菩提双树。龛内佛道合龛，共有造像二十八尊：佛（右）道（左）主尊二、弟子二、菩萨二、道教弟子和真人、力士二、飞天三、天龙八部。（图2-48）

---

① 国家文物局主编：《中国文物地图集·四川分册》（下）"通江千佛岩石窟"条，第951页。
② 李白练、吴廷芬：《四川通江佛尔岭石窟调查简报》，《石窟寺研究》2013年，第9—16，410—411页；龙门石窟研究院编：《石窟寺研究》（4），文物出版社，2013年。

阿修罗赤足立于佛道二主尊中间的正壁后方，三头六臂，裸上身，披帔帛，下着长裙，裙上端外翻，裙腰呈粗绳状，鼓腹，戴腕钏，上二手托举日月，中二手持物不明，下二手于胸前合十。二弟子二菩萨及其他八部众侍立佛右侧龛壁。道教弟子、真人等束发高髻，身穿长袍，侍立于左侧龛壁。

2. 东区第5号龛的天龙八部（唐代）

东区第5号龛为双层龛，破损严重。内龛圆形窿顶，仅存残痕，龛壁浮雕一菩提树。内龛残存一佛、二弟子、二菩萨、二力士、天龙八部等，共十七尊造像。阿修罗三头六臂，位于佛身后菩提树下。二弟子二菩萨及其他八部众侍立佛左右两侧，风化严重。

图2-48 通江县佛尔岭石窟东区第3号龛的天龙八部

3. 东区第6号龛的天龙八部（唐代·佛道合龛）

东区6号龛，外方内帐形龛形龛，佛道合龛。内龛设台。龛内后壁设坛，坛上下各叠涩三层台阶，坛前左右各置一博山炉。内龛残存佛（右）道（左）二主尊、二弟子、二菩萨、二力士、天龙八部、一飞天及道教弟子、真人等二十六尊造像。

龛左右侧壁有三层造像，弟子、菩萨、天龙八部、真人侍立两侧壁。（图2-49）

图2-49 通江佛尔岭石窟东区第6号龛的天龙八部

4. 东区第7号龛的天龙八部（唐代）

东区第7号龛为外方内圆龛。龛内弧壁圆顶，顶上浮雕飞天、神鸟，龛壁浮雕菩提树，树冠达于龛顶，下部三面设坛，坛上造像，龛前设二级台。内龛残存一佛、二弟子、二菩萨、天龙八部、二力士、四飞天及其他造像二十三尊。

（四）通江佛尔岩摩崖石刻第2、3号龛的天龙八部①（盛唐）

佛尔岩在通江县城西北45公里处的涪阳场场头的岩壁上，存四龛造像，题记建造时间在唐大中十四年（860）。现人为破坏严重。

第2号龛，龛内刻一佛二弟子二菩萨二力士，以及天龙八部。

第3号龛，龛内刻一佛二弟子二菩萨二天王二力士，以及天龙八部。

二龛皆为盛唐造像。

十一、巴中市平昌县的天龙八部

平昌县位于川东北之米仓山南麓，自古就是达州通往通江、南江、巴州三区县的咽喉要津。平昌县存两龛唐代摩崖造像，都有精彩的天龙八部造像。

（一）平昌县古佛洞摩崖造像12号龛的天龙八部（唐代）

古佛洞摩崖造像位于平昌县江口镇新华街社区居委会，又名佛爷洞，为唐、明、清造像，共二十六龛五十五尊造像。其中，古佛洞摩崖造像第12号龛为此处唯一唐代造像。

龛门方形，龛楣帷幔式，装饰华丽。龛内为穹隆顶，高300厘米、宽250厘米、深150厘米。龛内主尊为弥勒跣足倚坐像（高肉髻，圆形背光，穿"U"字形袈裟，左手扶膝，右手上举、掌心向外、拇指食指握珠），二弟子、二菩萨、二天王（踏小鬼头），飞天，龛口立二力士。佛和菩萨尊像头光两侧各有一胁侍。主尊后内龛壁浮雕天龙八部，重新妆彩过，部分尊像特征较模糊。可清晰识别的有立于龛口侧壁的摩睺罗伽（右侧，颈缠蛇）和夜叉（左侧，举童子）。佛右侧第一尊为阿修罗（三头六臂）。佛左侧第一尊为天部（手持莲茎）。佛左侧第二尊疑似乾闼婆（头上兽头帽）。（图2-50）

（二）平昌县小廓寺摩崖造像第2号龛的天龙八部（唐代·结构奇特）

小廓寺摩崖造像位于平昌县元石乡北顶村，共二龛三十尊造像。其第2号龛为双层龛，外龛门方形，内龛门拱形。内龛高200厘米、宽160厘米，整个龛进深200厘米，造像十七尊，题材为一佛（圆形头光，身着袈裟，善跏趺坐于仰莲台上）、二弟子、二菩萨、二天王（浮雕于龛口外力士身后）、二力士（左侧力士被改造的面目全非）。门楣上刻八龛小化佛。主尊身后龛壁上浮雕二部八部众。右侧为疑似龙部（头顶有物伸出），左侧为三头六臂阿修罗。《四川分册》断代为唐龛，妆彩后气质变异。（图2-51）

---

① 胡文和：《四川道教佛教石窟艺术》，第113页。

图 2-50　巴中平昌县古佛洞摩崖造像 12 号龛的天龙八部

图 2-51　平昌县小廓寺摩崖造像第 2 号龛的天龙八部

第三节 达州地区的天龙八部造像

达州市位于四川省东北部,北接陕西安康,东邻重庆万州,南邻重庆市,是重庆、成都、西安交会辐射的中心地区,古蜀道的"米仓道""荔枝道"都经过达州。荔枝道系唐玄宗为满足杨玉环对南方鲜荔枝的嗜好而打造的特供型驿道,路线为:长安——子午谷——洋县——西乡——万源——达州——万州——涪陵,全程一千余公里。米仓道为连接陕西汉中翻越米仓山入蜀的古道,途径达州等地。达州石窟数量较多,达108处160龛(窟)。自2014年起,四川考古研究院对古道进行了专业考察,发现达州地区唐宋时期九个地点的石刻造像。其中万源、宣汉、达州一线属于荔枝道沿线,渠县属于米仓道沿线,大竹大体归为米仓道范围。在这九处石窟龛中,天龙八部造像有五处之多。

一、大竹县明星村第1龛[MXC-1,盛唐前期(约684—779)]

明星村摩崖造像位于距离大竹县城14公里的清水镇明星村二组,又称"九子娘娘摩崖造像"。

明星村摩崖造像第1龛(MXC-1)为长方形龛,高100厘米、宽86厘米、总进深68厘米。在主龛内后壁有高约23厘米的一字型佛台,其上浮雕一佛(尖桃形背光、结禅定印)、二弟子(圆形头光)、二菩萨(尖桃形背光)、二力士(圆形头光)以及天龙八部。前排佛、弟子、菩萨、力士皆配设莲花座。(图2-52)

图2-52 明星村摩崖造像MXC-1全景

天龙八部为主尊后壁的较浅浮雕,共八尊,风化严重。其主尊左侧天龙八部分别为(图2-53):

(1)夜叉。左臂肩膀处托一小儿。

(2)就对称性来看,此处似乎有一尊像,但已经消失。

(3)阿修罗。可见四臂,双手托举日月。

(4)不详。头部残毁,衣长袍,手不可见。推为天众。

其主尊右侧天龙八部分别为(图2-54):

图2-53 明星村MXC-1左侧天龙八部及线描图

图2-54 明星村MXC-1右侧天龙八部及线描图

（1）推为龙部。因其右侧有脱落，推测为龙的形象。《四川散见唐宋佛道龛窟总录·达州卷》认为是摩睺罗伽，因其脖颈较粗，推为蟒蛇缠绕。

（2）乾闼婆。头戴兽帽。

（3）不详。只露出头部。

（4）不详。身穿长袍，不见手臂。

二、大竹县乌桥第1龛［WQ-1，盛唐后期（约684—779）·六身形制］

乌桥摩崖造像，位于大竹县北三十余公里的柏家乡乌桥村。据《柏家乡志》记载："乌桥有一寺，为少林德高望重僧人行此，见山青水美，紫气东来，大喜，乃佛祖显灵，住于此，参禅化缘，修其寺，开其窟，造其像……香火日旺，延续至清。"乌桥摩崖造像共有六窟，时间跨越盛唐（WQ-1、WQ-2）、五代—两宋（WQ-3、WQ-4、WQ-4）、清（WQ-6）。（图2-55）

图2-55 乌桥摩崖造像全景，右数第一窟为WQ-1

乌桥第1龛（WQ-1）为长方形龛，高113厘米、下宽103厘米、上宽102厘米、总进深90厘米。外龛两壁线刻供养人，左侧壁为四位（一男二女一童子）。男戴幞头，着圆领窄袖长襦，腰挂蹀躞带，足履平头鞋。女子高髻，长裙，云头履。右侧壁分三层：上层为界格十一行，没有字，似为刊刻发愿文准备。中层有三供养人，似为二男一女。下层为一男一女：男性戴幞头，着圆领长襦，手持笏板，踏平头鞋；女人穿长裙，云头履，应为夫妻发愿供养像。

内龛造像组合为一佛（尖桃形背光，结无畏印）、二弟子（圆形头光）、二菩萨（尖桃形背光）、二力士（圆形头光）、天龙八部、六位伎乐天、双狮等。内龛顶有一高浮雕圆形莲花，龛楣高29厘米，通栏四层，分别为团花、忍冬花、宝相花二方连续纹样。（图2-56）

其主尊左侧天龙八部从内至外分别为（图2-57）：

（1）推为乾闼婆。高浮雕，高54厘米。小兽趴在其头顶，前肢扶其肩上。圆面，长眉、

图2-56　乌桥摩崖造像WQ-1全景

图2-57　乌桥摩崖造像WQ-1左侧壁天龙八部及线描图：紧那罗、阿修罗、乾闼婆

长眼、小鼻、小嘴。着交领窄袖长袍,下着裙,足登平头履,双手合于胸前。

（2）阿修罗。应为三头六臂（右二臂因被遮挡而未塑造）。左侧三手,上持月牙,中持金刚杵,下持物不明。右手持圆日。腿屈姿。

（3）紧那罗。头戴宝珠冠,穿宽袍长袖,双手合十,跣足。

其主尊右侧天龙八部分别为（图2-58）：

图2-58　乌桥摩崖造像WQ-1右侧壁天龙八部及线描图：迦楼罗、龙部、摩睺罗伽

（1）摩睺罗伽。其头戴宝珠高冠,颈部有缠绕物,双手合十,脚蹬笏头履。
（2）龙部。其头戴宝珠高冠,上有一条龙。
（3）推为迦楼罗。头戴三角形高冠,面部漫漶,穿宽袖长袍,着笏头履,双手合十。

在左右侧壁前部各有一个童子造像,皆头部残毁,隐约可辨头发痕迹,衣交领宽袖长襦,双手合于胸前,穿笏头履。《四川散见唐宋佛道龛窟总录·达州卷》认为："如果按题材,加上前面的小童刚好是八位。但是,天龙八部诸神地位相等,似不应有童子表现……但是天龙八部神像是否可以用这样的表现,存疑。"[①]笔者以为,WQ-1的天龙八部造像就是常见的六尊模式,没有天部和夜叉造像。至于窟中童子的出现,加上伎乐天、高大且华丽的龛楣、数量众多的供养人等元素,表明此窟是被特殊关照的,其窟龛形制算是天龙八部研究中特色明确的一类。

三、杜家湾第1龛［DJW-1,唐开元三年（715）·六身形制］[②]

杜家湾第1龛（DJW-1）乃杜家湾摩崖造像,位于大沙乡政府西南3公里杜家湾村乡村公路边石头上。该石头约高215厘米、宽530厘米、厚80厘米,上面开有一个拱形浅龛。龛高109厘米、宽124厘米、进深71厘米,有宽9厘米、进深5厘米的龛外沿,但无龛楣。

DJW-1主龛内有凹形佛台,浮雕一佛二弟子二菩萨二天王二力士,诸尊皆有尖桃形背光,脚踏从主尊佛座下延伸出之长茎莲花。在上述尊像背后龛壁浮雕六身天龙八部。（图2-59）

---

① 四川省文物考古研究院编：《四川散见唐宋佛道龛窟总录·达州卷》,文物出版社,2017年,第14页。
② 杜家湾摩崖造像有一块唐开元三年（715）题记,仅可辨识发愿文落款："开元三年二月二十一日□。"

图2-59 杜家湾摩崖造像DJW-1后排为六身天龙八部

其主尊左侧天龙八部分别为（图2-60）：

图2-60 杜家湾摩崖造像DJW-1主尊左侧天龙八部及线描图：龙部、摩睺罗伽、紧那罗

（1）推龙部。高发髻，护胸铠甲装束两手合于胸前。其头顶有残痕，疑似飞龙。
（2）摩睺罗伽。因其脖颈上缠绕蟒蛇。
（3）推紧那罗。穿广袖长袍，头顶高发髻，疑似独角。

其主尊右侧天龙八部分别为（见图2-61）：
（1）乾闼婆。兽头帽结构清晰，面部漫漶。
（2）阿修罗。三头四臂，上两臂托举日月，下两臂合十胸前。
（3）夜叉。虽然漫漶，但其右侧肩膀多出一个轮廓，似乎为童子像，符合夜叉造像特征。

图 2-61　杜家湾摩崖造像 DJW-1 主尊右侧天龙八部及线描图：夜叉、阿修罗、乾闼婆

四、宣汉县浪洋寺第3龛［LYS-3，唐至德元载（756）·持芦笙迦楼罗］

浪洋寺摩崖造像位于马渡乡石林社区二组，马渡街道南1.5公里的一块巨石之上。石头约长9.2米、宽4.1米、高4.2米，四面开龛造像，被文保单位划分为五个区：正面为一区，右侧面为二区，背面为三区，左侧为斜面，涵四区和五区。（图2-62）

图 2-62　浪洋寺摩崖造像一区外景

浪洋寺第3龛（LYS-3）位于一区，为唐至德元载（756）左右开凿的屋形龛，有屋檐、龛柱、佛台组成，塑造一佛（尖桃形头光，背光，左手托钵）、二弟子（圆形头光）、二菩萨（尖桃形头光）、二天王（圆形头光）、二力士以及天龙八部。

浪洋寺第3龛的天龙八部造像保存完好，形制规整，特征明确，是相关研究的极精美之标本。（图2-63）

图2-63　浪洋寺LYS-3外景

主尊左侧天龙八部由前至后分别为（图2-64）：

图2-64　浪洋寺LYS-3左侧天龙八部及线描图：夜叉、天部、紧那罗、龙部

（1）夜叉。面相平静，大眼宽鼻，发型中分，戴饰有椭圆形珠宝的发箍，帔帛在脖颈前系结，双手托一跪姿小儿。

（2）天部。女相，两眼微垂，眼缝似长柳叶，高盘发髻，以三角形冠饰束之，着广袖长袍，双耳垂肩，双手叠置胸前。

（3）紧那罗。仅露一头，面相丰润，大眼平和，结三角尖状发髻，以饰单颗宝石的发箍束发。

（4）龙部。头顶一龙，颈部环系帔帛。

其主尊右侧天龙八部从前至后分别为（图2-65）：

图2-65　浪洋寺LYS-3右侧天龙八部及线描图：迦楼罗、摩睺罗伽、乾闼婆、阿修罗

（1）迦楼罗。怒目圆睁，筋骨张显，单珠发箍束蓬松左旋高髻，有八字须，束带，半裸，帛带缠肩绕臂，戴臂钏和手镯，下身着长裙，双手护持乐器笙。

（2）摩睺罗伽。面目狰狞，脖子上缠绕蟒蛇。

（3）乾闼婆。怒目圆睁，头戴兽皮帽，兽爪置其肩上。

（4）阿修罗。三头六臂，上二手持日（左）月（右），中二手仅见左手持矩尺，下二手合置胸前。

通观浪洋寺第3龛的天龙八部，迦楼罗的形象成为疑问，一般而言，迦楼罗以鸟喙或鸟冠为特征，或是有翅膀鸟人状，但达州现存佛龛却是手持芦笙的样式，这与丁观鹏所绘《释迦牟尼佛会》中天龙八部之迦楼罗一致，其粉本来源值得探究。（图2-66）

图2-66　丁观鹏《释迦牟尼佛会》左侧天龙八部中的持笙迦楼罗

五、宣汉县浪洋寺第12龛[LYS-12，唐至德元载—永泰元年前后(756—765前后)·摩竭鱼神、持芦笙迦楼罗]

浪洋寺第12龛位于浪洋寺摩崖石刻巨石右侧面的二区下部，是屋形龛。龛高97厘米、宽152厘米、总进深150厘米。龛楣仿屋檐，从上至下分为三层：一层装饰三朵团花，有象征瓦脊上鸱尾的三角图案；二层装饰十一方格，每格中心有一乳钉纹；三层装饰帷幔流苏，有八格。龛内造像组合为一佛(尖桃形头光，背光)、二弟子(圆形头光)、二菩萨(尖桃形头光)、二天王(圆形头光)、二力士以及天龙八部。此龛力士有圆形头光。(图2-67)

图2-67　浪洋寺12龛LYS-12全景

其主尊左侧天龙八部分别为(图2-68)：

(1)阿修罗。三头四臂，上两手托举日月，中两手于胸前托护宝瓶。颈饰连珠项圈，宽袖长裙至足面，跣足。

(2)迦楼罗。怒目圆睁，八字须，筋骨张显，头扎左旋高髻，双手持笙。

(3)龙部。头现一龙。

(4)摩睺罗伽。仅现一头，面目狰狞，束发，上有两个三角形尖耳，右手握脖子上缠绕的蟒蛇。

其主尊右侧天龙八部分别为(图2-69)：

(1)天部。女相，四分之三侧面，盘发高髻，以三角形冠饰束之，耳垂特长垂肩，着宽袖长袍，脚穿云头履，两手于胸前作揖状。

图 2-68　浪洋寺 12 龛 LYS-12 左侧天龙八部及线描图

图 2-69　浪洋寺 12 龛 LYS-12 右侧天龙八部及线描图

（2）乾闼婆。仅显头部，戴兽面帽，左手抓兽腿，怒目圆睁。

（3）摩竭鱼神。大眼宽鼻，发髻高盘，发髻后有摩竭鱼，帔帛在脖颈前系结。（注：此像头上摩竭鱼或猪龙造型，在三台胡文寺第四龛上有类似表现。）

（4）夜叉。方面大眼，面颊突出，下颌有短髯，獠牙突出。戴宝珠发箍，束双环发髻，其左侧有一小儿。

第四节　绵阳地区的天龙八部造像

绵阳市是古代长安与成都的重要交通要道枢纽，是成都平原向川北山区的过渡地带，就古代佛道造像而言，与成都、德阳、川东北的广元、剑阁、西北部的平武等地联系紧密。

据《绵阳窟龛——四川绵阳古代造像调查研究报告集》[①]统计，目前绵阳窟龛遗存主要有：碧水寺（二十五龛），玉女泉（三十一龛），圣水寺（七龛），北山院（二十龛），卧龙山（四龛），西岩寺（五龛），青义千佛崖（二十一龛），三台胡文寺（五龛）。其中天龙八部造像遗存四处：卧龙山第2龛和第3龛，碧水寺第20龛，三台胡文寺第4龛。

一、梓潼卧龙山千佛崖天龙八部造像——已知唐代巴蜀人形天龙八部造像的最早纪年

卧龙山又名葛山、亮山。《蜀中名胜记》卷二六"梓潼县"条载："《志》云：'梓潼县西南二十里，葛山，又名卧龙。相传武侯伐魏，驻兵于此……'"[②]山上诸葛寨南端为葛山寺，今人叫千佛岩。现存庙宇系清末重建，内藏巨型孤石，为白色细粒石英砂岩，东西长550厘米、南北宽520厘米、高320厘米，四面石壁上都刻有浮雕佛，布局为：东龛东方三圣（药师佛与日光、月光菩萨）；西龛西方三圣（阿弥陀佛与观世音、大势至菩萨）；北龛华严三圣（释迦牟尼与文殊、普贤菩萨）；南面石壁取"万众向佛"之意，无龛，全刻为10厘米大小约千佛尊。其中两龛雕有天龙八部，均为唐贞观八年（634）雕造，为已知的唐代四川地区人形天龙八部造像的最早纪年。

（一）卧龙山第2龛（初唐）

卧龙山第2龛位于巨石北面，方形双重龛。内龛龛楣大部残失，约高184厘米、宽199厘米、深88厘米。圆拱形龛楣，由内而外依次浅浮雕连珠纹、回纹、连珠纹、卷草纹。内龛造像十九尊：一佛二弟子二菩萨二力士二天王二供养人，加上八部天龙。（图2-70）

内龛左侧：

（1）阿修罗。风化严重，头部残失，颈部右侧残存一小头，双手合十于胸前，左肩左侧似有手臂痕迹。

（2）不详。残脱不存，仅见身形痕迹。

（3）乾闼婆。头戴兽头，兽爪置两肩，五官方正，左手举于左肩部，拇指、食指相接，其余三指略湾。

（4）紧那罗。头顶略残，有圆锥形高发髻（或冠，抑或角），阴刻发丝。戴三面宝冠，正

[①] 四川省文物考古研究院、绵阳市文物局编：《绵阳龛窟——四川绵阳古代造像调查研究报告集》，文物出版社，2010年。

[②] ［明］曹学佺著，刘知渐点校：《蜀中名胜记》，重庆出版社，1984年，第395页。

图2-70　梓潼卧龙山第2龛左壁造像、右壁造像

图2-71　梓潼卧龙山第2龛左壁造像局部：乾闼婆与紧那罗

面装饰宝珠,两侧装饰大团花,冠台浅浮雕卷草纹。五官俊美。右耳侧浅浮雕冠缯带。左手屈肘置胸前抚项圈。双肩披天衣。(图2-71)

内龛右侧：

(5)推迦楼罗。头顶残失,梳高发髻,戴装饰宝珠的宝冠,冠右侧装饰大团花,冠台浅浮雕回纹和连珠纹。其头顶浅浮雕一兽头及上颚,露尖牙齿。面部五官漫漶,右耳大,耳侧下垂兽尾(尾羽？),颈部阴刻三道蚕节纹,胸前戴项圈,两肩处各有一朵小团花。双手合十与胸前,右手在上,左手在下。

(6)龙部。该像大部分残失,但其右手及其右侧有浅浮雕龙形物。龙身浅浮雕鳞片,齿状鳍。右手剑指手势(食指、中指直伸,余指弯曲,手心朝内)。

(7)夜叉。残脱不存,但在菩萨头光上沿显有一小儿。

(8)推为摩睺罗伽。头顶梳高发髻,戴三面宝冠,正面装饰宝珠,两侧装饰大团花。面部漫漶,头部两侧浅浮雕冠缯带,头顶部浅浮雕鳞状物。身披铠甲,手持长剑状物(或为蟒蛇身的误读？)置右肩上。

在卧龙山第2龛外龛左壁上部,有造像题记"中和四年(884)修妆"一则,为阴刻楷书

十三排六列共六十余字。题记为：

中和四年（884）修妆题记

（竖排题记内容，从右至左）：

设斋表

离晋解□中和四年八月廿日

乘佛愿□净国受生法界有情

姨舍□修妆上件功德愿亡者

右院比丘常静奉为亡妣亡

敬妆此面释迦摩尼佛变

提供了窟龛内容、祈愿内容、断代时间等信息。

（二）卧龙山第3龛（初唐）

卧龙山第3龛位于巨石东面，为方形双重龛。其内龛残高198厘米、宽220厘米、深75厘米，圆拱形龛楣，残见浅浮雕卷草纹。内龛有一佛二弟子二菩萨二供养人（？）二力士，龛顶浅浮雕天龙八部造像，从左至右（图2-72）：

图2-72 梓潼卧龙山第3龛右壁造像、中壁造像、左壁造像

（1）不详。风化严重。冠漫漶，面部方正丰腴，眉长而弯，眼细长，鼻高而长，勾鼻尖。戴Ω形项圈。右手举于胸前抚项圈，手心朝内。

（2）不详。下颚部断裂，头戴冠，冠似横长方形，残脱无法识别。

（3）不详。仅存嘴、下颚和右肩。

（4）龙部。头部戴冠，冠顶伸出龙形。

（5）不详。头部断裂残存颈部及左胸，戴项圈、耳环，双手合十于胸前。

（6）乾闼婆。头顶有兽头帽，面部方正。

（7）不详。头顶残失，面部匀称修长，颈部三蚕道，领巾结于胸前，戴臂钏，双手合十于胸前。

（8）不详，推迦楼罗。头戴装饰宝珠的冠，头顶之右肩浅浮雕兽，兽身浅浮雕卷毛。头部右侧团花后下垂冠缯带，面部较长，眉眼细长。颈部三蚕道，左手屈肘上举与肩平齐，戴臂钏、腕钏，手心朝外，拇指、食指、中指伸直，余二指弯曲。

二、绵阳碧水寺第20龛（唐贞观年间）

碧水寺又名滴水寺，位于绵阳市游仙区绵山路17号，造像分布在碧水寺内涪江东岸碧水崖的崖面上。

碧水寺第20龛位于碧水崖西壁南端，是竖长方形双重龛。内龛约高98厘米、宽69—72厘米、深22厘米。圆拱形龛楣，弧形龛顶。龛内造像为一佛二弟子二菩萨，龛顶浅浮雕天龙八部，熏黑并风化，从左至右能识别：龙部，头顶以飞龙；阿修罗，三头六臂持日月；紧那罗，独角。（图2-73）

图2-73 梓潼卧龙山第3龛线描示意图

图 2-74　绵阳碧水寺第 20 龛造像及线描图

图 2-75　三台胡文寺第 4 龛示意图

三、三台县胡文寺第 4 龛（晚唐·摩竭鱼神）

　　胡文寺第 4 龛属于胡文寺摩崖造像，位于绵阳市三台县古井镇李子园村四社。胡文寺摩崖造像开凿于离地面约 2.3—5 米的崖面上，共有五龛。据当地村民介绍，胡文寺旧称蝴蝶寺或佛爷（月）寺，旧寺在 1966 年拆除后改建为学校。1994 年新建寺庙，并对胡文寺摩崖造像部分窟龛进行了修补和重妆。

　　胡文寺第 4 龛为方形双重龛。内龛龛楣为圆拱形，精美装饰三层：内层为独立小卷草纹；中层为连珠纹；外层为宝珠形连续卷草纹，其间雕刻七尊化佛坐于五瓣莲座上。内龛为弧形龛顶，宽 192 厘米、高 68 厘米、深 73 厘米。内龛设两层坛，第一层坛高 35 厘米，装饰三叶忍冬纹。第二层坛高30厘米。内龛塑像：一佛二弟子二菩萨二力士，及天王、天龙八部、天众或供养人像、飞天等，共计三十五尊。

外龛龛楣为方形，平龛顶，宽217厘米、高235厘米，左侧龛壁深98厘米，右侧龛壁深80厘米。

胡文寺第4龛天龙八部造像有主尊右壁的11—14和左壁的25—28。（图2-76）

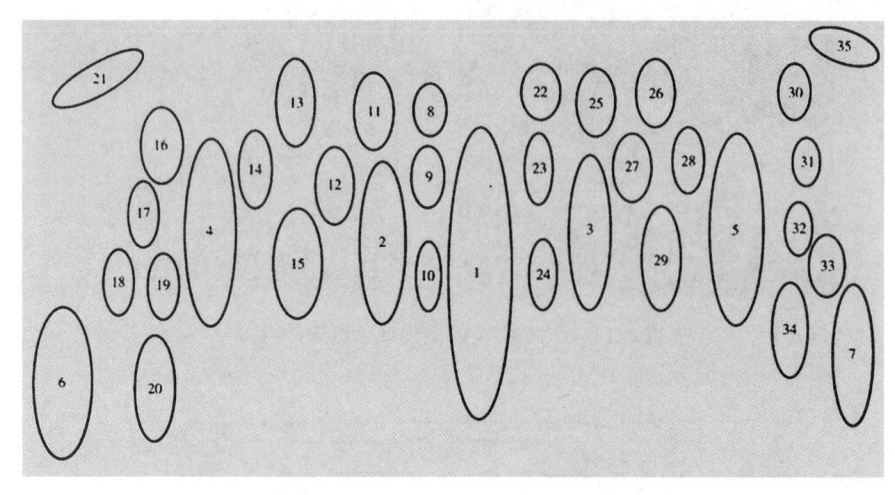

图2-76　胡文寺尊像分布示意图11—14、25—28为天龙八部

主尊右壁的11—14号造像：

（1）龙部。11号武士装半身像，头顶"S"形龙，面部漫漶，双手合于腹前握长剑。肩系领巾结于胸前，下着裙，系腰带。

（2）不详。12号面部漫漶，头戴方形高冠，双手置袖中合于胸前，着长袍，立于第二层坛上。

（3）不详。13号半身立像，面部漫漶，头部有冠，冠缯带下垂至头两侧。身着长袍，双手合十。

（4）夜叉。14号半身立像，面部漫漶，头戴冠（或为高发髻）。右手举一带柄铜镜状（应为小儿风化状态）物于肩部。身着长袍，立于第二层坛上。

主尊左壁的25—28号造像：

（1）阿修罗。25号三头六臂半身像，正面头顶戴冠，面部漫漶，双臂合十于胸前，另四臂分别持日月矩等物上举至头两侧。

（2）摩竭鱼神。26号武士装半身像，头梳高发髻，上方有一猪龙或摩竭状怪兽。肩披领巾结于胸前，左手持环首剑于腹前。[①]（图2-77）

（3）天部。27号面部漫漶，头有高发髻，双耳特别大，下垂至胸部。似有长袍，双手合

[①]　胡文寺第4龛26号头顶怪兽（猪龙或摩竭鱼）造型与达州浪洋寺第12龛、崇龛千佛寺摩崖造像第20号龛的天龙八部的一样，其间有何关联？

十于胸前。立于第二层坛上。

（4）乾闼婆。28号头顶有兽头帽，兽双前爪环绕其头部合于胸前。身着长袍，双手笼于袖内合于胸前。

四、涪城区吴家镇佛祖岩摩崖造像的天龙八部

佛祖岩，也叫佛子岩，位于涪城区吴家镇孔雀村六组麻柳林附近。佛祖岩摩崖造像有一龛为一佛二弟子二菩萨加天龙八部形制，年代不详（一说唐代贞观年间），虽经妆彩补修过，但对天龙八部形象有承转记录的痕迹，故录如下。天龙八部在主尊两侧各四尊。（图2-78、79）从内

图2-77 胡文寺第26号天龙八部头顶兽纹示意图

图2-78 绵阳涪城区吴家镇佛祖岩摩崖造像天龙八部龛全景

图2-79 绵阳涪城区吴家镇佛祖岩摩崖造像的天龙八部：夜叉、天部、摩睺罗伽、阿修罗、龙部、乾闼婆、迦楼罗、紧那罗

至外，左侧：
(1)龙部。头顶右向之龙，龙形飞扬孔武。
(2)乾闼婆。戴兽头帽，兽爪在其胸前。
(3)迦楼罗。头顶有圆髻，尖嘴。
(4)紧那罗。尖角状高髻。

从内至外，右侧：
(1)阿修罗。三头，现持月轮之臂。
(2)推为摩睺罗伽。头顶戴冠，上有蟒形，但特征不清。
(3)天部。戴三花冠。
(4)夜叉。炎发。

此龛形制安排很有特点，内龛外壁两侧下端有相向的一对蹲坐麒麟状瑞兽，主尊脚下有长方形壁面，其中间刻香炉，其两侧为舞伎，再两侧为供养人。

第五节 德阳地区的天龙八部造像

一、德阳市中江县苍山镇大旺寺摩崖造像的天龙八部[①]

大旺寺摩崖石刻造像位于德阳市中江县苍山镇倒碑垭村大旺寺（又名大湾寺）内，现在露出地面的造像共二十龛，有三世佛、千佛、观音、阿弥陀佛与五十二菩萨以及道教龛像等主题内容，并有刻经和千佛名，据考开凿时间始自盛唐，是研究佛教造像及宗派在四川传播的重要实物遗存。天龙八部龛在其中比例很大，有四龛，皆为唐代雕刻，可惜残毁无法识别具体信息。

---

① 刘章泽、雷玉华：《四川中江县苍山镇大旺寺摩崖造像》，《四川文物》2007年第3期，第24—34页。

大旺寺11号龛为外方内圆拱形龛。外龛敞口平顶，左壁开一小方龛，龛内立一身女供养人像。内龛圆拱龛楣，高152厘米、宽126厘米、进深91厘米，龛壁、龛顶皆呈弧形，龛楣上雕饰团花七朵。龛内造一佛二弟子二菩萨，龛口外雕二力士，左右壁雕天龙八部像。全部造像都被现代修补并妆彩。

大旺寺13号残龛，从现存情况看，原本为双层龛。外龛右壁开一长方形龛，内有立像一身。内龛后壁造像右侧相对保存完整，左侧残损，但推测应与右侧对称。龛内主尊为倚坐大像（现仅存双脚），其右侧立弟子、菩萨各一尊，在右龛口重叠立三尊小像，右侧龛口外立力士像一尊。天龙八部在后壁，但均残毁，留有脚爪或鞋、长裙的痕迹。

大旺寺14号唐代大型残龛，基本形制为一佛二弟子二菩萨二供养人二力士加天龙八部。但该龛上部无存，下部埋于土中，原有浮雕天龙八部像处只剩右壁上残存的部分腿部。

大旺寺15号龛，为双层残龛。内龛弧壁，龛内造一佛二弟子二菩萨像，近龛口处立供养人小像一身，二力士立龛口外侧。诸像后浮雕天龙八部。（图2-80）

图2-80　中江县苍山镇大旺寺大旺寺15号龛天龙八部

左侧天龙八部从内至外：
（1）头毁坏，着双层交领广袖衣，穿云头鞋，双手拱于前。
（2）头毁坏，上身饰帔帛、络腋，下身系长裙，穿云头鞋，双手合十，戴臂钏。
第三、四身八部众前后重叠——
（3）前一尊头及双手残，着广袖衣，手置胸前。
（4）后一尊毁损严重，止存残痕，双手置胸前。

(5)左侧第四尊八部众后似还有一像,可见一只手于腹前抓握一物。

右侧仅存两身八部众,从内至外:

(1)推夜叉。头残毁,外着广袖长袍,内着交领衣,右手抚胸前,左手持圆球形物置胸侧。

(2)乾闼婆。头毁坏,穿交领广袖长袍,腰系带,下着长裙,穿云头鞋,有兽伏肩上,双手各抓一兽蹄。

二、中江县黄鹿镇愿果寺唐代摩崖造像龛的天龙八部

愿果寺位于中江、罗江、绵阳、三台四县交界的卧牛山地界,在中江县黄鹿镇金燕村七组。民国《三台县志》载:"愿果寺残碑,系弘治七年(1494)所竖。碑云此寺先有僧名继通号宝藏者,于正统十三年过此,见愿果寺系古刹,乃募金葺而新之,即卓锡于此。"①沈昭兴编嘉庆二十年(1815)刻《三台县志》载:"愿果寺,县西一百一十里,宏治七年建。"②愿果寺摩崖造像龛为县级保护文物,龛型为双重龛(外龛方形,右侧壁中间开一小龛,为一桃形头光结跏趺坐佛和圆形头光二弟子;内龛圆拱形,龛内弧壁,桃形龛门壁饰忍冬纹及三化佛),内容为一佛二弟子二菩萨二力士二供养人二瑞兽加八部天龙组成。该龛被重妆过,有专家鉴定为唐代龛刻。

左右两侧外龛壁分上、下两段造型:上段立两力士,高68厘米,头戴花冠,上身赤裸,腰系带,下着长裙至脚背上,肌肉紧张,脖颈及脚部筋腱怒张,飘带系绕在上臂和腰间。下段雕饰两头瑞兽,左狮右虎。

内龛底部分两进台阶:一进台阶方便放置供品;二进台阶上起方台,台上垂坐释迦佛,桃形头光,顶有螺髻,双耳垂环,颈上三道蚕节纹,内衣袒右肩,外披通肩袈裟,左手置大腿,右手持球形瓶(显然改动太大),双足踏二莲台。主尊侧立二弟子,皆圆形头光:左侧弟子为左手拈念珠青年像,右手握物于肩上;右侧弟子为双手合十老人像。再外侧立二菩萨,均桃形头光,戴宝冠,面颈丰满,着天衣,满饰耳环璎珞臂钏,右侧菩萨左手提篮,左侧菩萨右手持净瓶,余手皆举至肩。龛内左右下角为两个供养人立像,头戴冠,衣饰华美。(图2-81)

内龛背壁为天龙八部,主尊左右各四身。(图2-82)

左侧八部众,从内至外:

(1)紧那罗。顶上有独角状物,戴花冠,五官端正(与绵阳卧龙山造像一样)。

(2)推为迦楼罗。老者贫苦形象,头上结布巾。推测工匠理解粉本有偏差。

(3)阿修罗。三头六臂,上手举日月,中手举宝物袋和长矛状物。

(4)夜叉。炎发,肌肉筋腱突起,左手托举胡跪作揖小婴儿。

右侧八部众,从内至外:

---

① [清]崔映棠、袁钧、蒲殿钦等纂修:《中国地方志集成·四川府县志辑》十七《民国绵阳县志 民国三台县志》,巴蜀书社、江苏古籍出版社、上海书店,1992年,第742页。

② [清]崔映棠、袁钧、蒲殿钦等纂修:《中国地方志集成·四川府县志辑》十七《民国绵阳县志 民国三台县志》,第474页。另据[清]沈昭兴《三台县志》(县署藏板,嘉庆甲戌春仲镌刻),相关原文为"硕果寺"。

图 2-81　中江县黄鹿镇愿果寺唐代摩崖造像天龙八部龛全景

图 2-82　愿果寺唐代摩崖造像龛的天龙八部，上：紧那罗、摩迦楼罗、阿修罗、夜叉；下：乾闼婆、龙部、天部、摩睺罗伽

（1）乾闼婆。头戴虎头帽，虎爪伸到两肩前。
（2）龙部。戴兜鍪，头后有浅浮雕龙，脸有髯，手持长矛状物。
（3）天部。长耳垂肩，头上结高高双髻。
（4）推为摩睺罗伽。尖嘴（与迦楼罗形象混淆），右手持物类似莲蕾（推测为粉本上的蛇），举于肩上。

第六节　南充地区的天龙八部造像

南充市的石窟寺数量很多，有287处644龛。但大多比较分散，成规模者较少，学术界关注也不多。主要有营山太蓬山，阆中雷神洞、佛子岩、牛王洞、佛尔崖等，南部县禹迹山，仪陇县西寺湾，顺庆区佛香寺、石佛嘴，嘉陵区青居山，蓬安的桐梏寨等摩崖石刻。

一、营山县太蓬山透明崖的天龙八部造像[①]

南充市营山县，唐时名朗池县，属山南西道，是川北著名的佛教圣地。营山县东北约四五十公里的太蓬乡的太蓬山有龛窟106个，造像1480身，主要集中于透明崖（九十五龛，命名以"透K"打头）、东门（六龛）、南门（三龛）一带，主要开凿于唐、宋时代，清代还有零星造像活动。主要造像组合有：佛与弟子、菩萨、力士的搭配，三佛，观音地藏，三圣等，配雕天龙八部、飞天、供养人、菩提树、天宫楼阁等元素。可惜"文化大革命"时破坏严重，多存痕迹，后代又重新塑造或妆彩，原状很难把握。

（一）太蓬山透K25号龛的天龙八部（盛唐—五代时期·千手观音与二十八部众）

太蓬山透K25龛为现今残存有较明显天众造像的唐代石窟（清代妆彩），残宽228厘米、高约200厘米、深25厘米。这龛应该是千手观音与二十八部众雕像，但从目前遗存正面看过去，千手观音凿于左壁，右面存十四部众和一飞天（图2-83），推测左面壁本有对称的十四部众和一飞天。

跟千手观音与二十八部众龛刻传统一致，透K25龛保有部分八部众的形象。能辨识的尊像，从下排往上，从内至外有：

（1）摩睺罗伽。第二排左二武士形象，身边伸出一龙头形。
（2）阿修罗。第六排排外侧，三头六臂，上二手持日月轮，中二手持矩尺，下二手合十。

其余尊像特征不甚明确，加上缺失一半，因此不易判定尊格。

（二）太蓬山透K27号龛的天龙八部（初唐—盛唐·道教龛）

透K27号龛为外方内两层檐佛帐形龛。外檐方形平顶，素面。内檐为佛帐式，檐面下层装饰风铃、珠链，上两层为带状卷草纹，内龛两侧飘垂珠链。内龛弧形后壁，宽270厘

[①] 蒋晓春、邵磊：《营山县太蓬山石窟内容总录》，《敦煌研究》2010年第1期，第39—50页。

米、高224厘米、深25厘米,设两层台阶,上层台阶造一坐佛二立弟子二立菩萨,后壁浅浮雕人形天龙八部,共造像十三身,弟子、菩萨、八部众对称分布于主尊两侧。主尊身后有菩提双树,树冠直达龛顶。龛口应塑二力士,但左侧残毁。内龛两侧龛柱上各有一飞天。龛内原塑像大部被毁,现新塑一老君坐像及二弟子立像。(图2-84)

图2-83　营山县太蓬山透明崖透K25号龛

图2-84　太蓬山透K27号龛右侧的天龙八部残迹

天龙八部为立像，主尊左侧由内向外：

（1）不详。头部残，长发垂肩，着广袖外衣，左手在胸，右手残。

（2）龙部。头顶伸出龙头。

（3）不详。头部残损，束高发髻（发髻边缘似有动物残迹），发辫垂肩，外衣双领下垂，双手残缺，于胸前捧一残物。推迦楼罗。

（4）不详。残损严重，仅存痕迹。

主尊右侧由内向外：

（1）不详。头部残，穿铠甲战裙，披云肩，腰扎粗绳，右手臂在胸前。

（2）阿修罗。三头六臂的阿修罗，上两手左手伸开，右手持矩，中两手左手托日，右手托月。

（3）夜叉。面部残，炎发头，右手抱一小孩在右肩。

（4）不详。仅余痕迹。

（三）太蓬山透K37号龛的天龙八部（初唐—盛唐·有摩竭鱼，夜叉与摩睺罗伽融合）

太蓬山透K37为双层龛。外龛方形平顶，内龛弧壁拱顶。内龛宽256厘米、高220厘米、深92厘米，龛楣两侧各有一飞天，佛帐式龛楣悬华帐、饰珠链、垂风铃。龛内雕一坐佛二立弟子二立菩萨二威武力士及八部天龙，最近妆彩。主尊身后的菩提双树上，挂有琵琶、宝剑、折尺等十余件物品。（图2-85）

图2-85　太蓬山透K37号龛全景

天龙八部造像位于后排,佛像左右各四身。从主尊左侧由内而外(图2-86):

图2-86　太蓬山透K37号龛的天龙八部:天部、夜叉+摩睺罗伽、摩竭鱼、乾闼婆、阿修罗、紧那罗、龙部、迦楼罗(不详)

(1)阿修罗。三头(均高发髻)六臂(上左手举日,上右手托月,中左手作捻指状,余手皆被遮挡),束单珠小冠,戴手镯。

(2)紧那罗。高发髻,发髻前伸出一角,身体微侧向主尊,上身穿中袖外衣,脚蹬长靴,双手举胸前。

(3)龙部。头后伸出一龙头。武将装扮:头戴盔,上身穿铠甲,下身着裙,肩系披巾,腰系粗带,双手抱于胸前。

(4)迦楼罗(不详)。头上有圆形发髻,脸被妆彩破坏特征,似乎有鸟形尖嘴(故判为迦楼罗),上身穿交领广袖长袍。

主尊右侧由内至外:

(1)乾闼婆。其头上有兽首,两只兽爪伸到前胸交结在一起,其头后有众多毛状刻画,在妆彩时被刻意强调,这是乾闼婆的传统造型特征。其上身穿交领广袖长袍,穿长筒靴。

(2)摩竭鱼。头束高发髻,髻中央饰珠,头后伸出一摩竭鱼,与胡文寺的摩竭鱼如出一辙。上身穿长袍,有护颈和护胸,左手置腹部,穿长筒靴。

(3)夜叉+摩睺罗伽。该部众造像很有意思,其炎发,面目狰狞,将夜叉左手手持小儿,摩睺罗伽脖颈绕蛇的特征融合在一起。

(4)天部。束高发髻,双耳垂肩(左耳完整,右耳残损,不注意看不出来)上身穿交领广袖长袍,戴饰璎珞之项圈,双手持一物于胸前。

太蓬山透K37龛的天龙八部造像特征独具,解决其粉本来源、流传路线与佛教世俗化的相关问题,对理解天龙八部乃至佛教文化的流布史将具有重要的学术价值。

(四)太蓬山透K41号龛的天龙八部(初唐—盛唐)

太蓬山透K41为单层拱顶佛帐式龛,龛后壁弧形。龛楣悬挂华帐、珠链和风铃,两侧各雕饰一浅浮雕飞天。两侧龛柱上饰圆形团花。龛顶悬圆形华盖,华盖与内龛顶交接处束腰(上饰莲花),华盖顶四周悬帐和珠链。龛壁涂朱色,主尊两侧后壁各雕一菩提树。龛内造一结跏趺佛坐莲座上(火焰形头光),两边对称分布二弟子二菩萨二天王二力士,以及六胁侍弟子,皆站立于莲花座上。弟子、菩萨身后壁造天龙八部,以及听法菩萨或金刚(两侧靠近龛口处各有两尊)共十二身。龛下部台阶外沿浮雕供养人九身,左侧六身头戴幞帽,身穿长袍,腰系带,双手抱于胸前,右侧造一妇人两小孩像。(图2-87)

图2-87 太蓬山透K41号龛的天龙八部(袁蓉荪摄)

佛左右两侧壁各造四身天龙八部。主尊左侧由内向外:

(1)天部。头上有角,面部残毁,大耳垂肩,袒上身,双手合掌置胸前,帛带自肩上绕于两臂后下垂至莲台下,腰扎粗带,下着长裙。

(2)不详。面部残,头上发髻呈刀形(独角?),手持长笛。推紧那罗。

(3)阿修罗。三头(均戴虎头冠,颈上各有三道纹)六臂(戴手镯),第二双手中左手持金刚杵(?),右手持矩尺,第三双手左右分托日月。

(4)不详。头戴盔,上有一兽头,上身铠甲,下身战裙,肩上披云肩,腰扎粗绳,双臂放腰间,手残。推为乾闼婆。

主尊右侧由内向外:

(1)不详。头部残毁,顶部有高凸起物(发髻角?),耳边缯带下垂至肩,戴饰璎珞之项圈,袒右肩,上身斜挂络腋,帛带从肩上经手臂下垂,双手残,似持物置腹部,推为夜叉。

(2)不详。只露出脖颈以上,头部残,面容清瘦。

(3)龙部。脸残毁,头上伸出龙头,披云肩,穿铠甲战袍,蹬长筒战鞋,腰间扎带,左手持兵器(残损不明),右手举于胸前。

(4)不详。脸部残毁,头戴盔,穿铠甲战裙,脚蹬战鞋,右手持剑。

二、阆中地区天龙八部造像

(一)云台观雷神洞1、2号窟的天龙八部[①]

雷神洞石窟开凿于云台山山腰的青砂石崖壁上,位于四川省阆中市文成镇云台村,共三窟。其中1、2号窟各雕刻天龙八部众像四尊和六尊,造型特征与皇泽寺28号同出,雕造时间蒋晓春定为初唐。

1. 雷神洞1号窟天龙八部(初唐·四身形制)

形制:外方内圆拱形双层窟。外窟方形平顶。内窟圆拱形,宽201厘米、高225厘米、深134厘米。有桃形窟楣,窟楣上方有五个小龛内置结跏趺坐小化佛,均呈椭圆形。龛内雕一坐佛二立菩萨六听法人二居士四天王二力士及八部众,共二十一身造像。

后壁高浮雕八部众中的四身,主尊左右各二。从左至右:

左侧——

(1)阿修罗。面部残毁,三头(均戴团花头饰)六臂,两上手分举日月,左右中手被遮挡或残毁,两下手合十。

(2)迦楼罗。面部残,头顶兽头,兽头颈部有鳞,外沿是飞扬的翎毛,身上所披衣物与翎毛质感相呼应(可与隔壁第2窟的迦楼罗比较,造型特征相同)。

右侧——

(1)龙部。头戴尖顶盔,面部残,左手执剑,剑尖斜上。头顶龙伸出,这条龙非常完整,塑造线条流畅,张扬。

(2)乾闼婆。残损较甚,经过整修。头有角,整体为首首,与对面迦楼罗不同的是其动物特征更为明确,兽腿爪从头部两侧伸出,非常粗壮。我怀疑在整修中,人为将造像面部残缺处补修成兽面的下颌和髭须了,因此该尊像没有脸部。(图2-88)

2. 雷神洞2号窟天龙八部(初唐·六身形制,道教影响)

雷神洞2号窟为外方内拱形双层窟。外龛方形平顶。内窟圆拱顶,宽217厘米、高约210厘米、深128厘米。窟楣两侧各浮雕一飞天。外窟左壁有一字迹涣灭的碑迹。龛内雕一坐佛二听法人二立菩萨二天王二力士和六身天龙八部,共十五身造像。

---

① 蒋晓春、符永利等:《四川阆中雷神洞石窟内容总录》,《石窟寺研究》2013年第1期,第1—8、409—410页。

图2-88　阆中云台观雷神洞1号窟全景及天龙八部：乾闼婆、龙部、阿修罗、迦楼罗

六身八部众,佛两侧各三身。

左侧从内至外：

（1）阿修罗。三面六臂,上两臂上举,左右手分执日月,中左手上举执一物,下两手合十。

（2）迦楼罗。立于阿修罗前方,头戴大眼鸟兽头冠,头顶五根翎毛飞扬,鸟兽的尾羽搭到前胸,左手抚摸着尾羽。戴项圈。着长裙。长裙外套短裙。值得一提的是,其手呈尖爪状,应是强调其鸟族属性。左手屈曲于胸前,伸拇指、食指和小指,屈中指和无名指。右手抚腹。

（3）摩睺罗伽。头部残,复原为头戴冠,双目圆睁,虬髯形象,左手持物,疑似蟒蛇象征。

右侧从内至外：

（1）龙众。头戴尖顶盔,面部残,头顶有一飞腾状龙,龙身完整,造型优美。

（2）乾闼婆。戴兽头帽,粗壮的兽爪从两侧伸到胸前,右手抓住右爪。戴项圈,穿璎珞,下穿软裙(可与隔壁第1窟的乾闼婆比较,造型特征相同)。

(3)夜叉。面部残,头顶炎发,左手托一合十小儿。

据云台观年轻的李姓道士负责人讲,雷神洞修复的工作由其同为道士的爷爷组织,工匠施工很小心,将地上人为打碎的石块捡起拼贴复原。现在看来基本上没破坏造像特征,这是值得称赞的事情。在雷神洞摩崖造像中,蒋晓春教授等学者所称的听法人呈现女身,其位置与菩萨并列,在其他窟龛中一般是佛弟子,第1窟内听法人还分成一主二次的布局,这与四川中部佛道合龛中的女真布局相类。加上云台山自古在道教文化中都举足轻重,因此,笔者推测,雷神洞摩崖造像在龛刻之初可能受到当地道教文化的影响。(图2-89)

图2-89　阆中云台观雷神洞2号窟正面及天龙八部:夜叉、乾闼婆、龙部、阿修罗、迦楼罗、摩睺罗伽

(二)佛子岩石窟K1的天龙八部(初唐·乾闼婆造型与龙部相似)

佛子岩石窟位于四川省阆中市枣碧乡松林塘村佛子洞大桥旁马鞍山山腰崖壁上,共二窟。其K1为外方内圆拱形双层窟。外层方形,直壁平顶。内层圆拱形,弧壁圜顶,宽153厘米、高200厘米、深132厘米。内龛饰桃形龛楣,龛楣雕刻忍冬纹带,忍冬纹上均匀分布七椭圆形小龛,各小龛内浮雕化佛一尊。龛内雕一佛、二弟子、四菩萨、一供养人、一

力士（佛左侧已残毁，应该对称雕一供养人和一力士）、天龙八部八身（在佛左侧壁天龙八部中穿插二沙弥造像），共十九身造像。

佛左侧天龙八部，从内至外：

（1）阿修罗。三头六臂，三头均戴三珠冠，高发髻。两上手臂左右分举月日，中右手持宝珠，两下手于胸前合十。

（2）青年沙弥头像。

（3）龙部。头戴尖顶盔，右手举至额前，左手拄环首刀，头顶有一翻腾飞龙。

（4）青年沙弥头像。

（5）夜叉。头顶似有角状发髻，戴三花冠，左手托物残，似为小儿。

佛右侧天龙八部，从内至外：

（1）天部。头上戴冠，耳朵奇大。

（2）紧那罗。头戴三花冠，顶有一角。

（3）乾闼婆。头顶狮形猛兽，一手抓住兽之后腿，兽前爪飞舞。这个乾闼婆形象很特别，是将兽头冠变得更加立体，独立成活的神兽。

（4）不详。头戴三花冠，手持物残，推为摩睺罗伽。

（5）推为迦楼罗。立于覆莲座上，右手举至胸前，屈中指与无名指，面部残损严重。但其头顶有兽形残迹，可看出与雷神洞摩崖造像迦楼罗一样的翎毛，尾羽搭在前胸。但也像摩竭鱼神，因为在兽形残迹上有鳞片的痕迹。

佛子岩石窟与雷神洞石窟在形制、规模、造像内容和造型思维等方面都具有很大的相似性，因此二者应同属初唐时期。（图2-90）

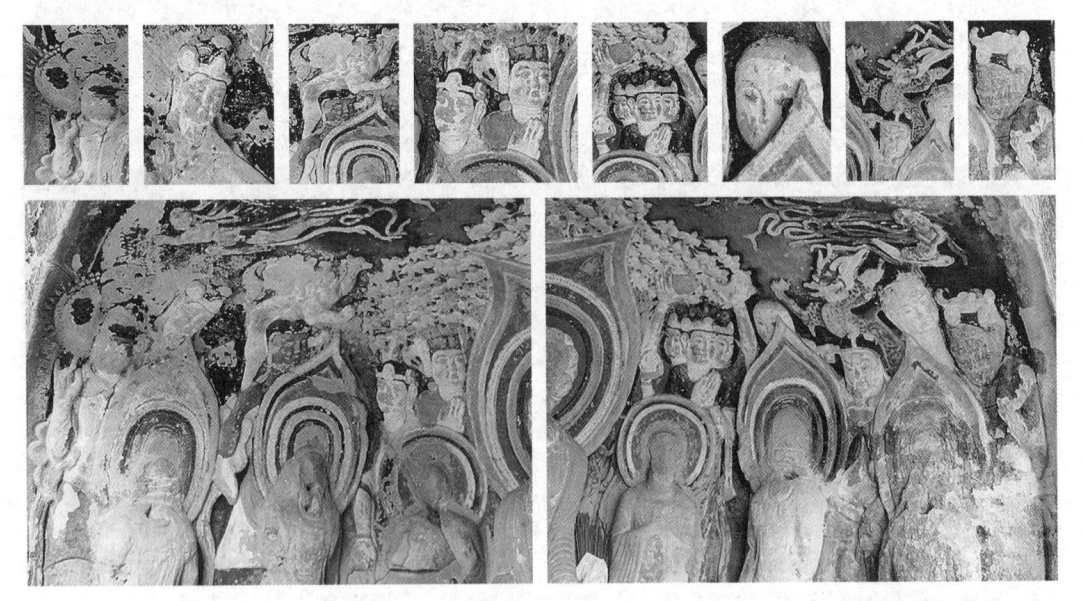

图2-90　阆中佛子岩石窟K1的天龙八部：迦楼罗（摩竭鱼神）、不详（摩睺罗伽）、乾闼婆、紧那罗和天部；阿修罗、沙弥、龙部和沙弥、夜叉

(三)牛王洞摩崖石刻1号龛的天龙八部(唐代·迦楼罗风格独特)

牛王洞摩崖石刻在阆中城东约17公里的东兴乡大力宫村八社红岭观山东坡山腰上,只有两龛造像,天龙八部在左边的1号龛。该龛为双层龛,外龛方形平顶。外龛内凹95厘米为内龛,穹顶高165厘米、宽133厘米、进深105厘米。龛内造一佛(结跏趺坐于仰莲台须弥座上,外尖桃形内圆形头光),其体侧二弟子,皆有圆形头光;外侧为胁侍弟子,扎发髻,无头光,穿广袖长袍;再外侧为二菩萨,头光同佛陀。二胁侍。龛口外立二力士,圆形头光同胁侍弟子的。外龛下层还有二供养人守护龛口。主尊背后龛壁上高浮雕天龙八部,有几尊已风化。

左侧从外到内:

(1)夜叉和摩睺罗伽的混合。炎发,恐怖脸型,右手抱小儿,左手抓大蟒蛇。全身像。

(2)风化。

(3)风化。

(4)乾闼婆。头上有兽头的痕迹。

右侧从内到外:

(1)迦楼罗。戴三花冠,鸟嘴,手指尖尖,呈翅膀性状。全身像,胸部衣服上束一道绳纹。

(2)风化。

(3)龙部。头顶有腾龙浅浮雕,不清晰。

(4)阿修罗。三头六臂举日月。

牛王洞摩崖造像的天龙八部造像,其造型思维与雷神洞很相似,尤其是迦楼罗手部的造型理解,根据造像风格、龛形制、装饰手法等推测,其开凿年代当为唐代。(图2-91)

(四)千佛镇南观梁村佛尔岩摩崖石刻第3龛的天龙八部(唐代)

佛尔岩摩崖石刻位于阆中千佛镇南观梁村南1公里的临河崖壁上,杂草丛生,当地七十余岁的阮婆婆拿刀辟出一条山道,我们才能有幸得见。佛尔岩摩崖石刻共五龛,皆为佛教窟龛,[①]一佛二弟子二菩萨二力士的布局,只有第3龛存天龙八部造像,整体风化严重。

南观梁村佛尔岩第3龛为圆拱形双层深龛。外龛顶部残毁,龛沿装饰连珠纹和方格纹,忍冬纹和团花等,有化佛在小圆圈中,似乎有飞天浅浮雕。外龛门两侧各立一身力士,脚踏瑞兽。力士前的两侧壁,右侧壁有供养人浅浮雕五层图案,从下至上:第一层为四格插画,风化,可辨行走的人形。第二层为一女供养人,长裙拽地。第三层为五供养人,皆叉手胸前,可见唐朝美人模样。第四层为八供养人,前三位是女性,后五位为穿窄袖长袍蹬靴的男子。前两位女供养人手中有持物,可辨为首的持长柄香炉,第二位持长棍状物。左侧壁上有四层图案,从下至上:第四层刻绘了一龛浅浮雕线性的方形佛龛,内有一佛二弟子。

---

① 据《四川分册》载,佛尔岩摩崖石刻共十三龛,八十四尊造像,为佛道合龛,内有佛、道君、天尊、八部众等。应该是当地另外一处摩崖窟龛。当时阮婆婆说还有一处但不大,而且我们汽车轮胎报警漏气,所以没敢再前行。在回南充的高速上,我们汽车轮胎爆胎,殊为惊险。

图2-91　阆中牛王洞摩崖石刻1号龛的残余天龙八部：迦楼罗、龙部、阿修罗、乾闼婆、夜叉与摩睺罗伽混合体

　　龛内造像皆风化严重，主尊佛结跏趺坐，坐在金刚座上，尖桃形头光；二弟子在两侧立在方形台上，圆形头光；二菩萨立在瑞兽托起的莲台上，尖桃形头光。天龙八部造像分布在佛左右两侧壁，一边四部，为线刻浅浮雕，但是却奇迹般保存了下来。

　　从佛右到左，分别为：

　　（1）阿修罗。全身像，三头六臂，上身赤裸，系围腰，下穿紧身长裤，赤脚。

　　（2）不详，推龙部。戴三花冠，头后部有雕刻，有点像龙身，但风化不清。

　　（3）不详，推迦楼罗。头部残毁，但可见如雷神洞中迦楼罗的翎毛状装饰。

　　（4）风化毁掉。

　　（5）摩睺罗伽。手上持有似莲蕾（蟒蛇）。

　　（6）夜叉。面目狰狞，头特大。

　　（7）乾闼婆。戴兽首冠，兽脚在胸口打结（但工匠好像不知道是兽爪，故当成了布料）。左手伸出二指向左上侧。

　　（8）紧那罗。头顶一角，身形娇小。手中持物不明。（图2-92）

图2-92 阆中千佛镇南观梁村佛尔岩摩崖石刻的天龙八部：阿修罗、龙部、迦楼罗、摩睺罗伽、夜叉、乾闼婆、紧那罗

三、南充市辖三区的天龙八部造像

南充市有千年绸都之称，历史文化悠久。南充市区包含顺庆区、高坪区和嘉陵区，目前发现的天龙八部主要在前两区内。

（一）高坪区青居山石窟灵迹寺大佛洞区灵K4和灵K5龛的天龙八部①（中晚唐）

青居山位于高坪区青居镇，距南充市区约20公里。宋蒙战争时期，甘闰奉命于此修筑"防蒙八柱"②之一的青居寨。宝祐六年（1258），蒙军占领青居山。所以此地历史文化意义深厚。

青居山现存佛教窟龛十二个，主要分布在烟山观音小庙和灵迹寺大佛洞区域。天龙八部在灵迹寺大佛洞区的灵K4和灵K5龛，属于大佛龛③的附龛，当为中晚唐造像。二龛

---

① 符永利、罗洪彬：《南充青居山佛教文化遗存初探》，《乐山师范学院学报》2015年第1期，第85页。
② 指宋蒙战争时期，抗击蒙古的四川著名防御体系，有青居城、大获城、运山城、钓鱼城、得汉城、云顶城、苦竹隘、白帝城等。
③ 据李良俊修、王荃善等纂《民国新修南充县志》卷四（民国十八年）以及《中国地方志集成·四川府县志辑》（第160页）载："古名灵迹寺，唐开元八年凿崖为石洞，造大佛三尊。"

皆为长方形双重龛，龛内雕一佛、二弟子、二菩萨、二力士、天龙八部。有学者认为灵K5龛只雕出六尊八部众，笔者现场查勘后认为这是由于后人修复妆彩时忽略了两尊损毁严重的部众而造成的错觉，若仔细查看，可以看出残痕，换句话说，灵K4和灵K5龛的天龙八部造像形制是一致的，都是八身。两龛造像均被人为凿毁破坏，后被重新塑造表面形象并彩妆，因此，除了唐代窟龛的形制被保留下来外，其余信息皆不足为参考。（图2-93）

（二）顺庆区佛香寺1号龛的天龙八部（唐代）

佛香寺摩崖造像位于距离南充市顺庆区新复乡回龙场村约2公里左右（沿潆溪——回龙村道）的蒲家沟的一处山脊鞍梁处，东西绵延10.2米，上下宽5米，共有四龛。"文化大革命"时被破坏过，后来又被刷上涂料加剧了毁损程度。

佛香寺1号龛外龛方形，顶有圆弧。内龛拱顶环壁，内雕主尊为一坐佛（头顶有立体的华盖伸出，圆形头光）。佛两侧皆站立有尖桃形头光的一弟子和一菩萨组合。佛、弟子和菩萨之间站立无头光的侍者，共四尊。两龛口各立一力士。内龛后壁浮雕天龙八部，左右各四尊。布局为：弟子头光上方一尊，菩萨头光上方三尊，由于破坏严重，特征都不甚明确。（图2-94）

图2-93　青居山石窟灵迹寺灵K4（上）和灵K5（下）龛的天龙八部

图2-94　南充市顺庆区佛香寺摩崖造像的天龙八部：右侧壁和左侧壁布局

（三）顺庆区石佛嘴摩崖造像A2龛、A3龛的天龙八部（宋·独树一帜的造像组合）

石佛嘴摩崖造像位于顺庆区辉景镇桥坝沟村六社，呈圆形环绕凿于巨石上（当地人俗称千佛石、官帽石），共有十八龛237尊造像。其中A2龛和A3龛的天龙八部造像在天龙八部造像史上独树一帜，具有重要的文物史料价值。还有一坐佛说法龛有天龙八部造像，但破坏严重，只能看出乾闼婆、夜叉的信息，恕不赘述。（图2-95）

A2龛内龛为圜壁圆顶，龛沿饰双排连珠纹，两排连珠纹之间有方块纹间隔。造像主尊为站立弥勒菩萨形象（80厘米、宽75厘米、深45厘米），尖桃形内嵌圆角方形头光，尖桃形与圆角方形之间装饰五个圆圈，头部被破坏，可见高冠残迹。菩萨右手施无畏印，左手残缺（推持衣裾）。弥勒菩萨与相邻A3龛内菩萨装束一致，头残，似戴天冠，戴颈饰，穿天衣，扎腰带，腹微鼓，披帔帛，戴璎珞，璎珞"X"形交叉于腹际。整体上，A2龛的弥勒菩萨与山东青州龙兴寺北齐（550—577）时代贴

图2-95　顺庆区石佛嘴摩崖造像A2龛全景

金彩绘石雕菩萨立像相类，其造像传统可追溯到犍陀罗时期的弥勒雕像。（图2-96）

图2-96　左：弥勒立像，公元二至三世纪，犍陀罗，大都会博物馆藏；中：贴金彩绘菩萨立像，北齐（550—577），山东青州龙兴寺出土；右：石佛嘴摩崖造像A2龛的主尊弥勒菩萨

主尊两侧立二弟子,圆形头光,穿僧衣,右侧弟子托方形物,左侧弟子合十。龛外两侧门沿各塑一力士,不似唐代力士的张扬与力量感。

天龙八部在弥勒菩萨身后的内龛壁上,左右各六尊。(图2-97)

图2-97　石佛嘴A2龛天龙八部全景

右侧造像分三层,从下至上:

第一排:(1)夜叉,扎发髻,面目狰狞,右手托小儿,身穿窄袖衣。(2)天部,扎发髻,双耳垂肩状。(3)不详,头戴冠,双手掌交叠于胸前祈祷状。

第二排:(1)乾闼婆,戴兽首冠。(2)不详,戴头冠,方圆脸型,被破坏。

第三排:阿修罗,三头六臂,上二手举日月,中二手似持规矩,下二手合十。

左侧造像分三层,从下至上:

第一排:(1)紧那罗,头上独角,双手于胸前持物,风化严重。(2)风化不清,头部朝内侧面像。(3)风化不清,左手上举摊开。

第二排:摩竭鱼王,尊像头顶有摩竭鱼造型。

第三排:(1)龙王,尊像头顶一龙。(2)青苗五谷神,也称禾神,手持结实的苗木。笔者以为这是工匠对粉本误读,即将摩睺罗伽持大蟒蛇的图案改变成青苗图案了。

石佛嘴摩崖造像A2龛的天龙八部构成体系独树一帜,造像工艺不甚严谨,具有民间工匠的粗犷写意风格,无论是弥勒菩萨立像,还是青苗五谷神和摩竭鱼王的组合,既有传统传承,也有新的民俗文化的创新,是不可多得的天龙八部造像研究资料。(图2-98)

A3龛内龛为圜壁圆顶,龛沿饰双排连珠纹,两排连珠纹之间有方块纹间隔。造像主尊为一立佛,尖桃形内嵌圆角方形头光,尖桃形与圆角方形之间装饰五个圆圈。佛头被破坏,身穿袈裟,似结说法印,但左手又托方形物。佛两侧为二菩萨,与相邻A2龛内菩萨装

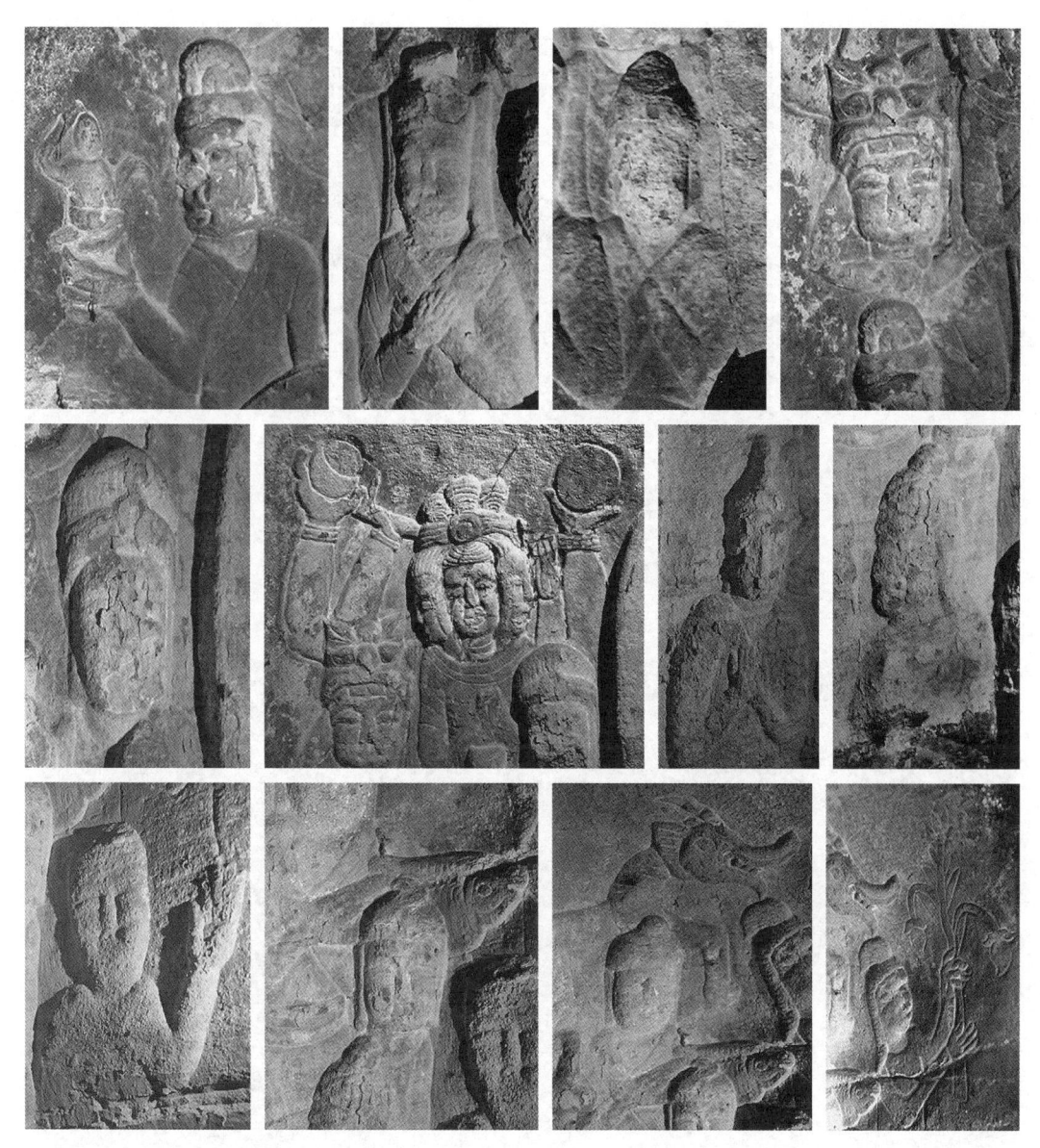

图2-98　石佛嘴摩崖造像A2龛天龙八部。第一排：夜叉、天部、不详、乾闼婆；第二排：不详、阿修罗、紧那罗、不详；第三排：不详、摩竭鱼神、龙部、青苗五谷神（摩睺罗伽？）

束一致，戴颈饰，穿天衣，扎腰带，披帔帛，戴璎珞。菩萨头光与佛陀相似，只是没有五个圆圈装饰。龛门外立二力士，圆形头光。佛、菩萨、力士皆立于仰莲台上。（图2-99）

　　天龙八部在佛陀身后两侧壁上，每侧五尊，共十尊：佛陀与菩萨之间竖列四尊，菩萨头光顶部外侧有一尊。（图2-100）

　　佛陀右侧天龙八部，从外至内，从上至下为：

（1）乾闼婆。头戴兽首帽全身像。

（2）阿修罗。三头六臂。

图 2-99　石佛嘴摩崖造像 A3 龛全景

图 2-100　石佛嘴摩崖造像 A3 龛天龙八部：乾闼婆、阿修罗、天部、不详、夜叉、龙部、不详、不详、紧那罗、摩竭鱼神

(3) 天部，刀形发髻。

(4) 不详，头上扎发髻，戴发箍，方圆脸型。

(5) 夜叉，手上抱小儿。

佛陀左侧天龙八部，从外至内，从上至下为：

(1) 摩竭鱼神，头顶摩竭鱼的全身像。

(2) 龙部，头顶一龙。

(3) 不详。

（4）不详，与右侧4相似。

（5）紧那罗，头顶尖角。

四、蓬安县桐桷寨摩崖造像第2、7号龛的天龙八部[①]（唐代）

桷寨摩崖造像位于四川省南充市蓬安县长梁乡，开凿在高7.5米、宽12米的山体崖壁上，距地面高度3.2米，共有七龛造像（1、2、7龛保存较好），大小造像三十三尊。龛内没有题记，风格为唐代。

第2、7龛内有天龙八部造像。第7龛为双重龛，外龛环壁平顶，内龛顶部环壁弧形。龛楣无装饰。龛内雕一佛、二弟子、二菩萨、天龙八部，龛口立二力士。主尊释迦佛居中，外尖桃内圆形双重头光，头部残毁，披通肩袈裟，手残毁，结跏趺坐金刚座上，袈裟遮护宝座。金刚座由两柱支撑，二柱之间方形凹面浮雕宝相团花。柱下还有一层平台和一层台座。二弟子侍立左右，圆形头光，脚下方台。弟子外为二菩萨，头光同佛，左侧菩萨手提净水瓶，右侧的风化。二菩萨脚下仰莲台，莲台下有花茎盘绕。龛外二力士，圆形头光，足踏台状风化严重石刻（瑞兽？），威武阳刚。诸像后壁上方刻浅浮雕天龙八部立像，主尊右侧五尊，左侧风化严重，但线性精美。能识别出从左往右第2尊为乾闼婆：戴兽首帽，兽脚交结胸前，第6尊为阿修罗，三头六臂托日月。

第2龛与第7龛类似，为一佛、二弟子、二菩萨、二力士、天龙八部的形制，只是规模更小，金刚座与仰莲台被省略。其主尊很有特色，外尖桃内圆形双重头光，但内圆被装饰成莲花瓣，袈裟装束为全身包裹，在胸前绕结披肩上。龛口的金刚更加生动，筋腱紧张。后壁的天龙八部，头已经随龛顶坍塌而全毁，仅留身体的浅浮雕线条，基本与第7龛相类。（图2-101、102）

图2-101　蓬安县长梁乡桐桷寨摩崖造像第7龛的天龙八部

[①] 符永利、罗洪彬：《南充青居山佛教文化遗存初探》，《乐山师范学院学报》2015年第1期，第85页。

图2-102 蓬安县长梁乡桐楠寨摩崖造像第2龛的天龙八部

五、仪陇县西寺湾摩崖造像第8龛的天龙八部（初唐）

西寺湾摩崖造像所在米仓山脉南缘之金城山，北接巴中，是古代南北交流的要道。具体地址为南充市仪陇县金城镇金星社区三组西边半山坡的巨石四面，计八龛九十九尊。

西寺湾第8龛为圆拱形顶，面阔148厘米、高97厘米、进深87厘米。龛楣精美，上刻饰连珠纹、玉大带纹、回纹，外龛壁面饰卷草纹，之间有小化佛龛。内龛造一佛二弟子二菩萨二力士四童子二飞天，龛顶部浅浮雕天龙八部之二部（似为左侧龙部，右侧阿修罗），计造像十三尊。主尊佛外尖桃内圆形双重头光，头残，身着通肩装裟，结跏趺坐于金刚座莲台上，金刚座上、下枋面雕兽头。弟子为椭圆头光，菩萨头光与佛同。龛门外壁金刚力士立于瑞兽上，皆残。（图2-103）

图2-103 仪陇西寺湾摩崖造像第8龛的天龙八部

第七节　广安地区的天龙八部造像

广安地区现发现石窟167处二百余龛窟,但地点较分散,损毁也较严重,时代大多偏晚近。其中保存较好、学术价值较重要的有冲相寺、东岩寺等地的窟龛或摩崖石刻。

一、广安县冲相寺的天龙八部造像

冲相寺摩崖造像及石刻,[①]在广安县东北的肖溪镇染江上游4公里的定光岩(因其上定光佛而得名)上,属四川地区屈指可数的隋唐时期遗物之一。据西华师范大学蒋晓春教授调查,冲相寺现保存摩崖龛窟五十八个,造像261尊(不计浮雕),题刻七十七幅。冲相寺摩崖造像中天龙八部有五龛,从隋开皇八年(588)之后到初唐贞观时期直至盛唐,中晚唐则不见相关题材造像。

(一)冲相寺K1龛的天龙八部(盛唐)

冲相寺K1龛为外方内圆拱形双重龛。外龛高223厘米、宽220厘米、深110厘米。内龛深204厘米,圆拱形,龛壁弧形。龛楣饰忍冬纹,龛楣顶部左右侧各凿一飞天。龛内造结跏趺坐于莲花座之上佛陀。主尊两侧有跣足立于上仰下覆莲华座上的弟子各一,皆饰圆形头光(左弟子头光中饰五朵团花纹,右弟子头光上饰日光纹)。弟子左右各有三跣足立于上仰下覆莲华座上的菩萨,亦圆形头光(纹饰从内向外分别为忍冬纹、回旋纹和花朵纹)。主尊与二弟子身后各浮雕一立于高台上的童子,左手胸前托物,右手展袖。内龛外壁左右各有一力士,破坏严重。在主像身后内龛壁上浮雕天龙八部像,但破坏严重,在佛陀右侧,可以识别出阿修罗(三头六臂,手托日月),摩睺罗伽(上身裸露,脖颈缠绕大蟒,左手抓蟒蛇头于腰际),其余模糊。在佛陀左侧,可识别出龙部(头顶飞龙),其余特征不甚明显。(图2-104)

(二)冲相寺K23龛的天龙八部(隋代到初唐贞观时期·十身组合、摩竭鱼)

冲相寺K23龛为外方内圆拱形双层龛。外龛直壁平顶,龛楣素面。内龛弧壁圜顶,高230—250厘米、宽190厘米,饰尖桃形龛楣。龛楣内层装饰为圆带状,由镂雕忍冬纹一圈和其外的连珠纹一圈组成。龛楣外层的边缘饰火焰纹。龛楣内外层装饰中间空白部分有五小龛化佛(龛楣中间为椭圆形小龛,两侧对称分布两圆形小龛)。内龛塑一坐佛二立弟子和二脚踏小鬼的天王,上述造像身后龛壁上浮雕天龙八部,栩栩如生。龛外左右各守护一力士。(图2-105、106)天龙八部从左至右:

(1)夜叉。仅见上半身,炎发,面部毁损严重,上身裸露,两肩间悬一帛带,左手上举,右手托一小儿。

[①] 刘敏:《广安冲相寺摩崖造像及石刻调查纪要》,《四川文物》1997年第3期,第47—50页。

图 2-104　冲相寺 K1 龛的天龙八部

图 2-105　冲相寺 K23 龛全景

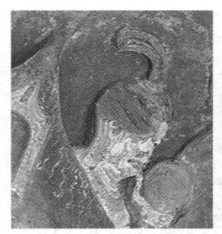

图2-106　冲相寺K23龛的天龙八部：夜叉、乾闼婆、龙部、不详（推摩睺罗伽）、紧那罗、天部、比丘（不详）、阿修罗、摩竭鱼、迦楼罗

（2）乾闼婆。全身立像，头戴兽头冠，兽爪交于前颈，右手扶一只兽脚，上身左肩悬帛带，下体着裙，左手持帛带。

（3）龙部。铠甲武士装，头戴兜鍪，头顶翻腾一飞龙。

（4）不详，推摩睺罗伽。头戴花冠，面部残毁。

（5）紧那罗。位于主尊头光后，头生一角。

（6）天部。刀型发髻，长耳垂肩。

（7）阿修罗。三头六臂，手托日月。

（8）不详。比丘右向半身像，身着僧袍。

（9）摩竭鱼神。全身立像，左肩斜披帛带，下体连裙，头顶摩竭鱼。

（10）迦楼罗。半身像，头戴宝冠，着圆领长袍，肘悬衣带，右手似执物于鼻端，鸟嘴。

（三）冲相寺K31龛的天龙八部（盛唐）

冲相寺K31为单层龛，直壁平顶，高165厘米、宽185厘米、深98厘米。龛内环一高台，佛、弟子、菩萨、力士造像以高台为基，上述尊像身后有高浮雕天龙八部。高台下层左右各有三相向供养侍者，皆屈膝单跪捧物恭敬。三供养人身后，各雕三尊着甲胄天王半身像。龛内造一坐佛二立弟子四立菩萨二立佛二力士。主尊左侧弟子身后还有一弟子半身像。主尊身后龛壁雕有天龙八部半身像，细致精美。龛外左右各守护一力士。

由于人为破坏，现存天龙八部造像能辨识特征的有佛陀右侧的阿修罗（头部毁，上二手举日月，中二手被遮挡，下二手合十），阿修罗头上方的独角紧那罗，其右侧有兽头帽状残迹，推为乾闼婆，其余诸像不清，有一像似乎手上有抱东西（小儿？若是则可推为夜叉）。佛陀左侧天龙八部能判定的为最外侧的龙部，其头顶有一龙，其余也被破坏。

此龛造像众多，结构复杂，在天龙八部的布局组合问题上，有重要的参考价值。（图2-107）

（四）冲相寺K43龛的天龙八部（盛唐）

冲相寺K43内外皆方形双层大龛。直壁平顶，素面龛楣。内龛深95厘米，四壁环出高70厘米小台，台正面内空间雕刻两生动起舞的伎乐天小像。二小像左右外侧各造一力士。台上造一佛二弟子二菩萨，上述尊像身后龛壁上浮雕天龙八部，头部均被人为破坏，只能依据大体特征判断。（图2-108）

佛陀右侧壁天龙八部，从外向内：

图2-107　冲相寺K31龛右壁的天龙八部（左）及K31龛的平面图示意（右,蒋晓春课题组绘）

图2-108　冲相寺K43龛右壁的天龙八部（上）及K43龛的平面图示意（下,蒋晓春课题组绘）

(1) 摩睺罗伽。立姿,足部位三趾兽爪,上身裸,脖子上缠绕大蟒,右手抓蟒蛇头于胸前。

(2) 乾闼婆。兽首帽外沿的特征还在。

(3) 不详。

(4) 阿修罗。三头六臂,手托日月。

佛陀左侧壁天龙八部,从内至外第一身头部发髻高耸,似乎为独角状,推为紧那罗,其右手持飘带上举。其余特征不好把握,应该为龙部、夜叉等。

K43龛中有永泰二年［即大历元年（766）］行书造像记,清宣统《广安州新志》卷三九名其《大唐渠州渠江县冲相寺破贼碑》。该碑记载：

> 南阳贼窜渠江冲相寺近境,渠州刺史及洞帅、将帅、粮官等讨贼,时禾稼未登。有僧澄海祷于神,偕兵护百姓刈获,因以足粮,遂大破贼众。感神之贶,刻祀神像于龛以报。……永泰二年岁次景午,七月甲申朔十五日戊辰建。镇（注：当为镌）碑人河东蒲□。①

（五）冲相寺K47龛的天龙八部（约唐高宗时期）

K47为外方内圆拱形双层龛。外龛直壁平顶,素面龛楣。内龛弧壁圜顶,饰桃形龛楣,龛楣装饰缠枝卷草纹一圈。龛内造一佛二弟子六菩萨二飞天。

龛后壁浮雕天龙八部,有三头六臂手托日月的阿修罗（右侧壁）,有头顶翻腾飞龙的龙众（左侧壁）等,其余皆漫漶不清。内龛外左右各守护一力士。（图2-109）

图2-109 冲相寺K47龛的天龙八部

---

① 龙显昭主编:《巴蜀佛教碑文集成》,巴蜀书社,2004年,第38页。

(六)冲相寺K50龛的天龙八部(盛唐·奏琵琶的摩睺罗伽)

K50为内外皆方形双层大龛,直壁平顶,内龛高180厘米、宽480厘米、深82厘米。内龛三壁环台,主尊及二弟子二菩萨皆凿于台上。在主像后龛壁上浮雕天龙八部,由于头部悉数遭毁,具体尊格难辨。稍微明确一些的有:佛右侧第一尊头生一角、手抱琵琶者,有学者认为是歌神紧那罗。此造型在四川天龙八部造像中仅见,十分珍贵。但笔者判断该尊像为摩睺罗伽,在日本三十三间堂内有木雕拨弄琵琶的摩睺罗伽,头冠部有蛇头象征,五只眼睛,与此十分相似。持琵琶尊像的尖角风化后类似独角,或许是蛇头冠样式。持琵琶像右侧手持长耳的天部,以及头顶翻腾一飞龙的龙众(左壁从外向内第2尊)等。在内龛方形台的外侧凿一浅龛,龛内雕四供养人像。此外,内龛左右亦各有一立佛。内龛外左侧立一力士像,右侧力士毁掉了。(图2-110、111)

图2-110 冲相寺K50龛的天龙八部

二、岳池县东岩寺摩崖石刻[①]的天龙八部(唐代·佛道合龛)

东岩寺摩崖石刻位于岳池县嘉陵乡西南2公里的平滩镇东岩村六社黄砂石崖壁上,存五龛窟,均为长方形平顶龛。其中1龛类似佛道合龛,风化严重。正壁坛上坐二主尊。各主尊两侧各立一弟子(女真)。其外侧再立一菩萨(道真)、一天王。两主尊间龛壁上部浮雕天龙八部三身,居中为三头六臂举日月之阿修罗,其两侧部众风化难识。内龛两侧壁上部雕其余八部众,风化严重。(图2-112)

图2-111 日本京都三十三间堂
摩睺罗伽王镰仓时代
(1185—1333)

---

① 国家文物局主编:《中国文物地图集·四川分册》(下),第824—825页;四川省地方志编纂委员会编:《四川省志·文物志》(上),四川人民出版社,1999年,第232页。

图2-112　岳池县东岩寺摩崖石刻的天龙八部

第八节　遂宁地区的天龙八部造像

　　遂宁市位于四川盆地腹心地带,涪江横贯,东邻南充,西连德阳,北靠绵阳,南接重庆,西南与内江相依。遂宁地区有石窟及摩崖造像共一百处195龛窟,较重要的唐宋摩崖石刻有安居区龙居寺摩崖造像、长连坡摩崖造像、大佛岩摩崖造像、梵慧寺摩崖造像、菩萨岩摩崖造像,大英的大埂子摩崖造像等,蓬溪的华莲寺山摩崖造像、新开寺摩崖石刻、观音岩摩崖造像,船山区的佛爷岩摩崖造像等……天龙八部造像以安居区摩崖石刻为多。

一、遂宁安居区摩崖石刻的天龙八部

（一）梵慧寺摩崖造像第3号、8号龛的天龙八部[①]

　　梵慧寺摩崖造像位于遂宁市安居区石洞镇高滩村和尚坡南麓,南距安岳卧佛沟不足30公里,始建于唐代,现有三十二龛数百余尊造像及碑记五通。

　　1. 梵慧寺第3号龛的天龙八部（唐代·摩竭鱼组合龛）

　　梵慧寺第3号龛的天龙八部保存较完整。该龛雕一结跏趺坐佛（尖桃形纹头光）,佛两侧分别为二弟子（圆形太阳纹头光）、二菩萨、二力士。窟龛两壁和须弥座底下沿皆塑造数目繁多的供养人。在主尊后壁上高浮雕天龙八部,左右各四尊,分两层排列。（图2-113、114）

[①] 彭高泉、庄文彬、刘书林：《遂宁梵慧寺摩崖造像》，《四川文物》1995年第3期,第28—29页。

图2-113　遂宁梵慧寺摩崖造像第3号龛全景

图2-114　遂宁梵慧寺摩崖造像第3号龛的天龙八部：阿修罗、摩睺罗伽、天部、摩竭鱼、夜叉、龙部、乾闼婆、迦楼罗

佛陀左侧八部众分两排，从内到外，上排为：

(1) 夜叉。左手托小儿。头部应该是后期修复做成眉清目秀的样子了。

(2) 龙部。头顶有飞龙伸出。

下排为：

（3）乾闼婆。戴兽首帽。

（4）摧迦楼罗。发髻造型类似其他摩崖石刻中的迦楼罗。

佛陀右侧八部众分两排，从内到外，上排为：

（1）摩睺罗伽。脖子上有大蟒缠绕。

（2）阿修罗。三头六臂，上二手举日月，中二手举矩尺和称。

下排为：

（3）摩竭鱼神。高发髻，头顶有浮雕鱼一条。

（4）天部。高发髻，长耳垂肩。

2. 梵慧寺第8号龛的天龙八部（唐代）

梵慧寺第8号龛高230厘米、宽400厘米、深150厘米，题材为纵三世佛（燃灯佛、弥勒、释迦佛）二弟子二菩萨二力士加八部天龙、供养人。三世佛头顶皆有镂空雕栏的宝顶，大日如来宝顶之上圆雕三只瑞兽。龛楣左右角刻有伎乐飞天，与三世佛对应有三朵宝相花。由于被盗毁，该龛损失了大量原始文化信息，故将对比照片刊出，方便学人认识。（图2-115）

图2-115　遂宁梵慧寺摩崖造像第8号龛盗毁前后。天龙八部：阿修罗、摩睺罗伽、天部、乾闼婆、紧那罗、迦楼罗、夜叉、龙部

其天龙八部从左至右分别为：

（1）阿修罗。三头六臂，上二手手持日月，中二手持矩尺和称。

（2）摩睺罗伽。被破坏，络腮脸似乎为缠绕之蛇。

（3）天部。长耳垂肩，高发髻。

（4）乾闼婆。戴兽首冠。

（5）紧那罗。发髻前有一独角。

（6）迦楼罗。高发髻，头顶疑似有鸟形装饰（被妆彩破坏）。

（7）夜叉。身形胖，左手托一小儿。脸部被重新塑造为眉清目秀状。

（8）龙部。头顶有一腾龙。

梵慧寺摩崖造像中的两龛天龙八部，以不同的形制和组合存在于一地，为我们理解天龙八部造像的内涵及演变提供了难得的实物资料遗存。

（二）遂宁安居区大佛岩的天龙八部（元代·嘉陵江流域时代最晚的八部众造像）

大佛岩摩崖造像位于安居区步云乡黄盐井村大佛寺内外，分布于长35米、高8米的崖壁上，共有造像及题记八龛，造像数百余尊，其中有高3.8米的大佛造像，千手观音等，其余造像破坏或风化十分严重。大佛岩第4号龛有题记（图2-116）：

图2-116　安居区大佛岩摩崖造像第4龛元代题记

大元遂宁州荆井镇居奉\
佛弟子谭世全室人蒲氏\
侍下男子元……\
之贞杜氏女未娘一家等舍财粮饰\
释迦尊像大悲菩萨观音\
势至延寿菩萨一堂完备\
惟冀寿算退长子孙荣显者\
元至正乙未九月初八日谨题\

表明大佛岩摩崖造像为元至正乙未（1355）的产物。在大佛寺一楼右侧小屋内，有一龛天龙八部造像，窟龛形制独特而精美。该龛为双层浅龛，外龛方形，内龛为圆拱形，但内外雕像连成一片，打破内外截然二分的格局。内龛上沿雕刻连珠纹加方形二方连续纹样龛沿，上方为二飘逸飞天。龛内为一佛二弟子二菩萨四天王二力士加天龙八部的格局。佛像结跏趺坐于莲台上，其头顶上方有华盖，尖桃形头光，头光两侧有菩提树。两立弟子圆形头光，两立菩萨为尖桃形头光。菩萨外侧为两天王？（近菩萨一侧似为狰狞裸上身鬼神模样？远菩萨的天王穿甲胄，手持三角旗杆，旗帜在飞天下方呈三角形展开。）天王前面为力士，佛右侧尚存，筋腱开张，有圆形头光。天龙八部造像

在弟子、菩萨和天王的头顶部,左右侧壁各五尊,由于风化严重,识别困难。(图2-117)

图2-117 遂宁安居区步云乡黄盐井村大佛寺摩崖石刻的天龙八部

佛右侧从内向外:
(1)不详。头部毁坏,双手叉手于胸前。
(2)不详。头部毁坏,手持笏板。
(3)不详。头部毁坏,头顶似有动物造像?
(4)龙部。身穿铠甲,头顶侧有龙残痕。
(5)不详。头部毁坏,戴发箍,炎发,手部被破坏,头顶似有动物造像?
佛左侧从内向外:
(1)不详。头部毁坏,有高发髻残痕,穿交领衣。
(2)天部。头部毁坏,双耳垂肩,双手拱于胸前。
(3)乾闼婆。头部周边毁坏,头顶有动物,双爪交于胸前。
(4)阿修罗。三头六臂,持日月、矩尺、合十等。
(5)不详。只露出头部,风化,缺乏辨识特征。

大佛岩摩崖石刻的元代八部众造像可以说是整个嘉陵江流域时代最晚的遗存,十分珍贵。由于环境潮湿,风化严重,亟须有关部门重视并保护起来。

(三)遂宁安居区龙居寺摩崖造像的天龙八部(晚唐·佛道合龛)

龙居寺摩崖造像位于遂宁市安居区东禅镇白鹤嘴村(现归安岳辖管),具体在龙居寺寺内和寺外两块天然巨石上,始建于唐光化二年(899),共计二十一龛,造像1 200余尊,佛教造像和道教造像并存。

龙居寺大院内巨石长7 500厘米、宽3 690厘米、高2 700厘米，东、南、西三面有造像，主要有说法龛、老庄老君并造龛、地藏菩萨龛、四天王、孔雀明王龛、千佛、西方净土变等题材，造像精美，保存较好。

天龙八部龛在龙居寺外东南方约3公里，大暮村油坊院后寨子坡下（此系文献说法，村民阎阳碧介绍为大春沟村五大队四生产队，遂宁辖管）的巨石上（图2-118）。该处造像窟龛距寺内巨石窟龛约500米，长5 420厘米、宽2 600厘米，东、西、北三面造像。天龙八部龛风化严重，为二佛并坐（或佛道并坐），主尊两侧为弟子、菩萨（或女真）立像，八部众位于主尊、弟子、菩萨（或女真）像后，为浅浮雕全身立像，主尊左侧留存状况相对较好。

图2-118 遂宁龙居寺摩崖造像天龙八部龛

二、大英地区的天龙八部

大英县目前有唐代天宝九载（750）凿刻的大埂子摩崖造像，位于大英县天保镇沙石咀村三组青冈坡前，共四龛（分别为观音等五十三尊像、三面千手观音、菩提树、净瓶观音），但造像以观音为主。《四川文物志》中册记载有大英县罗家乡千佛岩唐代摩崖造像。但出现天龙八部的摩崖石刻乃由射洪一民间考古学者小罗发现，不见记载，可能是文物普查漏掉的窟龛。该窟龛造一坐佛（尖桃形内嵌椭圆形头光、圆形身光）、二立弟子（圆形头光）、二立菩萨（尖桃形内嵌椭圆形头光），菩萨外侧造两穿铠甲肃立的天王，以及天王加下张扬的力士。在佛陀头光两侧，天龙八部一字排开。图片不清，可判定的：佛右四阿修罗，右三乾闼婆，佛左四夜叉、左三龙部。该唐代窟龛除头部被认为破坏外，整体保存较好，有机会可进一步确定其尊格组合，确定天龙八部造像系统样本。（图2-119）

图 2-119　遂宁大英—唐代窟龛的天龙八部造像

第三章
成都以南地区的天龙八部造像
——简阳、资阳、眉山、乐山、内江、自贡、泸州、宜宾

第一节 简阳地区的天龙八部造像

简阳市是成都市下辖县级市,位于四川盆地中部、龙泉山东麓、沱江中游,北倚成都市龙泉驿区、金堂县,西连成都市双流区、眉山市仁寿县,东邻资阳市乐至县,南接资阳市雁江区。简阳地域自西汉武帝元鼎二年(前115)置县,迄今已有二千一百多年。简阳历史上摩崖石刻造像兴盛,如牛王山清代摩崖造像、三鱼村汪家山清代石刻、东溪镇奎星阁宋代摩崖造像、东溪镇李八村宋代石刻、瓦房沟(大林)唐代摩崖石刻、长岭山千佛崖唐代摩崖石刻、草池镇龙湾村千佛崖唐宋摩崖造像等,但"文化大革命"时期破坏较严重,加上近年盗毁猖獗,竟所剩无几。简阳代表性的天龙八部造像位于奎星阁摩崖造像第30号窟中,其文化价值珍贵,万望妥善保存。

一、奎星阁摩崖造像第30窟的天龙八部[①](宋代·佛道合龛)

奎星阁摩崖造像又称"东溪大佛",坐落在东溪镇奎星村奎星阁遗址附近,傍临沱江东岸,在长15米、高7.5米的灰砂石崖壁上,现存造像计三十四龛窟,造像107尊,题记六处。据清咸丰《简州志》载:"东溪石刻古佛,咸平三年(1000)刻。"[②]与第30号窟内右壁中帖题记可相印证。

奎星阁第30号窟为长方形敞口平顶窟形制,高400厘米、宽300厘米、深260厘米,以卷草、吊帘纹等装饰门楣饰。龛内造像十四尊。主尊为东岳泰山神垂坐像,头戴五行珠冠冕旒,项系冠带,脸上三缕须,右手持圭,左手置大腿,身穿袍服(后期妆金),足踏云头靴,

---

① 樊增松:《四川简阳市奎星阁摩崖造像》,《四川文物》2008年第10期,第83—87页。
② 简阳县文化馆编:《棉乡》1992年第2期。

身后有圆形身光和尖拱形头光,给人感觉像宝葫芦。其左右侍立二部属,身后左右各四尊八部众。窟门左、右及右上方雕刻三护法神将。(图3-1)

图3-1　奎星阁摩崖造像第30号窟正面全景

八部众皆为全身立像,东岳泰山神左侧八部众从内至外(图3-2):

图3-2　奎星阁摩崖造像第30号窟右侧天龙八部:阿修罗、天部、摩睺罗伽、乾闼婆

（1）阿修罗。三头六臂，头两侧绘两条云纹，上二手持日月，中二手被遮挡，下二手胸前持法器（右手在下摊掌托护，左手在上握珠宝状物）。上身穿露胸长衫，腰系短裙，内罩长裙。

（2）推天部。头上束高髻，头两侧垂缯带到前胸（与唐代天部长耳垂肩相仿的感觉），相貌端庄，穿圆领宽袖长袍，两手拱于胸前。

（3）摩睺罗伽。裸上身，面目狰狞，右手抓盘于头顶的蛇垂下来的尾巴，左手持狼牙棒状法器。下身穿三角形蔽膝，脚穿中帮翻毛靴子。

（4）乾闼婆。头戴兽首帽，穿宽袖长袍，腰系过膝襦裙，脚蹬云履靴，右手胸前持宝珠状物，左手抱琉璃琴搭于左肩上。

东岳泰山神右侧八部众从内至外（图3-3）：

图3-3　奎星阁摩崖造像第30号窟左侧天龙八部：龙部、紧那罗、夜叉、不详（推迦楼罗）

（1）龙部。头戴冠，身穿铠甲武将装扮，头后绘两飘带（推测以前为龙形，在妆彩中改变了信息）。

（2）推紧那罗。头戴高冠，冠前饰物似角，头后缯带下垂至前胸，手持物较大（乐器？），身穿交领广袖长裙。

（3）夜叉。裸上身，面目改动较大，下身着短裙，戴臂钏、手钏、脚钏。两手对举于胸前，右手持珠宝状物。推测其动作、持物与夜叉托小儿有关。

（4）不详，推迦楼罗。头戴冠（妆彩改变信息），穿交领长裙，足塔云履，脸部残损，右手下垂,左手胸前持长方形物,看似经卷(或是芦笙)。

第30窟内右壁现存楷书阴刻竖排题记三帖。中帖有字六行:

> 时以皇宋咸平三年十二月十/
> 五日同发心重镌造/
> 功德壹龛永为供养/
> 文林郎守简州阳安县尉兼主簿事姚文成/
> 宣奉郎守简州阳安县令和旦/
> 院主讲金刚经沙门楚缘。①

这里"重镌造"的说法为此窟造像的来历打上了问号,有翻刻的嫌疑。加上窟内上、下帖记述嘉靖二十年、二十一年妆彩的情况,所以此窟内天龙八部应该混合了宋前、宋和明代的理解。造像的神态、服饰、组成,较之隋唐,显示出进一步世俗化特征,是写实、朴素、简约风格的宋代造像艺术的上乘之作。另外,宗教仪轨约束进一步释放,龛内结构布局出现了尊像数不对称的状态。不管如何,奎星阁摩崖造像第30窟真实反映了北宋初期儒、释、道三教融合思想和民间宗教信仰的状况。这与宋代吸收佛、道学说的新儒学——理学形成初期的时代风尚是相一致的。

二、简阳瓦房沟(大林)唐代摩崖石刻第6号龛天龙八部残像(中晚唐)

瓦房沟(大林)唐代摩崖石刻位于老龙乡大林村和瓦房沟村,横向排列在长29米、宽3米、距地表高3米的岩壁上,共四十六龛,现存造像357尊,大多凿刻于唐代。但此石刻在"文化大革命"中破坏严重,最近几年盗毁风盛,所以很是让人惋惜。就天龙八部造像研究而言,可以看看6号龛,其造像为一佛二弟子二菩萨二力士及八部众,现存残像十一尊。八部众位于主尊身后左右石壁上,其中右侧可见阿修罗举日月的特征,属于典型中晚唐摩崖石刻的形制。(图3-4)

图3-4 简阳瓦房沟(大林)摩崖石刻第6号龛天龙八部残像

---

① 樊增松:《四川简阳市奎星阁摩崖造像》,《四川文物》2008年第10期,第85—86页。

三、简阳董家埂乡朝阳寺摩崖造像的天龙八部

朝阳寺位于董家埂乡深洞村的三岔湖南畔,距简阳市区42公里。朝阳寺摩崖造像凿于唐代,共十六龛,造像375尊,开凿于距地面1米、长35米、宽8米的红砂石崖壁上。天龙八部有两龛,窟龛形制皆精美,八部众属八尊基本形制,惜被妆彩破坏了原始信息。

(一)简阳朝阳寺摩崖造像第4号龛的天龙八部(中晚唐)

朝阳寺摩崖造像第4号龛为双层平顶龛,龛型精美。外龛垂长帷帐,外龛楣上饰卷草纹、莲瓣纹,两侧饰方形装饰,其方形图案中间画四瓣团花纹。龛内雕一佛二弟子二菩萨,两侧外龛门立二力士。天龙八部在佛、弟子身后的崖壁上,左右各四尊,均为胸像。由于现代妆彩,破坏了形象特征信息。佛左侧第1尊疑似龙部,第2尊为兽首帽乾闼婆,第3尊疑似紧那罗。(图3-5)

图3-5 朝阳寺摩崖造像第4号龛的天龙八部造像

(二)简阳朝阳寺承露池右上方窟龛中的天龙八部(中晚唐)

在朝阳寺有块巨石叫卦子岩,其下方有一岩洞。岩洞顶终年渗水滴落形成了承露池。在承露池右上方有一石龛,为方形平顶龛,装饰精美。龛楣饰十多个小化佛。龛内塑造一佛二弟子二菩萨,诸尊的莲台皆有巨大根茎向下延伸交织。他们身后有天龙八部头像:佛与菩萨头光间三尊,菩萨头光外沿的侧壁有一尊,皆重新妆彩,破坏了重要信息。内龛门立二菩萨,菩萨膝下立二天王。窟龛右侧外龛门内壁立一菩萨,左侧外龛门内壁应有对称造型,但毁坏无存。(图3-6)

图3-6 简阳朝阳寺承露池右上方窟龛天龙八部

四、简阳安乐乡长岭山摩崖造像第2号窟的天龙八部造像（中晚唐）

简阳境东安乐乡长岭山的南岩有摩崖造像十八龛（窟），内外造像计一千五百余尊，分布在长50米、高8米的崖壁上，题榜勒石数则，其中可见"建中二年（781）"字样。长岭山摩崖造像窟龛皆为敞口平顶龛形制。

长岭山摩崖造像第2号窟已经被人为严重破坏，但一佛二弟子二菩萨二力士加天龙八部的基本形制保留着。其右侧壁的摩睺罗伽左手抓长蟒的造型让人印象深刻，其身边的乾闼婆残存兽首帽遗迹。第2号窟左侧虽然四部众半身像保持完整，但头手被砸毁，辨别有一定困难。（图3-7）

图3-7 左图：简阳长岭山造像第2号窟右侧摩睺罗伽（左）与乾闼婆（右）；右图：长岭山造像第2号窟左侧天龙八部残迹

第二节　资阳地区的天龙八部造像

资阳地区地处四川盆地中部，东接重庆、遂宁，南连内江，西邻眉山，北靠成都、德阳。资阳地区于2000年建市，现辖雁江区、安岳县和乐至县，均保存着古老的摩崖石刻造像，如雁江区碑记镇始凿于唐代①的高22.24米的半月山弥勒大佛为全省第三大坐佛，而安岳县和乐至县的摩崖造像就更丰富了，在中国石刻艺术史上具有上承云冈、龙门，下启大足石刻的特殊演变地位。天龙八部造像在此地也保存着精华，其中最著名、体量最大的当属安岳卧佛院北岩区3号卧佛龛的天龙八部。

一、安岳县天龙八部造像

安岳县位于四川盆地中部丘陵地带，县城西距成都166公里，东离重庆174公里，自古为成渝间陆路要冲。安岳县是中国石刻艺术之乡，六十九个乡镇无一没有石窟分布，遗存历代石窟造像249处，1334龛窟，造像十万余尊，有"古多精美"之誉，是目前中国已知的古代佛教造像遗址最集中的县份之一，其中尤以宏伟的唐代造像和精致的宋代造像著称于世。

据清代道光版《安岳县志》"金石铭"载，安岳石刻推测起源于南北朝，最早的文献资料为"梁《招隐寺刹下铭》，萧纶书，普通二年（521），在普州"②的碑铭石刻文献。就造像文献而言，《安岳县志·寺观·古迹》有"奉圣寺罗汉，相传隋代塑像""郡北小千佛院，开皇十三年（593）建"的记载。然而，从实物遗存来看，安岳县境内唐宋时期的石窟寺和摩崖造像计有七十余处，尚未发现早于唐代者。其中国家级文保单位有近十处，包括大云山千佛寨、云居山圆觉洞（精美唐代佛道合龛，五代两宋十二圆觉菩萨、毗沙门天王等）、八庙乡卧佛院（涅槃像，刻经等）、顶新乡茗山寺（精美宋代菩萨像、佛道合龛、观音十二神将等）、黄桷镇玄妙观、石羊镇华严洞、毗卢洞、孔雀洞（精美孔雀明王像等）及高升大佛等，还有很多僻远分散点，如三堆寺、朝阳洞、三仙洞、净慧岩、大佛寺、塔坡、佛慧洞、舍身岩、佛耳岩、净慧岩、石锣沟、菩萨湾、上大佛、木鱼山、毗卢沟等摩崖造像。

（一）安岳县卧佛院摩崖造像

卧佛院位于安岳县城北40公里处的八庙乡卧佛村七、八社所在的卧佛沟内，为我国南方规模最大的一处石刻佛经古遗存，内存石刻佛典二十二部共三十八万字，是玄奘传下来的全国最早的译经版本，乃国之瑰宝。现存126个窟龛，分布在卧佛沟、月亮坪、菩萨崖等区域。其最早题记为南岩50号千佛龛造像铭的"盛唐开元十一年（723）"，自南宋末后

---

① 一说贞观十七年（643），一说贞元九年（793）。
② 刘长久：《安岳石窟艺术》，四川人民出版社，1997年。春秋直至清代，安岳县多为"普州"所辖。

逐渐衰落，刻经造像历时四百六十多年。2007年成都文物考古研究所等单位对安岳卧佛院重新调研考察，将其分为三大区：北岩区（1—24号，123—125号窟龛）、南岩区（25—94号，126号窟龛）、月亮坪区（含菩萨崖，包括第95—122号窟龛）。

1. 北岩区3号卧佛龛的天龙八部（开元初·天部为老僧形象）①

3号卧佛龛雕凿"释迦牟尼涅槃圣迹"，其天龙八部造像是佛教艺术史中最具有典型意义的造像遗存之一，极其珍贵。卧佛龛内，这尊国内最大的唐代（比大足石刻卧佛早四百多年）卧佛像头东脚西，左侧而卧。卧佛胸部上方造结跏趺坐佛说法像一尊，其两侧分两排塑造九弟子二菩萨像及天龙八部，两边上各有一尊力士像。卧佛身躯下方雕一弟子，即须跋陀罗坐像。

说法佛像左侧后排天龙八部（图3-8），从内向外，分别为：

图3-8　下图为安岳县卧佛院摩崖造像天龙八部实景。上图为局部：迦楼罗、夜叉、紧那罗、阿修罗、天部、摩睺罗伽、龙部、乾闼婆

（1）天部。老僧形象，高额头，额上有圆形肉团，眉尾下垂，咧嘴，着袒右袈裟，内着交领衫，胸前系带，双臂举于头侧，左右手姿势同，皆为伸食指和中指，蜷曲余下三指。

（2）摩睺罗伽。高发髻，额上有圆形肉团，怒目圆睁，獠牙外露，耳上有羽状物上翘，颈部缠蛇，双手握蛇身。

（3）龙部。梳发髻，双目圆睁，着交领衫，系腰带，头后雕左向之龙。

（4）乾闼婆。戴虎头帽，双目圆睁，着交领衫。

说法佛右侧后排天龙八部从内向外，分别为：

（1）阿修罗。头戴装饰莲瓣之高冠，三头多臂，左头悲伤，右头微笑，本尊头忿怒相，獠牙外露，胸部袒露，佩戴璎珞，腕戴手镯，左上手举月，右上手举日，右下手举矩。

（2）紧那罗。梳发髻，目视前方，高鼻而端庄，颈部有蚕节纹，着低胸交领衫。

---

① 秦臻、张雪芬、雷玉华：《安岳卧佛院考古调查与研究》，科学出版社，2014年，第20页。

（3）夜叉。面目狰狞，双耳外侈，忿怒相，獠牙外露，胸前戴骷髅项圈，着交领衫，左手于胸前托一小儿。

（4）迦楼罗。头戴三角宝冠，顶刻金翅鸟，颈部有蚕节纹，外着交领衫，叉手于胸前。

学界认为，北岩3号卧佛龛的雕凿年代与刻经基本同时，即唐开元初。当然，在浩大工程之间还有一些小规模造像活动，如盛唐开元期的45、49、50号龛。开元、天宝以后至中晚唐，中小型造像龛如27、28、30—32、34—36、53、61、66—73、82等龛，形制大体相同，如有圆形拱（内）龛，多装饰卷草纹龛楣，一佛二弟子二菩萨二力士（或天王）的组合（一铺七尊居多），造像头光多为外桃形、内椭圆形，个别造像有舟形身光，还有些龛内雕天龙八部、伎乐、异兽、双狮、双树等元素。

2. 月亮坪区菩萨崖第119号窟天龙八部（晚唐五代·佛道合龛）①

菩萨崖第119号窟位于跑马滩水库北面，遂宁菩萨崖上，距水面3米高处，为晚唐五代时期作品，方形窟，窟正壁呈弧形，雕方形平顶帐形龛。帐形龛顶雕出屋檐和瓦垅方形龛楣，装饰三层，上层饰宝珠及三瓣莲花，中层带状饰团花，下层为帐形饰以华绳、华铃和珠链。内龛基坛上造佛道像，主尊为左道右佛，侧立二侍者（道主尊左一为真人，左二为女真；佛主尊右一为弟子，右二为菩萨），两边立二力士。主尊身后壁上浮雕天龙八部造像（图3-9），但风化毁损严重，能辨识出龙部和阿修罗。

图3-9 月亮坪区菩萨崖第119号窟天龙八部

女真左侧四身护法神像分前后两层，从内向外：

左前一：不详。头残损，全身风化，残迹显示双手置于胸前。左前二：不详。头残损，

---

① 秦臻、张雪芬、雷玉华：《安岳卧佛院考古调查与研究》，第45—46页。

全身风化,残迹显示双手置于胸前。

左后一:龙部。头左侧似有龙头,武士装束。左后二:不详。头残损,肌肉发达。

菩萨右侧四尊护法神像分前后两层,从内向外:

右前一:不详。头残损,头两侧残存两道竖向圆条状物,着宽领交领衣,双手置于胸前。右前二:不详。头残损,着交领宽袖长衣,双手置胸前,似捧一物(小儿?)。

右后一:阿修罗。头残损,六臂据日月,戴项圈。右后二:不详。头残损,似绾高髻,两耳垂肩,裸身,胸部、手臂肌肉发达,风化严重。

3. 南岩区D段68号龛的天龙八部[后蜀广政二十二年(959)]

南岩区D段是卧佛院像龛最集中的地方。68号龛为外方内圆双层龛。外龛方形敞口,内龛圆拱形,龛楣上饰缠枝卷草、五尊化佛。内龛中造一佛二弟子二菩萨二力士和天龙八部像(图3-10)。

图3-10 卧佛院南岩区D段68号龛的天龙八部

天龙八部像从内至外,主尊左侧:

(1)推为天部。头残损,着交领衫,双手于胸前捧一物。

(2)迦楼罗。高发髻上有金翅鸟,保存完好,颈部二蚕纹,交领衣。

(3)摩睺罗伽。头顶有大蟒蛇,武士装,下着短裤,腰间系带。

(4)推为夜叉。袒露上身,恶鬼形,风化严重。

天龙八部像从内至外,主尊右侧:

(1)推为紧那罗。头顶高高尖髻,面目模糊,穿宽袖V字领衫,双手于胸前捧一物。

(2)乾闼婆。头顶虎头。

(3)龙部。右肩有龙张口吐珠，右侧跪一人，双手合十作参拜状，风化严重。

(4)阿修罗。虽风化，但可看出三头痕迹，头顶有发髻，颈上有项圈，身绕帔帛，左右各三臂，上二手举日月，下二手不详，应持规、称，中二手于胸前结法印。

外龛左侧铭文：

敬禹（chēng）修妆释迦摩尼佛并/
阿难加叶与部众共一龛/
右弟子张志蕴先发心愿为/
堂上慈母合家眷属修妆此/
功德并以周圆意希夫妇/
󰀀受长󰀀清吉以广政󰀀/
󰀀二年岁己未十月󰀀/
󰀀卅日修妆󰀀毕/①

（二）安岳县圆觉洞摩崖造像第23号龛天龙八部②（前蜀天汉元年·佛道合龛）

圆觉洞摩崖造像位于安岳县云居山上，现存龛像、题刻等共编号七十二个，主要分布在山顶南面、东北面山崖上。东北面山崖（第4—14号）以宋代龛像为主；南面山崖造像历经唐、五代至宋，前后四百余年。存在天龙八部造像的为南面东端山崖上层的第23号龛后室内，与第22号龛开凿时间前蜀天汉元年（917）同时代。

《西南石窟文献》卷九载，第25号佛道合龛（现编为第23号龛），为方形平顶龛，高120厘米，宽、深各100厘米。造像分上、中、下三层雕刻。正壁中刻元始天尊、左壁中刻老君，左右胁侍立于仰莲台上。右壁下层刻一佛二弟子二菩萨。中上层诸壁刻道教神仙、佛教天龙八部。③ 具体说，天龙八部造像位于正壁中层和右壁中层（图3-11）。

正壁中层造像：位于主尊与胁侍头光之间，左右各三身，均为浮雕半身护法像。

正壁中层左侧三身像均有高发髻，发髻从前额往后梳，饰圆形小冠，着双层交领衣，双手置胸前，拢于袖内。

正壁中层右侧三身像从内至外：

（1）迦楼罗。高发髻老者，方形胖脸，上眼睑鼓起，鸟嘴带髭，颈有二道纹，着双层交领衣，双手藏袖内拱胸前，右肩斜伸出一枝长茎莲叶。

（2）夜叉。高发髻，唇上有髭，手托双手合十站立小儿。

（3）天部。梳发髻，长耳垂肩，有项圈，双手拢于袖内置前胸，头右侧伸出一枝长茎

---

① 秦臻、张雪芬、雷玉华：《安岳卧佛院考古调查与研究》，第90—91页。
② 成都文物考古研究所、北京大学中国考古学研究中心、安岳县文物局：《四川安岳县圆觉洞摩崖石刻造像调查报告》，四川大学博物馆、四川大学考古学系、成都文物考古研究所编：《南方民族考古》（第九辑），科学出版社，2013年，第365—448页。
③ 胡文和：《西南石窟文献》（卷九），兰州大学出版社，2003年，第25页。

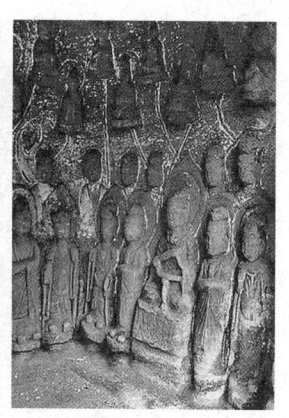

图3-11　安岳圆觉洞摩崖第23号龛右壁、正壁、左壁造像

莲叶。

右壁中层造三尊半身像，主尊头光左侧一身，右侧二身。

摩睺罗伽：左侧像头部高高耸起，耳部斜向后方，颈上缠一条蛇，头部侧面伸出蛇头，蛇尾垂至胸前，双手执蛇身。

不详（推测为紧那罗）：靠近佛像的一身有高发髻，着双层交领衣。

乾闼婆：更外侧一身像，头戴虎头帽。

整个窟龛缺龙部和阿修罗特征的造像。不知是何原因？

（三）安岳县千佛寨摩崖造像天龙八部（盛唐）

千佛寨坐落于安岳县贾岛村大云山顶。在安岳县二百多处石刻中，千佛寨摩岩造像是开创时间最早、延续时间最长（从隋朝开皇年间到民国二十二年），规模最大（计有大小龛窟105个，造像3061躯）的一处。各时代都有代表性作品，包括释迦牟尼佛、药师佛（罕见的经典窟龛）、菩萨、罗汉、金刚、力士、天龙八部等护法神将、飞天、供养人及各种经变等，其中以唐开元至南宋庆元年间（1195）为鼎盛时期，造像精美，充满神韵。

天龙八部造像主要为盛唐作品，集中于千佛寨南岩保存完好的21个"释迦说法龛"中。品相最为完整的天龙八部造像，是高悬于孤崖之上的两龛毗邻的双胞胎般的唐代窟龛——50龛和51龛，[①]可称"释迦说法双龛"，弥足珍贵。二龛为典型唐代龛窟造像形制特征，内龛正中为两菩提树衬托的结跏趺坐佛像，其两侧各造一弟子一菩萨一力士，内龛的左右及后壁上部均雕刻着天龙八部。（图3-12、图3-13）

综合两龛，50龛识别如下：主尊右侧从外向内——右1，摩睺罗伽，愤怒状，焰发，尖耳，獠牙，似有蛇盘绕颈部。

右2，龙部，头顶一龙伸出。

右3，夜叉。

右4，推为天部，高发髻，手持长条状物（此为长耳的演变形式吗？）。

---

① 胡文和：《西南石窟文献》（卷九），第15页。该书称"左右壁各刻四供养人"，实为天龙八部。

图3-12 安岳千佛寨"释迦说法双龛"之第50龛天龙八部及左壁局部

图3-13 安岳千佛寨"释迦说法双龛"之第51龛天龙八部

主尊左侧从外向内——左1,推为紧那罗,端庄,高发髻。

左2,乾闼婆,戴虎头帽。

左3,阿修罗,三头六臂,持日、月、规、矩。

左4,推为迦楼罗,高发髻,发髻上束物似鸟状。

51龛则从左到右是摩睺罗伽、龙部、乾闼婆、天部,紧那罗、迦楼罗、阿修罗、夜叉的组成形式。

（四）安岳县玄妙观中天龙八部形制的道教护法神像[①]

玄妙观摩崖石刻位于安岳县鸳大镇玄妙村四组集圣山腰（卷子塆），布列在一平顶巨型孤石四周，共有龛窟二十二个。从题记纪年（唐开元六年、天宝七载等）、窟龛形制（圆拱形龛楣）、装饰习惯（卷草纹、化佛等繁复纹饰）和造像题材（道教为主，兼有佛道合龛）来看，该摩崖石刻雕凿时代集中在盛唐开元、天宝年间，为国内现存规模最大的唐代道教摩崖造像群，其老君造像风格与四川地区同时期造像接近，有十二个佛道联合造像龛，是反映晋以后道教与佛教互渗、借鉴与联合的代表性实物遗存。惜乎"文化大革命"期间当地曾雇请两个石匠专门破坏，所以许多重要文化信息被破坏湮灭。

玄妙观的八部护法神造像，属于佛道混合神众体系，整体造像为佛教说法龛的翻版，是巴蜀道教、佛教艺术渗透与融合的典型例证。

1. 玄妙观1号老君龛的天龙八部（盛唐·道教龛）

天龙八部形制的道教护法神像出现在1号老君龛（图3-14）。龛楣上方刻有十三尊道教文侍立像。内龛正壁造一老君像（尖桃形头光），左右二弟子（圆形头光），再左右二真人像。内龛外壁凿护法天王像二尊，一持剑、一持如意。主尊仰莲座下沿凿十二金仙。外龛右壁刻一力士像，左刻一真人像。外龛左壁凿一护法真人像，其顶上部刻一天尊像，二供养人像。左凿一天尊像。1号龛正下方有十真人像。正壁后龛刻"八部神"护法半身像。

2. 玄妙观6号的天龙八部（盛唐·佛道并坐龛）

玄妙观6号龛为释迦、老君并坐说法龛，方形双层复合龛，是中国迄今最大、最繁复、雕刻人物最多的唐代老君龛。

龛楣饰卷草纹。内龛为圆拱形，宽179厘米、进深47厘米、高180厘米。内龛正壁造释迦（右）、老君（左）并坐说法一铺，主尊均有桃形头光，于束腰矩形座

图3-14 安岳玄妙观1号老君龛及示意图

[①] 曾德仁、李良、王静：《四川安岳县玄妙观道教摩崖造像》，《四川文物》2014年第4期，第83—92页。

上结跏趺坐。主尊两侧为一弟子和一天真。再外侧为一菩萨和一女真。龛口内沿立二天王。龛口外侧有二力士。天龙八部在主尊后壁。二主尊之间为阿修罗，两侧各三尊，总共七尊八部神众，皆有桃形头光。（图3-15）

3. 玄妙观10号龛的天龙八部（盛唐·佛道并坐龛）

玄妙观10号佛道并坐龛与前述6号龛类似，为双层方形复合龛。内龛圆拱，宽120厘米、进深65厘米、高102厘米。内龛正壁造释迦（右）、老君（左）并坐说法像，主尊均桃形头光，于悬裳座上结跏趺坐。左右凿有弟子、胁侍各一。龛门内沿立二天王。龛外口立二力士。外龛左、右壁各凿三组供养人像。天龙八部环内龛壁伺立，主尊之间为阿修罗，两侧各有三尊八部众，计数七尊。可惜10号龛破坏的更彻底。（图3-16）

4. 玄妙观16号龛的天龙八部（盛唐·佛道并坐龛）

玄妙观16号龛形制为方形平顶，龛宽155厘米、进深70厘米、高191厘米。内造释迦（右）、老君（左）并坐像，主尊均有火焰纹头光，于悬裳座上结跏趺坐。左右各凿弟子、胁侍菩萨或女真各一。龛门内壁有二天王。龛外侧壁凿二力士。八部神众在内龛两侧壁，左右各四。（图3-17）

5. 玄妙观17号的天龙八部（盛唐·佛道并坐龛）

玄妙观17号龛形制为平顶方形，宽165厘米、进深61厘米、高197厘米。内凿释迦、老君并坐像，主尊火焰纹头光，均结跏趺坐于悬裳座上；左右各凿弟子各一、胁侍各一；龛口沿内侧各有一天王。龛

图3-15 安岳玄妙观6号佛道并坐龛的天龙八部

图3-16 玄妙观10号佛道并坐龛的天龙八部

图3-17 玄妙观16号佛道并坐龛的天龙八部

外侧壁凿二神像(似菩萨、女真,而不是通常的力士,形式别致)。龛楣上沿作数尊化佛;左右壁各造六层化佛,总计二十四尊;龛下沿存有三天尊小像。主尊之间后壁浮雕阿修罗。主尊两侧后壁各有三身八部众。(图3-18)

6. 玄妙观18号龛的天龙八部(盛唐·佛道并坐龛)

玄妙观18号为双层方形复合龛,外龛宽151厘米、进深55厘米、高220厘米。内龛宽87厘米、进深65厘米。内龛正壁造释迦(右)、老君(左)并坐像说法像,主尊均火焰纹头光,于悬裳座上结跏趺坐。其余与玄妙观17号龛大同小异,不赘述。

图3-18 玄妙观17号佛道并坐龛的天龙八部

(五)安岳上大佛摩崖造像天龙八部①

上大佛摩崖造像现存二十龛,坐落于四川省安岳县清流乡长新村。其中天龙八部造像位于第1、4、6、7、16龛内,这些龛处在崖面较好位置,平整可观,高度相近,龛形较大,皆为盛唐所造。

1. 上大佛摩崖造像第1龛天龙八部(盛唐)

第1龛为外方内圆拱形双层龛。内龛通壁起倒凹形低坛,坛上雕一佛二弟子二菩萨,内龛龛口两侧各雕一身力士。主尊左右侧上方雕天龙八部半身像,左右侧各四身。

2. 上大佛摩崖造像第4龛天龙八部(盛唐·佛道并坐龛)

上大佛摩崖造像第4龛为盛唐造佛道合龛,单层方形龛形制。龛底环壁起低台。内龛正壁起高约80厘米之坛。坛上方有一浅龛,圆拱形,宽193厘米、高113厘米、深31厘米。浅龛内左右侧雕四胁侍对称立于有尖桃形头光的二主尊两侧。八尊天龙八部半身像位于主尊与胁侍身后,残损十分严重。

在佛道合龛中,道像居右的情况,见于川北地区初、盛唐时期,如阆中佛尔岩第8龛(初唐),巴中西龛第34龛(盛唐武周时期)等;道像多数居左的,在安岳的盛唐佛道合龛中较常见。上大佛摩崖造像第4、15龛的道像居右,与川北地区造像活动文化机理的关联值得探究。

3. 上大佛摩崖造像第6龛天龙八部(盛唐)

第6龛为单层方形龛。龛底环壁起低台。龛内雕"涅槃变"[题记刻有"天宝十四载(755)""两仕家造涅槃变一龛"等字样②],正壁分上下两组像,中央由一条横长方形装饰花纹的条带相隔。(图3-19)

---

① 四川大学考古学系等:《四川安岳上大佛摩崖造像调查简报》,《敦煌研究》2017年第4期,第1—13页。
② 这是目前所知四川地区盛唐时期唯一一处有明确纪年和造像名称的涅槃变龛。

上组造像所在崖面高96厘米。其处中央有横长方形台。方台后雕两排像。下排雕六身立像，中间为弟子二身，余为菩萨。菩萨身下雕卧佛。上排雕天龙八部半身像三身。可识左起第三身为龙部，束圆髻，着交领衣，双手置胸前，头顶盘一右向之龙。

下组造像所在崖面高114厘米，正壁中央有个不规则横长方形凸起，其上方中央造一佛二胁侍。长方形凸起下方也有一横长方形台，方台右侧雕三排立像，左侧对称位置有凸起，但已经风化，不可辨识。下组方台右侧三排立像共12身，从上至下分别是：第一排五身，皆半身像。右起第一身，头顶有尖状凸起，左手置身侧，右手置胸前。右起第二身，束髻，着长袍，双手举于胸前执长方形物，侧身朝向中央；右起第三、四身，头顶皆有圆髻，着交领衣，双手置胸前；右起第五身，头戴盔，右手握长柄状物于肩侧，左手置腰侧。推测此为天龙八部的五尊，与上组三尊合为八部。下组第二排四身，皆着袈裟。下组第三排三身，可辨菩萨、力士等。

图3-19　上大佛摩崖造像第6龛正面。天龙八部由上下两组雕刻共同构成

右壁上部雕两排像。上排残存二身立像，为力士和菩萨。下排雕一身力士像。

4. 上大佛摩崖造像第7龛天龙八部（盛唐）

上大佛摩崖造像第7龛为方形大龛，龛楣、龛面皆饰卷草纹，与盛唐流行样式相类。龛内如相邻的第6龛，分上、下两层龛。内龛环壁起坛，坛上右侧雕一六臂观音和三胁侍，坛上左侧雕一佛二弟子二菩萨。天龙八部造像位于左侧主尊及胁侍头后，现存三身。上述造像皆经后代改刻，原始信息破坏很大。

5. 上大佛摩崖造像第16龛天龙八部（盛唐）

上大佛摩崖造像第16龛推为盛唐造，外方内圆拱形双层龛形制。内龛残存一佛五胁侍。五身天龙八部位于胁侍身后，风化严重。

（六）安岳舍身岩摩崖造像天龙八部[①]

安岳县林凤镇大月村十组的舍身岩摩崖造像，大约开凿于八世纪中叶，题材主要有释迦、弥勒以及佛道合龛等，现存十五龛，造像风格形制受川北的广元、巴中地区影响较大。

---

① 四川大学考古学系等：《四川安岳舍身岩摩崖造像调查报告》，《敦煌研究》2017年第4期，第14—26页。

1. 舍身岩摩崖造像第2龛天龙八部（盛唐）

舍身岩摩崖造像第2龛为外方内圆拱形龛，外龛敞口，内龛弧壁圜顶，内外龛间有台阶相连。其题材、风格与巴中盛唐龛窟，如巴中西龛第10龛等相类，故推为八世纪中期所造。

舍身岩摩崖造像第2龛的内龛有尖桃形龛楣，龛楣上浮雕五身小化佛，化佛之间饰雕团花。龛内造一佛二弟子二菩萨，二力士立于龛口。天龙八部浮雕于主尊身后左右龛壁，每边四身。另外，内外龛连接的台阶前有一佛和四天王小像。（图3-20）

图3-20　舍身岩摩崖造像第2龛天龙八部

左侧壁天龙八部造像，从内至外有：

（1）阿修罗。三头六臂，着交领广袖大衣，上二手托日月，中二手不清，下二手置于腹前。

（2）推为紧那罗。束髻，面部丰圆。

（3）摩睺罗伽。束高髻，头顶有大蟒，蟒尾在颈部盘绕。

（4）夜叉。束髻，面部丰圆，颈部有一圈球形项链状物。

右侧壁天龙八部造像，从内至外：

（1）天部。戴高冠，面部丰满周正，着交领衫，特征化的长耳垂及腹。

（2）乾闼婆。戴虎头帽，兽爪交叉于脖颈前，双手置于胸前，着交领广袖大衣。

（3）推为迦楼罗。似束高髻，两腮凸出。

（4）龙部。头上似有一龙。

2. 舍身岩摩崖造像第12龛的天龙八部（盛唐·佛道合龛）

舍身岩摩崖造像第12龛唐玄宗天宝前后造（752—756），为外方内圆拱形龛，外龛敞口平顶，内外龛间有台阶，内龛弧壁穹顶，内龛龛楣圆拱形，其上部中央有一小坐佛，左右侧各刻雕飞天一身。

内龛环壁起3厘米低坛，坛上造二结跏趺坐于方形仰莲台座上之主尊（左道、右佛）。左右壁坛上各造约7厘米高仰莲台座，台座上各有二胁侍立像，左侧为真人和女真。右侧为弟子和菩萨。二力士立于龛口。天龙八部浮雕于主尊身后左右龛壁上，每边各四身，面部皆较丰圆。（图3-21）

左侧壁天龙八部，由内至外：

（1）紧那罗。头戴尖角帽，身着圆领广袖长袍。

（2）夜叉。头部残毁，颈部有球形项链状物。

（3）迦楼罗。头部残毁，戴高冠，身着交领长袍。

（4）龙部。头戴冠，上有一龙，龙头左

图3-21 舍身岩摩崖造像第12龛天龙八部及右壁局部

向，龙身绕颈，着广袖长袍。

右侧壁天龙八部，由内至外：

（1）天部。束髻戴小冠，长耳垂及腹，着圆领广袖大衣，束腰带。

（2）阿修罗。束髻戴小冠，三头，双臂举于头上分托日月，着圆领衣。

（3）摩睺罗伽。头上盘蛇，蛇尾绕于颈部，着广袖大衣。

（4）乾闼婆。戴虎头帽，虎爪相交搭于两肩。

3. 舍身岩摩崖造像第13龛的天龙八部（盛唐·佛道合龛）

舍身岩摩崖造像第13龛唐玄宗天宝前后（752—756）造，为佛道合龛。其龛制为外方内圆拱形龛，外龛敞口平顶，内外龛之间有台阶相连，内龛有圆拱形龛楣，龛楣中央雕刻一小坐佛，小坐佛左右侧各有一飞天。

内龛环壁起6厘米低坛，坛上造二结跏趺坐于方形台座上之主尊（左道、右佛）。左右壁坛上各造一约8厘米高的仰莲台座，各有二胁侍立于其上，左侧为真人和女真，右侧为弟子和菩萨。（图3-22）天龙八部浮雕于内龛左右壁的上部，每侧各四身。

左壁天龙八部，由内至外：

（1）推为夜叉。风化严重，绾尖椎状高发髻，右手置于身前。

（2）阿修罗。三头，皆束髻戴小冠，六臂，上二手分别托月日，中二手及左下手持物不可辨识，右下手似垂于体侧。

图 3-22　舍身岩摩崖造像第 13 龛天龙八部及左壁局部

（3）摩睺罗伽。头戴帽，头顶盘蟒，蛇尾绕颈。
（4）紧那罗。戴尖角帽，着交领衣。

右壁天龙八部，由内至外：
（1）天部。风化严重，束高髻，左耳下垂至腹。
（2）乾闼婆。头上左侧趴一兽，前肢抱于头顶，后肢缠于颈部。
（3）龙部。束髻，头上盘绕一物。
（4）迦楼罗。头上刻饰一鸟，鸟首左向，尾部上翘。

（七）安岳高升乡千佛岩摩崖造像 20 号龛的天龙八部[①]**（中唐，长庆元年·十二尊组合）**

千佛岩摩崖造像位于安岳县高升乡天佛村六组的南面山坡上，现存二十三龛。题材较丰富，涉及观经变、僧伽变相、释迦说法、地藏、观音等，晚唐五代题记较多，创作时间较明确。

天龙八部造像位于 20 号龛，为外方内圆拱形龛。内龛正壁造一佛二弟子二菩萨，诸像后立天龙八部，顶饰飞天，二力士立龛口。（图 3-23）

后壁造像十二身。主尊左侧五身，自右上至左下，从内至外依次编号为 1—5 号。右侧造像七身，自左上至右下，从内至外依次编号为 6—12 号。

1 号仅露左向头部和左肩。束高髻，面部方圆，双目睁开。

2 号束高髻，面部长圆，双耳硕大，颈三道纹。着交领广袖大衣。双手拢于袖中置胸前。

3 号圆形头光。光头，面部长圆。着交领袈裟。双手合十。

4 号阿修罗。三头六臂，束高髻。裸上身，腰束带，下着短裙。帔帛绕双肩、双臂垂下。两手胸前合十，体侧上臂托日月，左下臂提一称，右下臂托物不明。

5 号面部长圆。头戴盔，肩披帔帛，身着铠甲，腰束带，足着靴。双手按剑于腹前。

[①] 四川大学考古学系等：《四川安岳高升乡千佛岩摩崖造像调查报告》，《南方民族考古》（第十二辑），科学出版社，2017 年，第 256—277 页。

图3-23　安岳高升乡千佛岩摩崖造像20号龛天龙八部

6号头面部长圆，双耳硕大，颈两道纹。戴方冠，上身着衣。

7号面部长圆，双耳硕大，颈三道纹。头戴冠，着交领广袖大衣。拱手于胸前，右手抚左手。

8号面部长圆。头戴冠，着广袖大衣。双手交胸前。

9号摩睺罗伽。裸上身，腰束带，着短裙。颈部绕一蛇。

10号面部长圆。头戴冠，着圆领广袖大衣。拱手于胸前。

11号头部残。颈两道纹。着圆领大衣。双手于胸前拢于袖中。

12号龙部。束髻，面部较方，下颌有胡须。肩披帛，身着铠甲，腰束带，足着靴。双手持短棍形物。头顶有一龙，颈部束带，朝向左侧，侧首回顾。

左壁中部有一长方形碑刻，圆拱形碑首，竖书右起刻楷书大字二行："刻山／之院"。碑身阴刻楷书《释迦牟尼佛龛之记》，曰：

> 长庆元载（821）……镌造……八部之众妆绘将毕刻石标之传万古之遗文……为记时大和二年（828）……①

（八）安岳毗卢洞1号窟护法守护碑有关天龙八部的记载（宋代）

在安岳县城东南方约50公里处的石羊场厥山上，有五窟宋代佛教石窟艺术的精品，

---

① 四川大学考古学系等：《四川安岳高升乡千佛岩摩崖造像调查报告》，《南方民族考古》（第十二辑），第256—277页。

名毗卢洞石窟,计造像465躯,属四川佛教密宗派造像之一。该石窟还有摩崖碑铭三十二通(件),其中1号窟的碑铭就有关于天龙八部的重要信息。

1号窟雕造主尊毗卢遮那佛和"柳本尊十炼图",造像于宋代鼎盛时期。在龛窟右部文殊菩萨与护法天王之间的龛壁上,雕造有宽38厘米、高87厘米的护法守护碑一通。兹录铭文如下:

> 正是金毘瑶(瑶)山,一树丛林,一钱物,一寸地,一物命,立华严大斋八万四千会戒定仰,三界护佛护法护道天神地神山神树神等,一心守护不许十恶五逆,九十五种外道鬼怪精灵,妄起贪爱妒盗心,或放牛羊,侵犯一毫一叶,付天龙八部,五通圣者,八大将军施行,现遭王法众苦恶难,死入阿鼻万劫千生不通忏悔。①

(九)安岳木鱼山摩崖造像的天龙八部②(中晚唐)

木鱼山摩崖造像在安岳县城西36公里自治乡黄河村四社的木鱼山山腰,现存造像二十三龛窟,770尊,有"贞元元年(785)"的题刻,主要开凿于中晚唐。此处龛窟大多为矩形双叠室龛,其中第7、9、13号说法龛的大小较一致,一般高200厘米、宽160厘米、深100厘米左右。龛内雕凿一佛二弟子二菩萨二力士,以及天龙八部。

二、乐至县天龙八部造像

(一)乐至县石匣寺第16号龛的天龙八部③(唐代)

乐至县蟠龙镇石匣寺村二组的石匣寺沟有个石匣寺,寺前耸峙两块巨岩,像守护之门,寺因之得名"石匣"。在此岩石和寺后山崖上,有摩崖造像和碑记等。南面岩石西壁山的石匣寺第16号龛,为唐代双层龛形制。外龛方形敞口,平顶。右侧有阶梯联系内龛。内龛为穹窿顶,有桃形龛楣,上饰缠枝忍冬纹。龛高280厘米、宽350厘米、进深350厘米,为石匣寺最大龛。龛内正壁前雕释迦佛倚坐像。左右壁各立一尊弟子像和菩萨像,二者身后浮雕天龙八部像八身,部分经近年改造妆彩。龛外左、右角各立力士一身。(图3-24)

天龙八部左右各四身,或半身或全身,右3龙部头顶一龙,右4摩睺罗伽,颈部绕蛇;左3阿修罗,三头六臂举日月,其余风蚀或改造严重。

外龛左壁外侧有题刻:

> /仰白十二力士诸佛诸大菩萨罗汉圣僧天龙八部/左膊右肩善恶童子日直月直使者当院茄蓝土地证/大宋国剑南道东川普州乐至县来女乡今有清信弟子文/与女弟子王氏同发心照戏院造石阶一所并路道今已周备意/希夫妇寿算延远……以淳化四

---

① 曹丹、赵晗:《安岳毗卢洞石窟调查研究》,《四川文物》1994年第3期,第37页。
② 胡文和:《四川道佛教石窟艺术》,第86页。
③ 肖世凯:《四川乐至县石匣寺摩崖造像》,《四川文物》2007年第3期,第35—40页;袁国腾:《乐至石匣寺摩崖造像》,《四川文物》1996年第1期,第40—41、16页。

图3-24 乐至县石匣寺第16号龛的天龙八部

年癸巳岁月日……①

外龛左壁内侧还有题刻,表明淳化四年对此龛像进行了妆彩:

/住持僧 廷锷/仰白十方诸佛诸大菩萨罗汉圣僧天龙八部幽显神氏左膊/右肩善恶童子日直月直使当院土地证明今有清信弟/子等与众户装释迦牟尼佛一龛……②

上述题刻明确向"天龙八部"诸神"仰白"祈请,表明宋代民间对其的信仰。

(二)乐至杨家湾唐代摩崖造像的天龙八部(唐代)

杨家湾摩崖造像最重要的遗迹是一尊宋初卧佛。有天龙八部的唐代残龛在与宋代卧佛正对的坡地上,其中摩睺罗伽、乾闼婆等八部造像可以辨识。此坡地前农家果园左侧坡地上还有一规模较大的说法窟,应为盛唐作品,其内龛中侧壁造八部神像,似乎缺阿修罗。

据《仁王护国般若经疏》卷二云:"八部者,乾闼婆、毗舍阇二众……;鸠槃荼、薜荔多二众……;龙、富单那二众……;夜叉、罗刹二众……"③所以,如果从四天王部众的意义理解八部众,没有阿修罗是有典可据的。这里由于风化和破坏,尚不能确切作为该类型证据。

---

① 肖世凯:《四川乐至县石匣寺摩崖造像》,《四川文物》2007年第3期,第35—40页。
② 肖世凯:《四川乐至县石匣寺摩崖造像》,《四川文物》2007年第3期,第35—40页。
③ 《大正藏》第33册,第262页下。

(三)乐至马锣睏佛寺摩崖石刻第27号龛的天龙八部(唐末宋初)

马锣睏佛寺位于乐至马锣镇杨家沟。2013年,其"释迦涅槃圣迹图"(唐末宋初造)被列为全国重点文保单位(第七批)。马锣睏佛寺27号龛内雕倚坐弥勒、二弟子、一地藏、一菩萨、二力士像,龛后壁浮雕菩提双树和天龙八部。① 惜破坏严重,造成辨识的难度。(图3-25)

图3-25　乐至马锣睏佛寺摩崖石刻第27号龛的天龙八部

(四)乐至县龙门乡报国寺千佛岩的天龙八部记载(晚唐)

报国寺千佛岩造像位于乐至县城东北20公里处,其造像"文化大革命"中全毁,唯有两通蜀碑尚存。据《蜀普慈县王董龛报国院碑记》[后蜀广政二十年(957)]和《报国院西方大悲龛记》[后蜀广政二十四年(961)]碑文载,此地曾有"释迦部众""西方龛""大悲龛"的造像。推算时间在晚唐。

第三节　眉山地区的天龙八部造像

眉山市位于成都正南方,始建政于南齐。隋唐时期,眉山市曾反复使用眉州和嘉州二名。唐武德二年(619),属剑南道的眉州辖通义、丹棱、洪雅、南安(今夹江)和青神五县,在研究眉山地区唐代摩崖石刻的区域风格时,要考虑这一历史。眉山地区的摩崖造像群

---

① 王建平、雷玉华:《四川唐代摩崖造像中部分瑞像的辨识》,《敦煌学辑刊》2009年第1期,第88页。

和石窟,较著名的有丹棱县丹棱郑山——刘嘴摩崖造像、龙鹄山道教摩崖造像、鸡公山摩崖造像;仁寿县能仁寺摩崖造像、冒水村摩崖造像、牛角寨石窟、两岔河摩崖造像;青神县中岩寺摩崖造像等;洪雅县苟王寨造像;东坡区连鳌山石刻、丈六院·石碓窝摩崖造像、陈沟千佛岩摩崖造像、万胜镇天乐村十二组法宝寺摩崖造像;彭山区老鹰岩摩崖造像等。

一、丹棱县天龙八部造像[①]

眉山市丹棱县在地理位置上位于蒲江县正南面。丹棱摩崖造像丰富,现统计有三十余处,近四百八十余龛,造像一万二千余尊,石刻铭文题记一万三千余字,分布在刘嘴、郑山、古佛洞、冷箐沟、穿洞子等十余处地方,其中造像最集中的地方要数郑山千佛寺、刘嘴万佛寺和龙鹄山龙鹄观旁、张场镇金峡村的鸡公山摩崖造像、双桥镇梅湾村的佛堂子摩崖造像等。丹棱摩崖石刻造像起于隋,主要以唐天宝九载前后至大中二年(750—848)间为多,是我国唐代中晚期石刻造像艺术的重要遗存资料。丹棱唐代摩崖造像,多数属于民间自发造像,佛(占78%)、道(占15%)、儒(占7%)三教造像俱全,是其主要特点。天龙八部造像代表龛刻在"郑山——刘嘴摩崖石刻"中。

"郑山——刘嘴摩崖石刻"分布在距丹棱县城西偏北约12公里的中隆乡地界,开凿在16大石包上。郑山造像在黄金村十三组,刘嘴造像在涂山村二组,二者隔一条河(姜沟),相距不过里许。该造像群现存造像152龛(一说173龛)(有九十龛左右保存较好),大小雕像约3 093尊(一说5 390余尊)。其中郑山造像六十八龛七百余尊;刘嘴造像八十四龛2 393尊。其内容绝大多数系佛教造像,郑山唐代摩崖石刻有闻世三宝——千手观音龛、净土变龛、瘦身观音龛,以及少数道教造像、佛道合龛。造像风格和蒲江有同源之处,而且有确切纪年的龛刻。

(一)丹棱郑山第51号龛的天龙八部[盛唐,天宝十三载(754)]

郑山第51号龛(在胡文和《四川道教佛教石窟艺术》中,[②] 本窟龛为郑山48号龛)造像内容为"释迦摩尼并部众",竖长方形双叠室龛,内龛高72厘米、宽66厘米、深39厘米,为一佛二弟子二菩萨二天王二力士和天龙八部形制。

郑山第51号龛的天龙八部,由左至右(以观者视点)为(图3-26):

(1)夜叉。面目狰狞之鬼神形象,上半身裸露,筋肉隆起。

(2)天部。耳长像,面部残损,但长耳仍可辨识,穿交领广袖长袍,右手曲于胸前作捻指。

(3)阿修罗。三头六臂,身穿天衣披条帛,上半身戴饰物。当胸双手合十,中间左手拿称,右手拿折尺。上举之左手托月轮,右手举日轮。

(4)迦楼罗。面部自鼻以上残损,尖嘴,嘴下有类鸡之肉垂。衣物为交领广袖长袍,双手当胸合十。

---

① 王熙祥:《丹棱郑山——刘嘴大石包造像》,《四川文物》1987年第3期,第29—33页。
② 胡文和:《四川道教佛教石窟艺术》,第30页。

图3-26 丹棱郑山第51号龛的天龙八部

（5）乾闼婆。头戴兽皮冠像，穿交领广袖长袍。
（6）龙部。头戴兜，穿铠甲，头上有火焰宝珠，头顶一龙盘绕。
（7）紧那罗。头上高尖发髻状，穿交领长袍，手执不明器物。
（8）摩睺罗伽。鬼神形象，上半身筋肉隆起，两手执棍棒，头发乱呈炎状。耳如兽，小而尖。

此龛下部阶台处有造像题记一方，风化难识，可辨天宝字样，确为盛唐所造。题记曰：

> 释迦佛一龛并八部众，七社师主文殊、罗法□院主央龙戴、上座王智尧、录事雍承训、平正宋国惠，已此众人等奉为圣文神武皇帝陛下及□□官僚乡城□一等及法界苍生造供养□，已此□史抱兴杨六□……天宝十三载岁次甲午（754年）三月十日……题。①

（二）丹棱刘嘴第8号龛［盛唐，唐天宝十二载（753）］

刘嘴第8号龛造像主题为"释迦并部众"。主尊佛陀造像倚坐中央，左右雕刻二比丘二菩萨二天王，二力士像浮雕于外龛。龛后壁浮雕天龙八部，从左至右（以观者视点）为（图3-27）：

（1）推为摩睺罗伽。鬼神形象，头部右面残损，上半身裸露，筋肉隆起，作张口愤怒状。左手隐于天王背后，右手拿棍棒。

---

① 王熙祥：《丹棱郑山——刘嘴大石包造像》，《四川文物》1987年第3期，第29—33页。

图3-27 丹棱刘嘴第8号龛的天龙八部

（2）天部。耳朵长垂像，穿交领广袖袍，左手隐，右手曲臂于胸前作握耳垂状。

（3）推为迦楼罗。面部残损，头顶结发髻，穿交领广袖袍。

（4）阿修罗。三头六臂，身穿天衣，批条帛，挂胸饰。面部难以辨识。左右第一双手胸前合十。第二双手分别隐于背光之中。左边第三双手托月轮，右手托日轮。

（5）龙部。穿盔甲像，头顶一龙。

（6）乾闼婆。兽头冠形象，穿长袍。兽脚搭于肩。

（7）紧那罗。上半身穿交领长袍，衣下有穿甲，执笏板。

（8）夜叉。鬼神形象，面部残损，上身赤裸筋肉隆起，右手隐于天王背后，左手作托物状。

该龛保存不是很完好，其中第3身无法辨别，可能为迦楼罗。第1身的鬼神像和第8身的鬼神像均有不同程度的残损，特征都已磨灭，第8身像手托物可能是小儿像，推测为夜叉像。

刘嘴第8号龛旁有题记：

……比丘僧……宝圣文神武皇帝（注：唐玄宗尊号）□□□郡县官僚乡城□监录、首望、典正并七世兄亡□造，永充供养，太岁癸巳造，天宝十二载（753）六月廿二日题。①

---

① 王熙祥：《丹棱郑山——刘嘴大石包造像》，《四川文物》1987年第3期，第29—33页。

（三）丹棱刘嘴第36号龛（盛唐，八世纪中叶）

刘嘴第36号龛造像模式与刘嘴第8号龛基本类似，后壁浮雕天龙八部像，从左到右（以观者视点）为（图3-28）：

图3-28　丹棱刘嘴第36号龛

（1）夜叉。鬼神像，面目狰狞，上半身穿衣，左手置肩位置，手指伸出，似托物状。右手残失。

（2）天部。耳长形象，左耳朵垂胸前，右耳朵垂腹部。右手曲臂置于胸前，穿交领长袍，下身穿裙，沓履。

（3）阿修罗。三头六臂，第一双手当胸合十，第二双手托日月轮，左边第三手残，不可辨认所执器物，右边拿称。

（4）推为迦楼罗。面部残失，穿交领广袖长袍，左手曲臂于胸前，手掌向外。右手隐。

（5）龙部。穿盔甲，头顶一龙盘绕。

（6）乾闼婆。兽头冠像，兽脚成结于肩，穿长袍，双手于胸前拿箱状物。

（7）推紧那罗。头顶结发髻，戴宝冠，穿交领长袍，下身穿裙，穿履。

（8）摩睺罗伽。鬼神形象，头部磨灭，上半身裸形，头颈缠绕大蛇，蛇头明显。

（四）丹棱刘嘴第38号龛（盛唐，八世纪中叶）

刘嘴第36号龛风化和破坏较严重，目前存像十九尊，形制与36号龛同，恕不赘述。

二、仁寿县天龙八部造像

仁寿县境内的摩崖造像较大型的有望峨台、牛角寨、坛神崖、千佛崖、龙兴寺、蛮子洞及父子寺等地。

(一)仁寿县望峨台摩崖造像的天龙八部[①]

望峨台在仁寿县城东北约3公里,是天然石崖寨,原名石矩山。摩崖刻像即分布于崖寨石壁的前面和后面。石龛的造型一般近于方形者居多。龛中造像龛后壁多浮雕天龙八部,主题多刻一佛、二弟子、二菩萨、供养人及力士、天王等,龛内的石座上,雕浮雕舞乐。根据形制、题记等因素判断,望峨台天龙八部造像主要属盛唐所创作。望峨台摩崖造像1961年曾列入第二批省级文物保护单位,但从1980年起,全省又重新确定并公布省级文物保护单位,望峨台摩崖造像因毁坏("文化大革命"中修建黑龙滩水库时)而被注销。

(二)仁寿县牛角寨摩崖造像的天龙八部[②](盛中唐·四佛龛)

牛角寨摩崖造像位于距仁寿县城北35公里处的高家乡英头村(曾称鹰头村)。[③]造像分布在东岩壁(大佛阁)和东(观音堂)、北(坛神岩)岩前十六块石包的岩壁上,共101龛,其中九十五龛系佛教造像,计1 395尊;六龛道教造像,计124尊。1989年文物建档时登记编号为D1-101号,共计佛、道造像1 519尊。据D53号龛《南竺观记碑》载"大唐天宝八载(749)太岁己丑四月乙未朔十五日戊申,三洞道士杨行进……等共造三宝像一龛"和D13号龛题记"贞元十一年(795)太岁乙亥元月建,戊寅廿八日书",锚定牛角寨石窟营建于盛中唐。

天龙八部所在龛为:

D34号、D39号龛为四佛二弟子二菩萨八部众二天王(或力士)的布局,与夹江千佛岩D区72龛中唐四佛形制,大足法华寺盛中唐第1窟四佛形制有紧密的文化关联性。

D34号龛四佛皆坐在金刚座上,其中一尊垂足而坐,其余则结跏趺坐(尖桃形头光,外轮廓饰火焰纹,内圈饰连珠纹)。佛两侧各立一弟子(圆形头光,饰连珠纹)和一菩萨(左侧尖桃形头光,右侧圆形头光)。龛门外沿立二天王,穿铠甲,身姿较刻板。(图3-29)天龙八部胸像在佛陀头光上面一字排开。从左至右依次为(图3-30):

(1)夜叉。面目狰狞,大口似笑,右手托小儿。

(2)不详。女相,头顶似有发髻或角。推为紧那罗。

(3)阿修罗。三头六臂,举日月、规矩、合十。

(4)乾闼婆。戴兽首帽,手捧琉璃琴横置胸前。

(5)天部。发髻分开,戴束发冠,耳朵长垂至肩。

(6)龙部。头顶一龙。

(7)推为迦楼罗。头顶发冠似鸟形。

(8)摩睺罗伽。龇牙咧嘴,面目狰狞,颈上缠绕大蛇。

D34号龛八部众造型意味遵循传统,符合仪轨,若不是风化残损,也属于天龙八部标准形制。与之布局相同的还有D39号龛,只不过其龛口外两侧各立一赤裸上身、肌腱偾

[①] 吴觉非:《四川仁寿望峨台的摩崖造像》,《文物》1957年第1期,第37—38页。

[②] 邓仲元、高俊英:《仁寿县牛角寨摩崖造像》,《四川文物》1990年第5期,第71—77页。

[③] 高大伦等:《仁寿牛角寨石窟——四川仁寿牛角寨石窟考古调查报告》,文物出版社,2018年。

第三章　成都以南地区的天龙八部造像

图 3-29　仁寿县牛角寨 D34 龛天龙八部全景

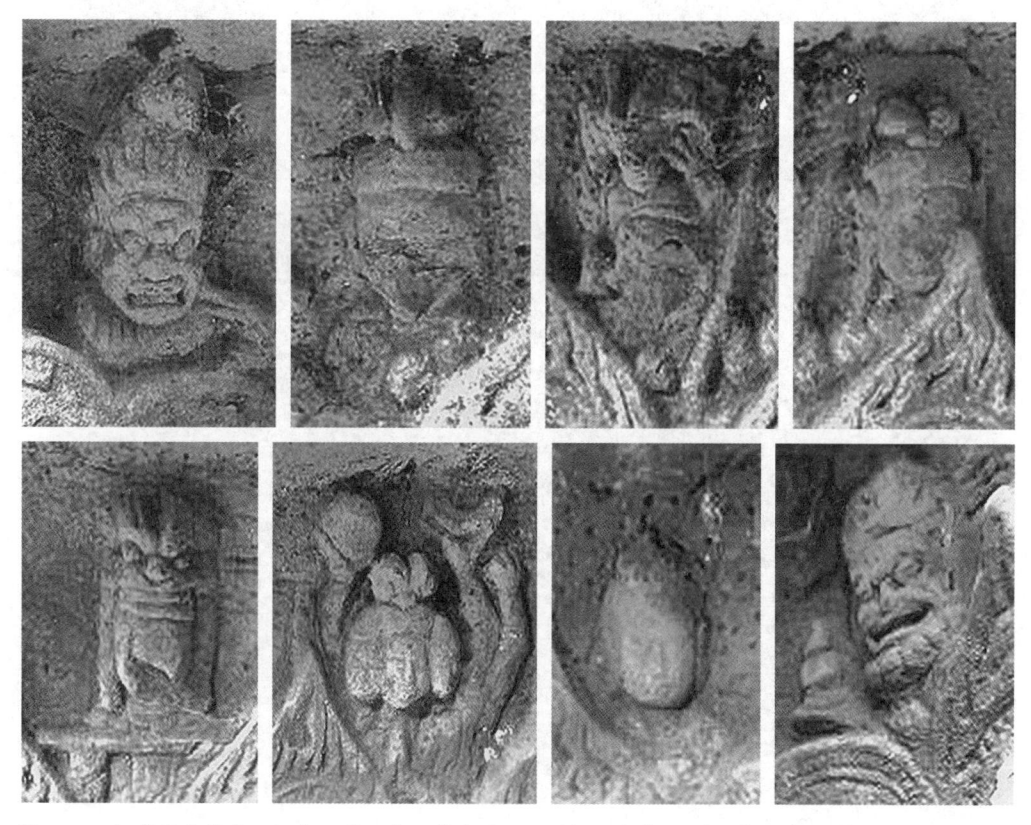

图 3-30　仁寿县牛角寨 D34 龛天龙八部：摩睺罗伽、迦楼罗、龙部、天部、乾闼婆、阿修罗、紧那罗、夜叉

张的力士。八部众残迹辨识，从左至右分别为（图3-31）：夜叉（持小儿）、紧那罗（头上的角）、不详（推乾闼婆）、阿修罗（三头六臂）、龙部（头顶龙头）、天部（长耳）、不详（推迦楼罗）、摩睺罗伽（与D34号龛同尊像相似）。

D35号龛为一佛、二弟子、二菩萨、八部众、二力士布局（图3-32）。佛在金刚座上结

图3-31　仁寿县牛角寨D39号龛的天龙八部

图3-32　仁寿县牛角寨摩崖造像D35号龛的天龙八部

跏趺坐，双手禅定印，尖桃形头光，椭圆形身光。佛陀两侧各立一弟子（圆形头光）和菩萨（尖桃形头光），脚下为单层仰莲台。龛口为二力士，形态张扬孔武。天龙八部头像在佛、弟子、菩萨头光上部一字排开，虽然风化和人为破坏严重，但整体与D34号龛的处理手法较一致。

D60号龛为一佛、二弟子、二菩萨、八部众、二金刚、二力士布局，与D35号龛小异，风化较重，恕不赘述。

另外，在坛神岩"并列真人窟"左下侧山崖上一处约50厘米宽的佛道合龛，其侧壁存八部，尚可辨识阿修罗、夜叉、摩睺罗伽的特征。

（三）仁寿县龙桥乡的天龙八部①

龙桥乡在仁寿县城东面29公里处。龙桥乡境内在绿水河两岸的东林、凤鸣、练武三个村，有白艮罐、渣口岩、石佛沟、千佛寺四处石窟造像，共六十四龛佛、道造像，最早开凿年代在至德元载（756），最晚为元和六年（812）。（图3-33）

图3-33 仁寿县龙桥乡石窟佛道造像龛的天龙八部

1. 白艮罐第3号龛的天龙八部（中唐·佛道合龛）

白艮罐位于凤鸣村四组，计有四龛六十七尊佛、道造像。

---

① 高俊英、邹毅：《仁寿龙桥乡唐代石窟造像》，《四川文物》1994年第1期，第25—33页。

白艮罐第3号龛为双叠室方形龛,穹隆顶,造像三十九尊。龛内正壁中置一座,座顶并立二像(左道童、右比丘)。二像顶部为阿修罗(高发髻,戴束发冠,身披双领下垂式大衣,三头六臂,前二臂合十,后四臂分托日、月、矩尺和秤等法器)。道童、比丘像身前两侧为二主像(左道右佛)。

诸像身后左右侧壁各分上中下三层造像,内容如下表:

内容 位置	左侧壁内容			右侧壁内容		
上层	二部众	二仙真: 执拂、拱揖	二护法神	二部众	二仙真: 皆拱揖	二护法神
中层	一部众	三仙真: 皆拱揖	二护法神	二部众	二仙真: 拱揖、持扇	二护法神
下层	二真人	一侍者	一天王	一力士	二真人	一侍者	一天王	一力士

就天龙八部而言,正面看从左至右依次辨识为:

(1)摩睺罗伽。右侧壁中层,蛇头从其左臂下方伸出。
(2)不详。右侧壁中层,右手抓住一小鬼头,左手拧其耳朵。
(3)阿修罗。正后壁居中,三头六臂典型样态。
(4)龙部。左侧壁上层,双手执剑,头顶伸出一龙头并显露一条四爪腿。
(5)不详。左侧壁上层,颈系巾,赤上身,肌、乳突出,双手抚腹。
(6)夜叉。左侧壁中层,肩系披巾,左手食指撑下颌,右手抱小孩于右侧。
(7)不详。右侧壁上层,肩披铠甲,左手叉腰,右手持长矛,赤脚踩在一鬼背上。
(8)不详。右侧壁上层,

此龛题材较为特殊,在相距不远的牛角寨、龙桥乡渣口岩都有相似的排列组合出现,出现了脚踩小鬼的形象,且增加了兵器。

2.白艮罐第4号龛的天龙八部(中唐·佛道合龛)

白艮罐第4号龛为释道混合龛,龛型为双叠室单檐屋形平顶龛,装饰较华丽。

龛正壁:左道右佛二主尊。其身后之间刻二头像,其左者头有高发髻,右者则光头。道像左侧侍立一人。佛像右侧侍立一僧。左右两侧壁对称排列,内站真人或菩萨,外立二天王。外龛口立二力士。龛壁三方上部,错落排列天龙八部和一身道教护法神,共九头像,阿修罗居中。

3.渣口岩第6号龛的天龙八部[中唐,早于大历十一年(776)]

渣口岩造像位于凤鸣村五组青杠岭山腰,共十五龛,佛道造像101身。渣口岩第6号龛主体为一佛二弟子二菩萨二力士。龛壁三方上部对称排列天龙八部。

4.渣口岩第8号龛的天龙八部(中唐·佛道合龛)

渣口岩第8号龛为佛道合龛。二主像为左道右佛。主像侧立二弟子或二真人,前低后高排列。两侧壁左立真人,右立菩萨。真人、菩萨外侧立供养侍者。再外侧为踏鬼天王。两侧龛口各立一力士。龛壁三方上部和中部列五仙真、四伎乐神、五护法神。八部众穿插在伎乐神和护法神之间,阿修罗居中。

5. 渣口岩第10号龛的天龙八部(中唐·佛道合龛)

渣口岩第10号龛为佛道合龛。龛形为叠室平顶、方形龛。龛正壁,左道右佛二主像居中。主像两侧分立真人或弟子各二身。两侧壁对称排列真人或菩萨、供养侍者和天王。龛口外立二力士。龛壁三方上部除不对称排列天龙八部外,在左侧有一头戴莲花冠的仙真和头系双环髻结的女真。

6. 石佛沟第14号龛的天龙八部(中唐)

石佛沟造像位于练武村一组,分布在长9米、宽6米的"抱鸡婆石"上。共十八龛,有佛教造像392躯。人为破坏严重。

石佛沟第14号龛主题为"说法图"。重檐屋形双叠式平顶方形龛。龛内设坛,坛壁浅浮雕六莲叶状小龛。坛基正中为施禅定印主佛。二弟子、二菩萨二天王分列两侧。龛口外立二力士于台基上,台基下各雕一卧狮。龛壁上部左右对称排列天龙八部。

7. 千佛寺第4号龛的天龙八部(中唐·佛道合龛)

千佛寺造像位于龙桥乡初中校舍后,原为千佛寺大雄宝殿。共二十七龛,有佛、道教造像246尊。人为损毁严重。此处造像题材集中,有佛道合龛、弥勒、如意轮观音、千手观音、释迦说法、二佛、一佛四菩萨、华严三圣、西方三圣、净土变等。

千佛寺第4号龛为佛道合龛。龛形为叠室弧形顶方龛,造像十六尊,头部均残损。本龛是仿照佛教一佛二弟子二菩萨说法龛样式。龛内主像二身居中,左道右佛。道像左侧侍立二真人。佛像右侧立一弟子一菩萨。龛口立二力士。八部众穿插刻于龛壁上方。

8. 千佛寺第8号龛的天龙八部(中唐)

千佛寺第8号龛的主题为"说法图",为重檐屋形双叠室弧形顶方形龛。龛壁三方呈弧形,造像十五尊,残损较严重。龛内列布一佛二弟子二菩萨。龛口外立二力士。龛口两端各刻一卧地祥兽(狮)。八部众对称排列刻于龛壁上部。

仁寿县龙桥乡的天龙八部造像,可以说是佛、道两教在造像艺术上相互影响、融合发展的典型例证。其佛、道合龛造像配置灵活多样,但胁侍都以"弟子—侍者""菩萨—真人"对称,并配以天龙八部,道教的歌神、护法神和仙真或设或免,且多少不等。

如千佛寺造像,4号龛以一弟子一菩萨与二真人对称,后壁刻天龙八部。

渣口岩10号龛配二弟子一菩萨与三真人对称,后壁刻八部众与二仙真。

渣口岩8号龛则阵容庞大,以道教形象为主。虽然前排是二弟子一菩萨与三真人对等,但后排上、中部却是道教歌神、护法神、仙真共十四身对八部众。

白艮罐4号龛以一弟子一菩萨一天王与二真人一天王对称,后壁则刻八部众和一身护法神而不对称。

白艮罐3号龛下层刻二弟子(为了对称,可以取消菩萨)一侍者一天王、一力士,与二真人一侍者一天王、一力士均对称,中、上层道像十五身与天龙八部却不对称。

（四）仁寿县大化镇杀人槽第11龛的天龙八部[①]（晚唐，九世纪上半叶·佛道合龛）

杀人槽摩崖造像位于仁寿县大化镇喜鹊村刘家山山腰上。相传明末张献忠在此，杀人数百，故名杀人槽。现存造像十四龛，天龙八部位于第11龛，开凿时间约在九世纪上半叶。

杀人槽第11龛为竖长方形双层龛。内龛为佛帐形龛，单层屋檐，宽74厘米、高98厘米、37厘米，龛内设长方形坛，坛上雕左天尊右佛陀，天尊左侧造一真人一侍者像，佛右侧雕一弟子一侍者像。主尊头上各有华盖，各华盖两侧有一身飞天，台前下方各雕一身伎乐。龛口有二力士像。左右两侧侍者被盗。天尊及佛共用台基下雕两身供养菩萨像。龛前下方两侧各雕一身力士像，二力士像间雕一对狮子。天尊、佛背后壁面上浮雕天龙八部，仅雕出头部，破坏严重。（图3-34）

图3-34　仁寿县大化镇杀人槽第11龛的天龙八部

第四节　乐山地区的天龙八部造像

乐山位于岷江、青衣江、大渡河交汇处，古称嘉州，其东与自贡、宜宾毗邻，南与凉山相接，西与雅安连界，北与眉山接壤。乐山传入佛教是在东汉，历史相当古老。东晋以后，

[①] 董华锋、陈卿等：《仁寿县大化镇杀人槽摩崖造像调查简报》，成都文物考古研究所编著：《成都考古发现（2014）》，科学出版社，2017年，第501—510页。

民间信仰佛教日盛,寺庙与日俱增。唐宋时期,乐山成为中国西南佛教文化的重要代表,此期间建成了著称于世的乐山大佛。乐山现存摩崖石刻破坏较大,如犍为县的金石井唐代摩崖石刻造像(金井乡政府对面千佛崖上,"破四旧"时毁坏大部分,现存四残龛[①]),井研县千佛镇东千佛岩唐代摩崖石刻和井研县乌抛乡石堰村五组一块巨石(三十七龛1 046 躯)、玉皇顶村五组两块巨石(十一龛99躯)的晚唐摩崖石刻群,沐川县利店镇凤村乡隆兴村明代千佛崖石刻,夹江县千佛岩、吴江镇牛仙寺的唐代摩崖造像等。目前,天龙八部造像主要见于夹江县诸唐代窟龛中。

一、夹江千佛岩摩崖造像中的天龙八部

夹江千佛岩摩崖造像西距夹江城2—3公里,位于青衣江北岸崖壁(大观山南麓),处于四川古代造像区西缘,与丹棱、蒲江、眉山、仁寿等周边造像群呼应生辉。夹江千佛岩摩崖造像共有165龛窟,上迄盛唐、下延明清,造像数以千计,按A(1—7龛)、B(8—38龛)、C(40—71龛,74—82龛)、D(72、73、83—104龛)、E(105—143龛)、F(144—159龛)、G(160—162龛)分为七个区,造像规模仅次于广元、大足、安岳、巴中等佛教造像群。

(一)A区4龛的天龙八部(晚唐至五代·龛窟布局特殊)

A区4龛为方形双重龛。外龛为方形龛楣。内龛龛顶平,龛壁缓弧形。龛门左右上部均浮雕卷草纹。内龛龛楣梯形,三角形斜撑上浅浮雕卷草纹。内龛正壁设三层卷云基坛,分上中下三层;两侧壁设二层基坛,分上下两层。

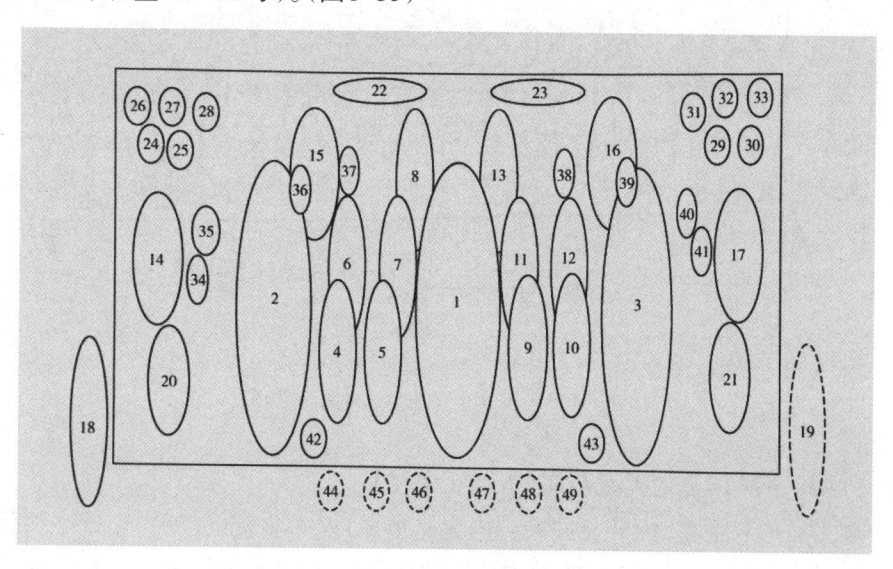

龛内造像四十九尊,层次序列分明:一佛(1号)、二菩萨(2、3号)、十弟子(4—13号)、四天王(14—17号)、二力士(18、19号)、二供养人(20、21号)、二飞天(22、23号)、十方诸佛(右24—28号和左29—33号)。(图3-35)

图3-35 夹江千佛岩A区4龛尊像分布表

[①] 据1991年版《犍为县志》和2004年版《犍为县志》记载。

四天王各有眷属：14号天王左后侧为34、35号；15号天王右、左两侧为36、37号；16号天王右、左两侧为38、39号；17号天王身右后侧为40、41号。这34—41号可视为天龙八部（当然，如果从独立形制来说是需要商榷的）。

34号：头顶似有高冠或炎发，上身赤裸，双手屈肘合于腹部似持棍状物，下着短裙露膝。35号：头顶束球形高发髻，似戴冠，双手合十于胸前，着长袍，袖宽垂至膝下，系腰带。36号：仅见头右侧和右肩、胸部，似着胸甲。37号：半身，似天女，头戴筒状宝冠，长发披肩，双手合十于胸前，着长袍，宽袖。38号：身着通肩长袍，袖宽下垂，左手屈肘举左胸前，右手下垂至右身侧，着广袖长裙，着履。39号：炎发，目圆而突出，右手屈肘举右胸前，上身赤裸肌肉发达。40号：不详。41号：不详。这些形象没有特殊的特征，因此难以与标准天龙八部造像对应。（图3-36、37）

图3-36　夹江千佛岩A区4龛示意图

（二）B区下部14龛的天龙八部（五代至宋初）

该龛为方形双重龛，内外龛同底。内龛龛顶平，左右龛壁也较平，正壁略缓弧形。内龛设三层弧形台基，下层高5.5厘米，中层高21厘米，上层高20厘米。内龛正壁设基坛五层，不规则，龛内小立像大约呈上下五排站立。

此龛造像远比A区4龛复杂，雕刻尊像126身之多。据《四川石窟寺大系——夹江千

图3-37 夹江千佛岩A区4龛现场图

佛岩》判定37—42号为天龙八部,六身。如果考虑对称性,漫漶的102、107号虽被归为供养人像,但也不排除是天龙八部的可能。(图3-38)

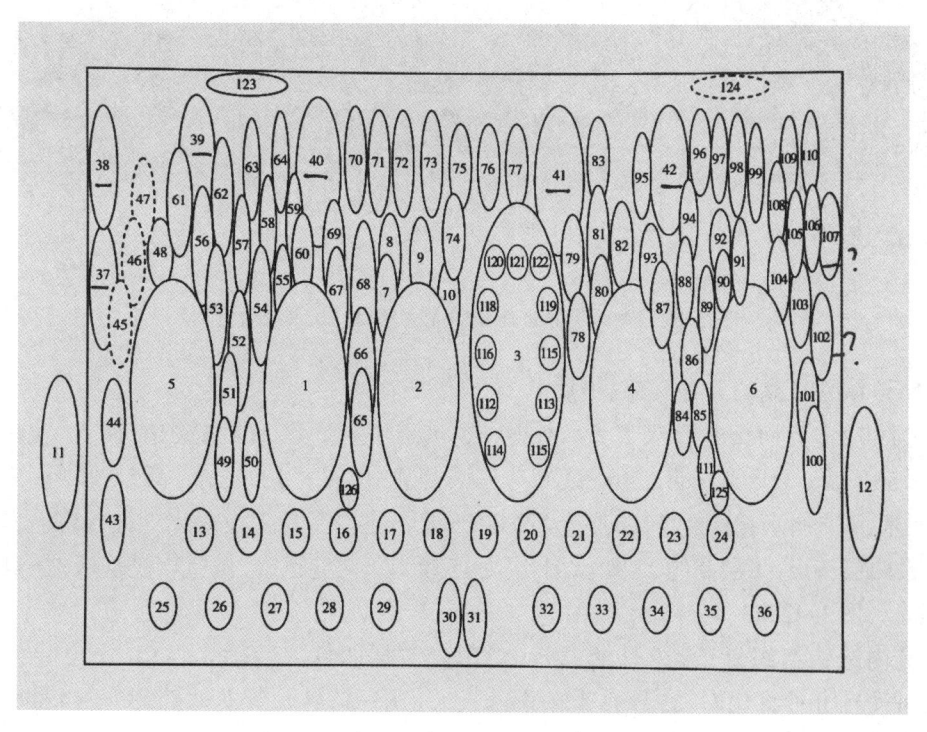

图3-38 夹江千佛岩B区14龛尊像分布表

37号：头顶束三角形高发髻，戴冠，面大丰满，双手屈肘于腹前持一长剑物，下端杵地，穿铠甲，鳍袖，系腰带。

38号：龙部。戴冠，双臂展腋屈肘，左手置左后胯部，右手置右前胯部，系腰带，穿长裙。尊像右侧有龙自左肘部向龛顶方向伸出。

39号：炎发，圆眼怒睁，戴项圈，右臂伸向右侧与肩平，左手屈肘于胸前握一长棍状物，搭于左肩，上端略呈圆形，下端至右胯部。系腰带，下腹部有倒三角形衣纹。

40号：阿修罗。三头六臂，炎发，戴连珠项圈，双肩披父字形天衣。

41号：戴胄穿甲，头顶有宝珠状物，左手屈肘置左腰部持弓状物，横过胸前搭于右肩。右手屈肘穿过弓状物上举，下身着裙。

42号：乾闼婆。似带有兽头冠，与龛顶平。颈部有蚕纹，双手屈肘抱长条状物于身前，左手在上，右手在下，搭于左肩。

102、107号风化严重。（图3-39、40、41）

图3-39 夹江千佛岩B区14龛右壁、正壁、左壁示意图

（三）D区72龛的天龙八部（中唐）

D区72龛为横长方形双重龛。外龛方形龛楣，龛壁平。内龛宽165厘米、高96.5厘米、深56厘米，方形龛楣带三角斜撑，有三层台基，下层宽122厘米、高5.5厘米；中层宽117厘米、高5厘米；上层宽115厘米、高6.5厘米。主尊基坛上设高坛立比丘像。左壁转弯处设两层基坛，下层高约20厘米，上层高15厘米。内龛正壁、侧壁均设基坛2—4层，高低不等。（图3-42、43、44、45）

龛内造像组织复杂，内外龛共计113尊。包括四佛二菩萨坐像（1—6号），十弟子（7—16号），九神将（17—25号），十一供养天人（26—36号），天龙八部（37—44号），十方诸佛（71—75号，76—80号），四组一佛二菩萨（59—70号），驯兽人一尊（45号），背屏式座

图 3-40　夹江千佛岩 B 区 14 龛右壁图 　　　　　图 3-41　夹江千佛岩 B 区 14 龛左壁图

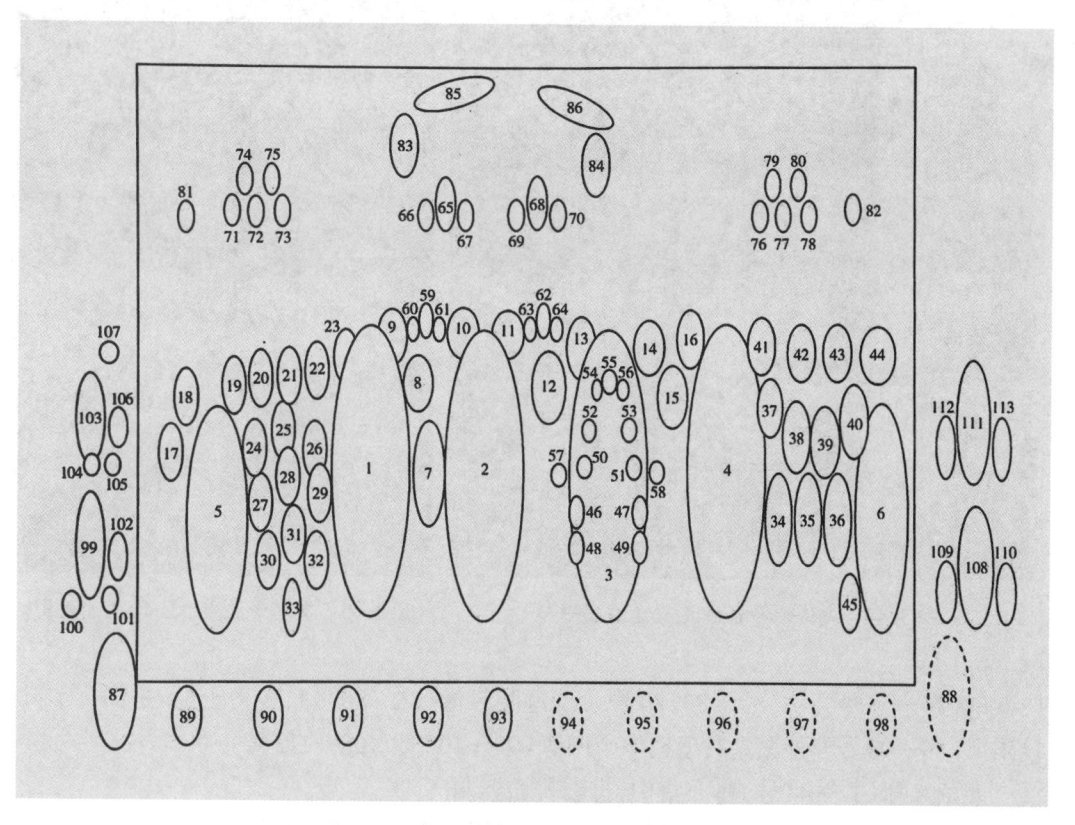

图 3-42　夹江千佛岩 D 区 72 龛尊像分布表

图 3-43　夹江千佛岩 D 区 72 龛右壁、正壁、左壁示意图

图 3-44　夹江千佛岩 D 区 72 龛右壁图　　图 3-45　夹江千佛岩 D 区 72 龛左壁图

内雕刻（46—58号），二飞天（83、84号），二迦陵频伽（85—86号），二力士（87—88号），十伎乐天（89—98号），外龛左右壁造像十四尊（99—107号，108—113号）。

天龙八部（37—44号）排布集中，打破普通形制。

37号：摩睺罗伽。下颚似有髯，束发髻，着胸甲，双手屈肘于胸前，左手下右手上执一折叠的长绳状物(推为蟒蛇)。

38号:夜叉。束发髻,着胸甲,双手合于胸前持长剑状物,剑尖触地。

39号:迦楼罗。束发髻,着胸甲,腹部鼓圆,双手合十于前。

40号:天部。束发髻,着对襟长袍,胸部系带,双手笼于袖中合拱于胸前。

41号:紧那罗。束高发髻,髻正中有下宽上细的长条状物自额伸向髻顶,左手屈肘置腹前。

42号:龙部。头戴胄,着胸甲,头顶右侧龛壁有龙形,左手屈肘置于左胸前执斧状物扛于左肩。

43号:乾闼婆。头顶戴兽头帽,披对襟大衣,胸部系带,双手笼于袖中合于胸前,执长板状物置右肩,上端与耳上部齐平。(此形象与四川明代佛寺壁画造型相类。)

夹江千佛岩D区72龛与大足法华寺第1窟、仁寿牛角寨D34号和D39号龛的四佛形制相类,具有紧密的文化关联性。

44号:阿修罗。三头六臂,举日月、矩、合十,束高发髻。

(四)D区73龛的天龙八部(晚唐至五代)

D区73龛为横长方形双重龛。外龛方形龛楣,龛壁平。内龛宽167厘米、高85.3厘米、深61厘米,方形龛楣带三角斜撑,龛顶平,龛壁缓弧形。(图3-46、47、48、49、50)

D区73龛造像同样非常复杂。内龛造四佛二菩萨(1—6号),十弟子(7—16号),十神将(26—35号),天龙八部三尊(44、45、51号,但调查报告也不肯定对称龛面是否还有天龙八部尊像,比如20、21、22、23的可能性极大),供养天人及不可辨识者二十二尊(17—25号,36—43号,46—50号),十方诸佛二组(52—61号),飞天二尊(62、63号),驯兽人一尊

图3-46 夹江千佛岩D区73龛正面图

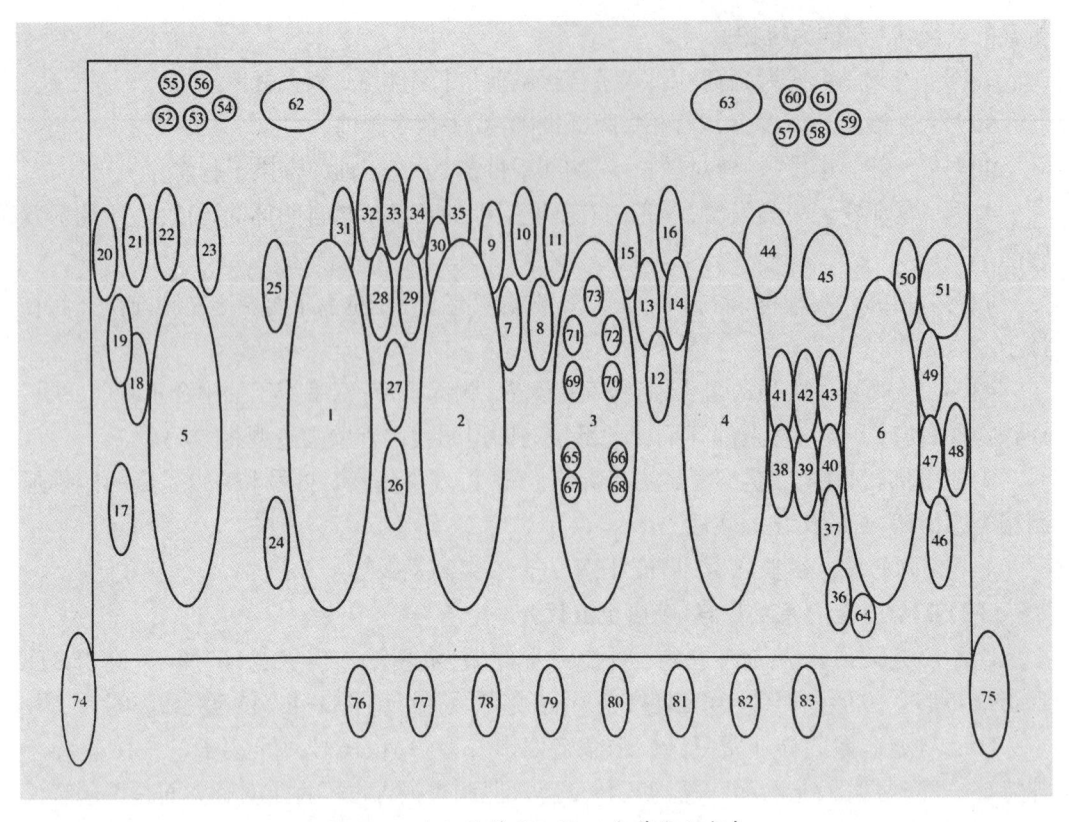

图 3-47　夹江千佛岩 D 区 73 龛尊像分布表

图 3-48　夹江千佛岩 D 区 73 龛右壁、正壁、左壁示意图

（64号），背屏式座上组雕（65—73号），二力士（74、75号），伎乐天八尊（76—83号），共计八十三尊。

44号：乾闼婆。戴兽头帽者，着圆领长袍，双手笼于袖中合拱，衣袖宽大下垂，左壁抱一竖长条状物搭在左肩，伸至龛顶。

图3-49 夹江千佛岩D区73龛右壁图　　　　图3-50 夹江千佛岩D区73龛左壁图

45号：阿修罗。三头六臂，竖发高髻，戴卷云纹小冠，下二臂合十胸前，中二臂持规矩，上二臂举日月。下身着裙，系腰带。

51号：摩睺罗伽。炎发，戴项圈，肌肉突起，右手下垂持一短棍状物，左手持一长蛇状物。下身着短裙。

20号：顶部有发髻，右肩有衣纹。

21号：头顶有兽头状物，可能为天龙八部之一。

22号：头顶有高发髻，发髻两侧伸出对称卷云状物，可能为天龙八部之一。

23号：残毁。

（五）D区86龛的天龙八部（晚唐）

D区86龛开凿于晚唐，为方形双重龛。外龛方形龛楣，龛壁平。内龛宽105厘米、高92厘米、深47厘米，龛顶平，内龛平面呈半椭圆形。内龛龛床上三壁设弧形基坛，高17厘米。（图3-51、52、53）

D区86龛造像形制复杂。正壁主要为一佛（1号）、二弟子（2、3号）、二菩萨立像（4、5号），左骑乘青狮菩萨（6号），右骑乘白象菩萨（8号）。内龛正壁及两侧壁浮雕天部、神将、乘云天人（7、9—27号），共十八尊。外龛两侧浮雕二力士（28、29号）。外龛龛床上半浮雕香炉一只（30号），狮子二尊（31、32号）。

就天龙八部而言，能识别的有阿修罗（15号）和龙部（16号）。阿修罗炎发，三头六

图 3-51　夹江千佛岩 D 区 86 龛正面图

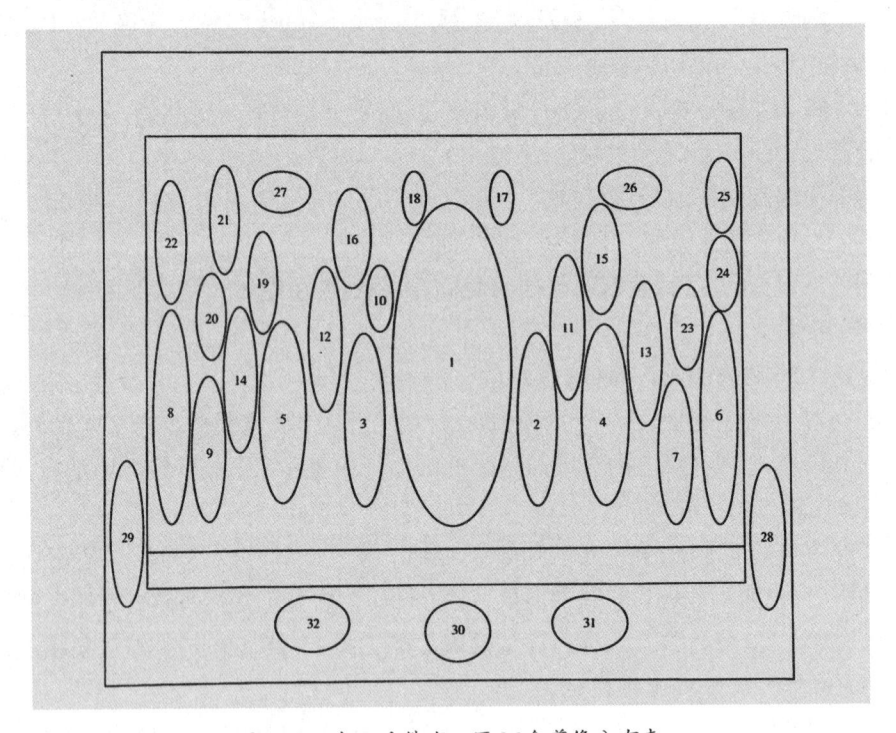

图 3-52　夹江千佛岩 D 区 86 龛尊像分布表

图 3-53 夹江千佛岩 D 区 86 龛正面示意图

臂,六臂举日月规矩并合十。龙部戴头盔,着胸甲、腹甲,头部周围浮雕龙形。

其余笔者按位置推测,如果是八身天龙八部,则左侧有 23、24、25 号,右侧有 20、21、22 号。如果是六身天龙八部则去掉 20、23 号。但更有可能是二身天龙八部,配四大天王(21、22、24、25 号)和十弟子,但由于左侧规划问题,所以少雕一身听法弟子,24、25 号天王也显得位置局促。

(六)D 区 88 龛的天龙八部(晚唐)

D 区 88 龛开凿于晚唐,为方形双重龛。外龛方形龛楣,龛顶平,龛壁平。外龛龛床设双层坛,底层方形,上层弧形。内龛高 76 厘米、宽 102 厘米、深 56 厘米,龛顶平,方形龛楣,弧形抹角,三壁缓弧形,龛床上沿三壁设弧形坛。

D 区 88 龛造像形制复杂。内龛龛床上正壁为中尊一佛(1号)、二弟子(2、3号)、二菩萨立像(4、5号)。内龛左侧壁下方骑狮菩萨(6号),右侧壁下方骑象菩萨(7号)。内龛正壁及两侧壁,中尊三壁浮雕比丘二层共十一尊(此处较明确的比丘十身,包括 8、9、10、11、12、13、14、15、16、17 号,但第 18 号与天龙八部位置齐平,其为戴冠形制,所以其尊格所指还有疑问),三壁最上层为浮雕天龙八部八身(包括 19、20、21、22、23、24、25、26,其中 26 号虽为炎发,但所处位置比其余天龙八部略低,所以 18 号与 26 号在研究中较难把握)。内龛龛顶浮雕飞天二身。外龛下层基坛上,高浮雕一香炉二狮子。外龛左右侧下端浮雕力士二身。外龛上层基坛,两侧对称浮雕伎乐天各四身。共造像四十一尊。(图 3-54、55、56)

D 区 88 龛天龙八部造像:

19 号:头顶覆钵状发髻,戴三面宝冠,着圆领袍,双手屈肘,双手置于腹前。

20 号:着低圆领袍,袒露胸部,双臂屈肘,双手隐于大袖中,合掌于胸前。

21 号:头顶高发髻,戴三面宝冠,着低圆领袍,袒露胸部,双臂屈肘,握棒状物,举于左肩。

22 号:阿修罗。三头六臂像,炎发,戴冠圈,托举日月矩尺等。

23 号:头顶高发髻,戴三面宝冠,耳后两侧系冠缯带。着高圆领袍,外着低圆领外衣,

图 3-54　夹江千佛岩 D 区 88 龛正面图

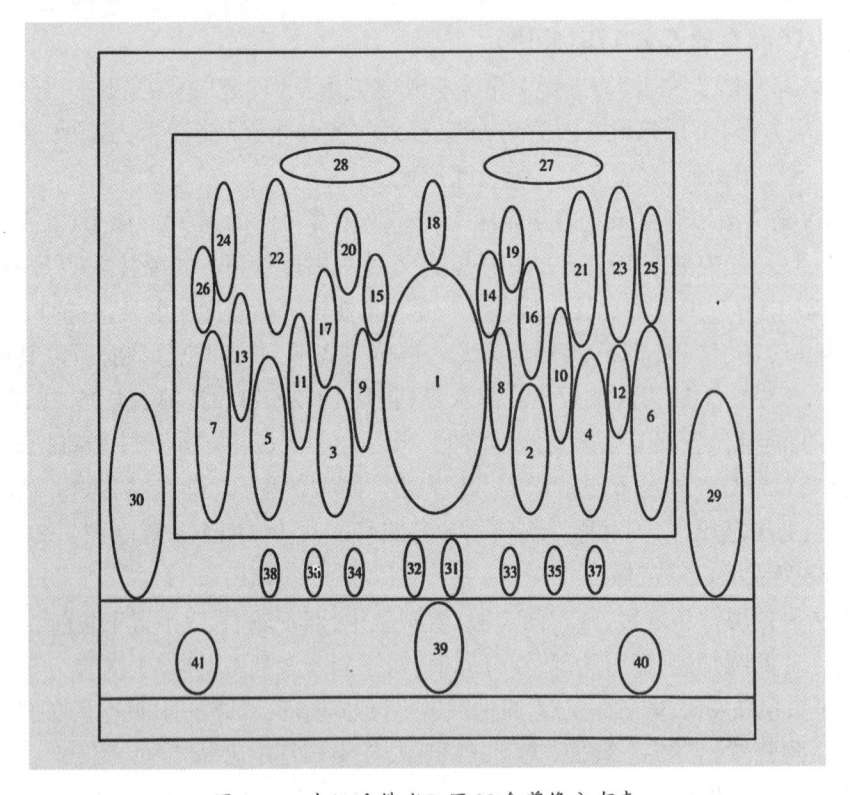

图 3-55　夹江千佛岩 D 区 88 龛尊像分布表

图3-56　夹江千佛岩D区88龛右壁、正壁、左壁示意图

双臂屈肘,合掌于胸前。

24号:炎发,上身着右衽衣,下着裙,腹部系带,双臂屈肘,双手置于左侧胸前,手持棒状物。

25号:头顶覆钵状发髻,戴头盔,上身铠甲,左臂屈肘横置腹前,右手垂于体侧,手握长柄锤。下身着裙,腰系带。推为迦楼罗。

26号:炎发,其余漫漶不清。

二、夹江牛仙寺摩崖造像225号龛中的天龙八部①(晚唐,元和十五年)

牛仙寺摩崖造像位于夹江城北20公里的吴场镇白龙村四组牛仙山牛仙寺遗址旁(当地人称"佛耳岩"),共有254龛,造像2760余躯。该处摩崖造像镌刻精美,内容丰富,因交通不便保存较完好。

夹江县牛仙寺第225号龛[元和十五年(820)],据现有简报描述,该龛高约108厘米、宽98厘米、深50厘米,为一佛二弟子二菩萨,龛壁浮雕天龙八部。龛沿镌有金刚力士和宝塔。龛侧镌刻"八部龛一所 右弟子杜渐及妻何氏 造前件古像 永为供养 后妻杨氏 男元直妻罗氏 元和十五年六月二日记"的题记,可知该龛开凿于元和十五年(820),而且为明确提出天龙八部造像供奉的案例,表明天龙八部作为独立崇拜对象已经深入民心。(图3-57)

左侧壁八部造像,从内到外:

(1)摩睺罗伽。面风化,右手持长条物,左手于头左侧抓一曲形物(大蟒?)。

(2)不详,风化严重,正面形象。右手似持笛子类物。推为紧那罗。

(3)乾闼婆。戴兽头帽,怀中抱长条状物(应为琴)。

---

① 周杰华:《夹江新发现的唐代摩崖造像》,《四川文物》1988年第2期,第27—29页。

图3-57 夹江县牛仙寺第225号龛的天龙八部

（4）龙部。头后有龙形物，风化严重。

右侧壁八部造像，从内到外：

（1）推为天部。风化严重。
（2）推为迦楼罗。其头顶似有鸟形物。
（3）不详。高发髻。
（4）阿修罗。三面四臂，持日月、合十。

另外，夹江县牛仙寺摩崖石刻还保存有如夹江千佛岩摩崖造像D区73龛一样形制的天龙八部造像，该龛主要表现三世佛和听法神众，天龙八部居后壁最上层一排神众中，比其他神众体量稍大一点。可识别居于中间佛右侧的阿修罗（三头六臂）、乾闼婆（头顶有麒麟形动物，与阆中雷神洞乾闼婆造像相类似），中间佛左侧的龙部（头顶有龙形浮雕）。（图3-58）还有几龛似乎残存天龙八部，恕不一一赘述。

图3-58 夹江县牛仙寺复杂形制的天龙八部造像龛

第五节　内江地区的天龙八部造像

四川内江地处成渝之间,其摩崖造像多所散落,唯资中县、市中区和东兴区较为集中,①天龙八部造像也在这些地区有所留存,但保存情况堪忧。其实,在唐宋时期,内江就处于"成渝南道"之要津,与资中、安岳、大足等唐宋石窟艺术开凿繁盛之地毗邻,且处于三地的中心位置,因此,内江佛事昌盛自在情理之中。不过后期的破坏太甚,削弱了其文化影响力。

一、资中重龙山摩崖造像中的天龙八部②

资中重龙山摩崖造像位于县城北重龙山半山,分两处,其中君子泉119龛,古北岩43龛,共162龛,造像一千六百多尊。重龙山造像始凿于中唐,延及宋代,历时近三百年。

重龙山第62龛,中唐,会昌法难之前开凿[龛右壁有造像题记说到"……弟安夷军衙前……",安夷军为唐贞元间(785—895)韦皋治蜀时于资中所建],释迦说法龛,佛结跏趺坐,两侧胁侍迦叶、阿难。左右菩萨上部镌天龙八部。龛楣镌十二小坐佛,两沿二金刚,左壁刻二供养人。(图3-59)天龙八部从左至右可辨识为:(1)夜叉,持小儿;(2)天部,双耳

图3-59　资中重龙山第62龛全景

---

① 内江市人民政府办公室、成都地图出版社编著:《内江指南》,成都地图出版社,2006年,第17页。
② 王熙祥、曾德仁:《资中重龙山摩崖造像内容总录》,《四川文物》1989年第3期,第34—40页。

垂肩；(3)乾闼婆，戴兽首帽；(4)阿修罗，三头二臂；(5)紧那罗，尖发髻；(6)龙部，头戴冠饰龙；(7)迦楼罗，嘴部有不同；(8)摩睺罗伽，面丑陋，项上缠物。

重龙山第63龛，中唐。说法图，佛头高肉髻，头顶悬葵花瓣宝盖，袈裟右襟搭左肩上，左手抚膝，右手当腹托钵，结跏趺坐。左右镌二弟子二菩萨和天龙八部。右沿力士残存，左右壁分别镌二、三供养人。(图3-60)该龛天龙八部皆穿广袖长袍，多趋和尚造型，尊像特征只有佛左1三头阿修罗较明确，还有佛右1尊像头上有尖桃形头光，手持经卷，推为天部。此龛天龙八部粉本独特，其来源与广元等其他地区截然不同，是珍贵的研究遗存。

重龙山第93龛，中唐，会昌法难之前开凿，风格、手法与62号龛类似。华严三圣龛，共镌二十六尊像。正壁中央毗卢遮那佛头饰螺髻，顶部存一小肉髻，结跏趺坐。左右镌二弟子二菩萨及天龙八部。左壁文殊骑狮，右壁普贤乘象，狮奴、象仆作牵绳状。两壁外端另镌二胁侍菩萨。左右沿各一力士，龛楣浮雕垂幔。(图3-61)天龙八部在后壁一字排开，风

图3-60 资中重龙山第63龛全景

图3-61 资中重龙山第93龛全景

化毁坏严重,能识别出佛右4的尖耳炎发的夜叉和右1的三头六臂的阿修罗。

重龙山第113龛,时代应在唐大中八年(864)之前,属晚唐作品。千手观音龛,龛长420厘米、高390厘米、深185厘米,共镌九十一尊像。观音面部及身经近人修补过。其四十二只手分别施印和持各种法器,结跏趺坐,身上化出毫光两道,分左右射向龛顶,萦绕二飞天。观音座下左侧跪一饿鬼,手提口袋向一老者作乞食状;右侧跪像面对一菩萨,似作忏悔。龛上方左右角各镌五佛(即十方诸佛)。左右壁对称由下至上浮雕六层小像,为观音部众(含天龙八部)。左右壁外端下角各跪一象首人身像龛楣饰忍冬纹,左右沿各镌一侍女。(图3-62)

图3-62 资中重龙山第113龛千手观音龛全景

二、威远老君山石刻的天龙八部

老君山位于自贡市荣县墨林乡与内江市威远县镇西镇之间,为界山。相传太上老君在此炼丹,唐末五代道士陈抟曾于此修真,因此自唐宋以来,此山就成为道家修炼地和游客羁旅场。老君山西南面崖壁上刻有四龛唐宋造像,其中佛道合龛中有天龙八部,可惜风化严重,老君坐像又被盗。此龛为方形双层龛,主尊为左佛右道,二者皆是尖桃形头光,结禅定印,结跏趺坐于束腰金刚座上。老君右侧立道家弟子(圆形头光)和天真(尖桃形头光),佛陀左侧立一弟子(圆形头光)和菩萨(尖桃形头光)。龛口内沿立二力士。天龙八部在主尊、弟子、天真、菩萨头光之间,尚能识别的有,老君右1乾闼婆戴兽首帽,佛陀左1天部大耳垂肩,左2摩睺罗伽颈部缠绕大蟒。可见此佛道合龛的八部护法是挪借佛家体系的。

三、内江市区摩崖造像的天龙八部

内江市区唐宋时期为内江县县治所在地。今内江市区一带保存有翔龙山、圣水寺、东林寺等多处摩崖造像,开凿时代主要在中晚唐、五代至两宋时期,题材内容丰富,雕刻技艺

图3-63　威远老君山石刻佛道合龛的天龙八部

图3-64　内江圣水寺唐代释迦说法龛天龙八部

精湛,其中重要的有观无量寿佛经变、千手观音、十二圆觉、僧伽三十六化、地藏与十王、北方毗沙门天王等,在巴蜀地区佛教文化传承方面具有一定的代表性。对于这些造像,目前学界研究较少,至于调查研究的专论则更罕见。

(一)内江圣水寺唐代"释迦说法龛"天龙八部造像(晚唐)

圣水寺坐落于内江市中区西北部壕子口、沱江右岸,初建于唐代咸通年间(860—870),号称"中川第一禅林",系四川省的八大丛林之一。圣水寺后山岩有唐、宋、明、清摩崖造像六十七龛，计四百五十余躯，大多风化十分严重，甚至被破坏，但唐代"释迦说法龛"却奇迹般的保存较好，留下了工匠精湛的造型技艺痕迹。该龛为一佛二弟子二菩萨加天龙八部的形制，龛口原有力士已经无存。

佛陀结跏趺坐，禅定印坐于仰莲台上，头光莲瓣形，身光圆形，巍巍庄严。弟子（圆形太阳纹头光）和菩萨（莲瓣形嵌套圆形头光）皆站立。龛窟后壁造高浮雕天龙八部像，佛陀左右各四尊（佛左侧最外边尊像已经毁掉），部分残毁和风化了。目前能够识别的有佛陀左4的摩睺罗伽，面目狰狞，裸上身，肌肉紧张，手抓条状物（蟒？）；左1的龙部，头顶有龙纹。佛陀右2的阿修罗，三头六臂。

（二）内江翔龙山千手观音二十八部众中的天龙八部造像（宋或晚唐）

翔龙山摩崖造像位于内江市中区翔龙路3号，在翔龙山北麓的崖壁上，始凿于唐代，盛于宋，延至明清，现存131龛（窟），题记石刻二十四处，崖像815尊。其中，千手观音造像高八米，以浮雕、透雕、圆雕、阴线等多种技法镌刻，气势恢宏，宝相庄严。在两旁和龛顶雕刻有二十八部众等护法神众，其中的三头六臂举日月像或许是阿修罗，头顶龙的神将或许是龙部，戴兽首帽的或许是乾闼婆，头顶有鱼的摩竭鱼神，等等。可惜人为破坏严重，诸神头部多被砸毁，导致识别困难。在该造像右侧崖壁上刻有南宋"淳熙三年（1176）"题记，因此有学者认为该龛刻凿于宋代。也有学者认为开凿于晚唐。[①]

图3-65　内江翔龙山千手观音与二十八部众中的天龙八部造像

第六节　自贡地区的天龙八部造像

自贡市属于低山丘陵地带，有岷江、沱江两大水系滋养着这一方沃土，加之自古以来自贡即是四川井盐业的中心，故有"富庶甲于蜀中"之称。唐宋时期自贡地区属荣州境，

---

① 内江市文物保护委员会、内江市文化局编印：《内江市文物志》，1985年，第23页。

佛教氛围浓厚，南宋诗人陆游（1125—1210）《入荣州境》赞曰："闭阁扫地焚清香，老人处处是道场。"2016年四川省考古研究院与荣县文物管理所等单位组建了考古调查队，首次对自贡地区佛教遗存（十六处，共计335龛）开展了系统调研工作。

自贡地区摩崖造像与四川西南地区唐宋时期造像题材流行趋势大体一致。数量最多的是一佛多尊的窟龛，为一佛与二菩萨、二天王、二力士、二比丘的组合。数量较多的还有单尊造像，至少二十六龛，如菩萨的立像或坐像、比丘立像等。其次是两尊并列造像，至少有二十二龛，如二菩萨一菩萨一比丘等组合。另外大型倚坐弥勒像很有特色，体量巨大，有十六尊之多。龛内高浮雕经幢的至少有十二个窟龛。净土变题材的窟龛至少有十二个。龛内浅浮雕塔的窟龛至少有七个。毗沙门天王题材的窟龛至少有五个。千手千眼观音题材的窟龛至少有五个。七佛并列题材的至少有五龛。五百罗汉题材和千佛题材造像各一龛。天龙八部造像附属于一佛多尊的窟龛，至少七龛，主要属于荣县和贡井区摩崖石刻造像。

一、荣县窝棚湾第1龛（WPW-1，盛唐）

窝棚湾摩崖造像位于自贡市荣县正紫镇窝棚湾村五组，开凿在大佛崖崖壁上，共有窟龛七个。

窝棚湾第1龛（WPW-1）高630厘米，为特大型龛形制，竖长方形双重龛，内龛楣圆拱形。题材为一佛二弟子二天王二力士（佛龛右侧有塌毁）以及佛后壁的天龙八部和飞天等。（图3-66）

窝棚湾第1龛（WPW-1）现存天龙八部在佛右侧存四尊，仅可辨识靠近佛陀的龙部，盖其头顶有浮雕龙纹延伸至龛顶；在佛右侧存三尊，仅可辨位于最上层的阿修罗，其余皆漫漶。

图3-66 窝棚湾第1龛（WPW-1）天龙八部

二、荣县二佛寺摩崖造像的天龙八部

二佛寺摩崖造像位于自贡市荣县旭阳镇二佛路社区二佛路，分布于荣溪河西岸二佛路西侧金碧崖的南北向崖面。

（一）荣县二佛寺第4龛（EFS-4，中晚唐）

二佛寺第4龛（EFS-4）位于二佛寺殿内。形制为方形双重龛，内外龛门重叠，宽217厘米、深113厘米，内龛高171厘米，外龛高239厘米。

二佛寺第4龛（EFS-4）内龛造像很有特色。其正壁高浮雕坐像三尊：中尊佛陀结跏趺坐；两边菩萨半跏趺坐，垂放远离主尊的外侧脚。三主尊皆有船型背光。背光间浅浮

雕两个有圆形头光的弟子。天龙八部在后壁一字排开。由于现代修补妆彩,基本特征大部分改变,辨识困难。(图3-67)

图3-67　二佛寺第4龛(EFS-4)天龙八部

从佛左侧至右侧,试识别如下:

(1)夜叉。炎发,忿怒相,裸上身,下着裙,戴臂钏,左手当胸斜持狼牙棒靠右肩,右手伸出,托物不明。

(2)天部。戴冠,着广袖长袍,双手胸前持从两耳垂下棍状物造型。应是对长耳垂肩的误读所致。

(3)阿修罗。三头六臂,托举日月。

(4)不详。戴冠,面端装。

(5)乾闼婆。戴兽头形帽(现代妆彩打破其形态)。

(6)迦楼罗。尖鼻嘴,扎发髻。其头顶有动物浮雕残形。

(7)不详。头戴发箍束高髻。

(8)不详。手中持长棒状物,头部所缠头巾似为龙浮雕的尾部风化残留,推为龙部。

(9)不详。双手合十,面貌端正,着广袖长袍。推为紧那罗。

(10)推摩睺罗伽。脖颈粗壮,双手于胸前抓握一斜向棍状物(或为蟒蛇)。

(二)荣县二佛寺第15龛(EFS-15,中晚唐)

二佛寺第15龛(EFS-15)位于二佛寺内,为竖长方形双重龛。内龛宽130厘米、高169厘米、深49厘米。方形龛楣。内龛高浮雕一佛二弟子二菩萨。主尊上部有完整天龙八部造像。由于现代修补、装金,对原有特征有遮蔽。(图3-68)

从佛左侧至右侧辨识:

(1)夜叉。左手托小儿,面目狰狞。

(2)紧那罗。双手合十,瘦弱女子像,发髻尖耸。

图3-68 二佛寺第15龛(EFS-15)天龙八部

（3）乾闼婆。戴兽首帽，手持笏板。
（4）阿修罗。三面四臂，上二手托举日月，下二手胸前合十。
（5）龙部。铠甲武士，头顶有龙形浮雕。
（6）不详。宽袖长袍，端庄女相，高发髻。
（7）不详。与（6）相仿。
（8）摩睺罗伽。面目狰狞。

三、荣县佛耳坝第4龛（FEB-4，中晚唐）

佛耳坝摩崖造像位于自贡市荣县度佳镇芭蕉湾村十六组的一块俗称"佛耳坝"的巨石上。该巨石高约3米，周长约21米，四壁造像共四十七龛。在FEB-1龛外右壁上部有唐代"兴元元年（784）"题记，故此处造像应始于中唐时期，持续至晚唐、北宋。

佛耳坝第4龛（FEB-4）位于巨石东壁，为横长方形双重龛。内龛宽153厘米、高112厘米、深53厘米。其内高浮雕一佛二弟子二菩萨二天王以及浅浮雕天龙八部、两尊骑云仙人，合计十七尊。外龛还有二力士、双狮。由于风化严重，尊格特征几不可辨。（图3-69）

四、荣县小井沟造像中的天龙八部[①]（中晚唐）

小井沟造像位于距荣县五十余公里的宝华乡红豆树村一组佛尔崖，共十六龛，接近夹江千佛崖的风格，风化严重。从造像风格等判断系中晚唐时期的作品。

---

① 胡文和：《四川道教佛教石窟艺术》，第110页。

图 3-69　佛耳坝第 4 龛（FEB-4）天龙八部

第 2 号龛，双叠室方口龛，内容为一佛二弟子二菩萨二力士以及天龙八部。

第 5 号龛，立面呈长方形的双叠室龛，内容为一佛二弟子二菩萨以及天龙八部。

第 15 号龛，立面呈长方形的双叠室龛，内容为一佛二弟子二菩萨以及天龙八部。

五、贡井区贡井千佛崖第 15 龛（GJQ-15，初唐）

贡井千佛崖摩崖造像位于自贡市贡井区贡井街老街社区千佛寺内，在旭水河西岸崖壁上。以宝珠形阴刻外龛楣。龛楣、门雕刻小佛坐像。从造像座式及浅浮雕莲茎、造像题材等综合推断，此处造像的开凿时间应为初唐贞观、永徽年间前后，是自贡市目前已发现的唐宋石窟中开凿时代最早的遗址。

第 15 龛（GJQ-15）位于崖壁北部。形制为方形双重龛，内龛宽 67 厘米、高 66 厘米、深 26 厘米。龛楣圆拱形，上造七佛，均结跏趺坐，手印各异。内龛造像为一佛、二立弟子（圆形头光）、二立菩萨（尖桃形头光）、二力士（其尖状炎发很独特）、天龙八部（无头光，八部众分两排列于弟子头顶圆光周围），两狮子，共计十七尊（非总录所说十九尊）。但由于用现代水泥修补，基本特征信息难以辨识。（图 3-70）

六、贡井区菩萨石第 8 龛（PSS-8，中晚唐）

菩萨石摩崖造像位于自贡市贡井区贡井街老街社区下桥北侧约 300 米的河中俗称"菩萨石"的巨石上，系二十世纪初下游修建水坝蓄水造成部分被淹。

菩萨石第 8 龛（PSS-8）位于巨石西壁，为方形双重龛。内龛宽 88 厘米、高 77 厘米、深 27 厘米，方形龛楣有三角形撑，浅浮雕卷草纹、连珠纹，左右龛门上浅浮雕莲枝纹。内龛高浮雕造像十八尊。正壁下方为一佛二弟子二菩萨二天王，正壁上方为天龙八部。外龛正壁左右侧高浮雕力士各一尊。（图 3-71）

图 3-70　贡井千佛崖第 15 龛（GJQ-15）天龙八部

图 3-71　菩萨石第 8 龛（PSS-8）天龙八部

从佛右至左,天龙八部为:
(1)夜叉。高发髻,双眼突出,裸上身,双手抱一童子。
(2)不详。高发髻,微笑状。
(3)紧那罗。头顶有一长角。
(4)阿修罗。三面四臂,上二手托举日月,中二手胸前合十,下二手持矩尺、称。
(5)不详。仅露头部。
(6)龙部。头顶有残缺龙形。
(7)乾闼婆。戴兽头帽,双手持长方物横置胸前(应为琉璃琴)。
(8)不详。高发髻,微笑状。
(9)戴胄,胄顶有长物。
(10)高发髻,持细长棍状物于右肩。
(11)摩睺罗伽。炎发鬼面,右手握蟒自其身体右侧绕于颈。

第七节 泸州地区的天龙八部造像

泸州地区目前发现的摩崖造像并不多,成规模的有泸县福集镇小马滩村七组大石堡石窟[凿于清嘉庆十六年(1811)]、泸县玉蟾山摩崖造像(据造像及石刻题记始于晚唐,多数凿刻于明代永乐至天启年间,少数属于清代)、叙永县马岭镇清凉洞摩崖造像(明代)、叙永县紫霞峰摩崖造像(宋明时期)。可见,属于唐代的仅有玉蟾山摩崖造像,其第5龛"佛祖说法龛"中有天龙八部造像的组合。(图3-72)

玉蟾山摩崖造像位于泸州市北约35公里的泸县县城福集镇东南1公里的玉蟾山上,现存造像414尊,石刻题记五处,有九龙浴太子、十一面观音像、松下悟道图、飘海十八罗汉等精品存世。

天龙八部所在的第5龛长400厘米、高460厘米、进深130厘米,有包括佛陀、弟子、菩萨、天王、金刚、飞天、僧众在内的五十六尊造像,分作五层三壁排列,场面壮观庄严。第一层为十大弟子。第二层,中间为禅定僧,两侧各塑六尊菩萨,合为十二圆觉。第三层在佛陀两边,为二弟子二菩萨四天王两金刚。第四层,佛左右为大梵天和帝释天,他们外侧为天龙八部,可以识别的有:佛左侧的阿修罗(炎发,三头六臂,上二手持日月,中二手合十,下二手被遮挡),另外三身特征不甚明确;佛右侧有兽首帽乾闼婆,尖嘴迦楼罗,手持经书的天部,炎发丑陋的摩睺罗伽。(图3-73)第四层两侧壁还各有一尊像,推为力士。第五层,中间为两飞天,飞天外侧为八位听法神众。

玉蟾山摩崖造像为四川地区晚期的造像群,是中国佛教摩崖造像史上的重要一页。玉蟾山摩崖造像第5龛有纪年为"大明永乐二十二年(1424)"的造像题记,当是目前蜀中天龙八部造像的下限时间。安史之乱后,佛窟从中原入蜀,流布广元、巴中、安岳到泸县,

图 3-72　泸县玉蟾山摩崖造像第 5 龛"佛祖说法龛"全景

图 3-73　泸县玉蟾山摩崖造像第 5 龛天龙八部（上为右侧，下为左侧）

在这里最终停下了南下脚步。①

第八节　宜宾地区的天龙八部造像

总体来说，宜宾地区唐代摩崖造像保存下来较少（如大佛沱摩崖造像、丹山碧水摩崖造像等），明清的摩崖造像较多一些（如半边寺摩崖造像等），目前还没有明确的天龙八部造像面世，在大佛沱唐宋摩崖造像中有一类似阿修罗的尊像。

大佛沱唐宋摩崖造像②在宜宾市岷江北岸旧州坝的坝首崖壁上。岷江未改道以前江水至此回旋成"沱"（即可以停船的水湾），濒崖巨石又被刻成巨大的弥勒头像，故此地名"大佛沱"。大佛沱唐宋摩崖造像共三处：一为弥勒头像（晚唐）；二为弥勒头像上行20米的5龛（晚唐）；三为再上行30米的宋代［天圣六年（1028）］造像3龛。

在第二处第4龛内刻护法神二躯：高约90厘米，一尊三头六臂，上二手持日月，中二手持印和剑，下二手于胸前一上一下形成手印，垂坐踏莲台，与阿修罗"定慧合掌印；左定火颇胝，右慧水颇胝；左理执刀杖，右智持锱印"相类似；一尊戴花冠，着帔帛天衣，右手单立掌于胸前，左手捧月牙状法器置胸前，垂坐，踏莲台。上述造像布局在巴蜀地区仅见此一处，含义晦涩，值得深究。（图3-74）

图3-74　大佛沱唐宋摩崖造像中护法神龛

---

① 王鑫：《玉蟾山石窟佛光深处有菩提》，《中国西部》2015年第11期，第40—49页。
② 丁天锡：《宜宾市大佛沱唐宋摩崖造像》，《四川文物》1996年第4期，第51页。

第四章
成都及以西地区的天龙八部造像
——蒲江、邛崃

成都位于成都平原腹地,古代别名益州、蓉城。因此地有相对独立的盆地水系地理特征和稳定的生产力,自古就有"扬(扬州)一益二""天府之国"的说法。

历史上,成都地区更替过诸多有影响力的独立政权,如三国时期的蜀汉政权,唐朝遗韵的后蜀政权,加上唐朝玄宗、僖宗二帝蒙尘避难巴蜀,可以说,不时成为小政治文化中心的幸运,给成都艺术文化的发展注入了品位和人才的双重保障。

就佛教美术而言,宋代黄休复《益州名画录》和李之纯《大圣慈寺画记》均记载了一个中唐前期的文化传奇——大圣慈寺,它具有长安巨刹大慈恩寺的十倍体量。李之纯曾任成都府尹,他将僧司统计的大圣慈寺盛况记载如下:"总九十六院……八千五百二十四间,画诸佛如来一千二百十五,菩萨一万四百八十八,帝释、梵王六十八,罗汉、祖僧一千七百八十五,天王、明王、大神将二百六十二,佛会、经验、变相一百五十八,诸夹绅雕塑者不与焉。像位繁密,金彩华缛……"[1]其规模宏大庄严、艺术灿烂可见一斑,而且"昔之画手,或待诏行在,或禄仕两蜀,皆一时绝艺,格入神妙"。[2]

在大圣慈寺等艺术典范的影响下,成都及其附近地区的佛教造像艺术也雨露均沾。而今大圣慈寺等伽蓝已经灰飞烟灭,我们只能从其周边的摩崖石刻遗迹中去追溯昔日的辉煌与规制。譬如《益州名画录》"辛澄传"中记载了辛澄曾在大圣慈寺绘过"诸变相"和"五如来同坐一莲花"的主题作品,现在,在四川摩崖造像中此类题材众多,粉本与造像的相互印证是不言而喻的。

本章将成都及其以西地区(主要是蒲江和邛崃)的天龙八部造像资料汇编在一起,一因数量不多,二因地区分散,三是其地理文化背景一致,四是盐铁贸易推动造像,因此,以大地区的方式集结,方便行文结构的均衡。

---

[1] [明]杨慎编,刘琳、王晓波点校:《全蜀艺文志》,线装书局,2003年,第1247页。
[2] [明]杨慎编,刘琳、王晓波点校:《全蜀艺文志》,第1248页。

第一节　蒲江县天龙八部造像[①]

蒲江县位于四川盆地西南部，成都平原西南缘，距成都市84公里，东临彭山和眉山，西界名山，南连丹棱，北接邛崃，是"进藏入滇"的咽喉要道。据文物普查统计，蒲江县境内共有摩崖造像五十余处，四百余龛，造像五千躯以上，主要分布在东南部的长秋山一线（如朝阳乡九处，长秋乡七处，插旗乡四处，东北乡三处，天华乡、光明乡、霖雨乡各二处，总计二十九处[②]），西北部的五面山丘陵区只有少量的龛窟。造像题材以佛教为主，亦有少数道教主题。大部窟龛为唐以后所开凿，个别可能早到北朝时期，晚的直到明清以及现在。

蒲江的天龙八部造像数量比较多，几乎出现于每一个龛群，但是由于龛群过于分散，风化情况比较严重，研究难度也相对较大，同时也更为紧迫。

一、蒲江看灯山摩崖石刻6号龛的天龙八部（晚唐）[③]

看灯山摩崖造像位于蒲江县朝阳乡骑龙村西南0.5公里的看灯山西麓石岩之上，古看灯寺地界。造像始凿于唐咸通（860—874）年间，共六十八龛248尊造像。龛之形制皆为长方形平顶龛，保存基本完好。

看灯山6号龛为双层龛。外龛顶部风化，内龛为双层檐佛帐形龛。龛内造一佛二弟子二菩萨二供养人（位置低于龛壁崖面，推测为龛成后改刻）及浮雕天龙八部。龛外左右侧有四川地区最高大的力士造像守护。（图4-1）

天龙八部共八尊，由左至右为（图4-2）：

（1）推为摩睺罗伽。面貌丑怪，肩系巾，衣纹风化，双手举物状，风化残毁

图4-1　蒲江看灯山摩崖石刻6号龛示意图

[①] 卢丁、雷玉华、[日] 肥田路美主编：《中国四川唐代摩崖造像：蒲江·邛崃地区调查研究报告》，重庆出版社，2006年。

[②] 刘新生：《蒲江县长秋山摩崖造像调查》，《四川文物》1995年第02期，第49—54页。另据朱晓丽《蒲江邛崃唐代佛教摩崖造像的题材和编年》（四川大学硕士学位论文，2005年），新发现的窟龛还有更多。

[③] 夏晖、龙腾等：《蒲江看灯山摩崖石刻造像调查简报》，成都文物考古研究所编著：《成都考古发现（2004）》，科学出版社，2006年，第469—484、520—523、525页。

图4-2 蒲江看灯山摩崖石刻6号龛天龙八部：夜叉、乾闼婆、龙部、不详、不详、阿修罗、天部、摩睺罗伽

严重。

（2）天部。面部残毁，双耳垂肩，头侧垂带，穿双层交领衣。

（3）阿修罗。三头，三面均残毁；六臂，上二臂右举矩尺，左举称；中二手右举日，左举月；下二手合十；穿双层交领广袖衣，下着长裙。

（4）不详。主尊背光旁，面残，穿交领广袖长袍，双手拱于胸前。

（5）不详。头部残毁，头后垂缯带，着交领广袖衣，左手置于胸左侧。

（6）龙部。头部戴盔，头两侧生二龙爪，头顶向上冒一龙头，肩系巾，着铠甲，穿短裙长裤，腰系带，着鞋，右手持剑。

（7）乾闼婆。头顶兽头，虎爪结于双肩上，穿双层交领衣。

（8）夜叉。头顶绾结，面丑，戴骷髅头项链，裸上身，左手伸腹前，右手托举小儿。

二、蒲江鸡公树山摩崖石刻造像的天龙八部[①]

鸡公树山属长秋山脉，位于距蒲江县城东北约16公里的长秋乡新建村，以前是寿安镇通往眉山县的必经古道。造像分布于山腰果林中大石包二龛（编号第1、2号龛，地属新建村一组）和山顶公路下方漏米石上（从左至右编为3—18号龛）。

---

① 夏晖、龙腾等：《蒲江鸡公树山摩崖石刻造像调查简报》，《成都考古发现（2004）》，第460—468页。

（一）蒲江鸡公树山大石包第2号龛天龙八部（唐代）

大石包2号龛为双层方口龛，残破。龛内造一佛（菩提瑞相）、二弟子、二菩萨像，浮雕八身天龙八部像。右壁存一尊像残痕，可能是天王像。龛后壁现存六尊浮雕天龙八部像，左侧存四身，右侧二身（推另二尊已毁），皆漫漶不清。（图4-3）

（二）蒲江鸡公树山漏米石第12龛天龙八部（唐代）

漏米石第12龛为双层方残龛。龛内造一佛二弟子二菩萨，浮雕六身天龙八部，龛口外两侧各立一力士，力士身后又各雕一尊天龙八部。（图4-4）

图4-3　蒲江鸡公树山大石包第2号龛天龙八部

图4-4　蒲江鸡公树山漏米石第12龛天龙八部

左侧从内向外：

（1）迦楼罗。能辨认为鸟嘴像。

（2）阿修罗。三头六臂，上面二手托日轮月轮，月轮刻成新月形。中间左手握矩尺，右手被背光所挡住。当胸双手合十。

（3）严重风化，仅存脚部痕迹。

(4)完全残失。

右侧从内向外：

(1)龙部。残损,仅能辨认头顶刻一龙头。

(2)天部。人面。长耳垂肩。

(3)乾闼婆。武士装扮,身穿甲胄,头顶虎头。

(4)摩睺罗伽。残损,可辨头颈缠蛇。

三、蒲江飞仙阁第9号龛的天龙八部（初唐·菩提瑞相龛[①]）

蒲江县西南13公里的朝阳湖镇仙阁村的飞仙阁摩崖造像,是沿蒲江河和临溪河岸十四处两汉至唐宋摩崖石刻造像群中规模最大、保存最完整的一处,现存104龛（窟），其中大小石刻八十七龛共588尊（唐六十八龛、五代一龛、宋七龛、明一龛、清十龛），碑十二通,题刻五则。

飞仙阁摩崖造像最早为武则天永昌元年（689）的菩提瑞像龛（第9号龛），是四川省年代最早的菩提瑞像。该龛平顶正方形,窟高、宽、深皆为270厘米,共造像三十八尊。主尊为宝冠佛,结跏趺坐于正中,左右立四比丘像,二菩萨坐像。外龛刻二胡人装束像以及二男女执武器像（男执刃,女执物不明），后壁浮雕天龙八部像,由左至右为（图4-5）：

图4-5　蒲江飞仙阁第9号龛的天龙八部（龙部和天部、不详和阿修罗）

(1)不详。头顶结发髻,戴高筒冠,穿长袍,居士扮相。推为人。

(2)夜叉。鬼神形象,头发卷曲蓬乱如烈焰,兽类耳朵短而尖,面目狰狞,眼睛圆睁如铜铃,鼻短而大,嘴大尖牙外露,上身穿薄天衣,下身穿裙。

(3)迦楼罗像,人面鸟嘴,嘴下有垂下物有如鸡肉垂。头顶单髻。大袖交领长袍,左手隐,右手垂下掌心向内。

(4)龙部。武将形象,身后一龙自头顶冒出而辨。穿铠甲,头戴兜盔,兜装饰三珠花,顶部饰宝珠。

[①] 刘成：《四川唐代天龙八部造像图象研究》,四川大学硕士学位论文,2004年,第24页。

(5)天部。耳长形象,头顶结盘轮状单髻。

(6)不详。头顶似结双髻,左手隐,右手执莲蕾状物(或是扇面样法器),穿长袍。推为非人。

(7)阿修罗。三头六臂,上举二手执日轮和月轮,中间二手执尺与秤。

(8)紧那罗。头顶结发髻,有装饰珠花宝冠,头顶生一尖角,穿交领广袖长袍。

(9)摩睺罗伽。头顶盘绕大蟒,面目狰狞,双眼怒睁,上半身穿天衣,筋肉隆鼓。

(10)乾闼婆。头戴兽头冠,兽爪扶肩上。

四、蒲江佛儿湾摩崖造像的天龙八部

佛儿湾崖造像位于蒲江县白云乡桥楼村佛儿湾,在长约30米、宽约3米的山边岩壁上及两个石包上。造像始凿于唐代,共四十九龛253尊。龛窟形制皆为长方形平顶龛。

佛儿湾有四龛浮雕天龙八部造像,保存最好的在27号龛。

(一)蒲江佛儿湾21号龛天龙八部(唐代)

此龛内造一佛二弟子二菩萨二力士像,内龛环壁雕一浅坛,坛上高浮雕天龙八部像,正面看从左至右依次辨识为:

(1)不详。头发呈火焰装立于头顶,衣纹风化,左手握拳于胸前,右手举拳。

(2)不详。上半身不存,着履。

(3)阿修罗。头部残,六臂。

(4)不详。头束发髻,面部残,着交领广袖长袍及履。

(5)不详。面部残,着交领广袖长袍及履,双手置于腹前。

(6)龙众。面部残,双手拄剑于前,背后浮雕龙。

(7)不详。面部残,束发髻,头侧有缠带,着交领窄袖衣,双手捧长条形盒状物(琴盒?),脚穿云履,可能为乾闼婆。

(8)不详。仅存头像不可辩。

(二)蒲江佛儿湾27号龛天龙八部(初唐·有魔众的组合)

该龛凿于七世纪中叶至八世纪初。龛内造一佛、二弟子、二菩萨、四魔众(其中有珍贵的全裸魔女,表现释迦降服魔王之女的诱惑)、二力士像;环壁浅浮雕八尊天龙八部,二尊天王。外龛残破,左右侧二力士仅存下半身。(图4-6)

天龙八部左侧四尊,从内至外:

(1)龙部。头戴盔,着铠甲,肩系巾,头顶伸出一龙头。

(2)天部。双耳长垂于胸前,头束三珠小冠,挽高双髻。

(3)乾闼婆。戴兽头冠,着交领广袖衣,袖口露内衣窄袖,双手举长条状物于前(应为琉璃琴或经卷)。

(4)夜叉。相貌陋怪,束三珠小冠,尖头兔耳,左手举胸侧,左手臂上胡跪一小儿,右手于腹侧握衣带,肩系巾,腰系带。

天龙八部左侧四尊,从内至外:

图4-6 蒲江佛儿湾27号龛天龙八部

（5）阿修罗。一头三面，头顶束三珠小冠挽双髻；六臂，只露出四臂持物，上二手左举月，右举日，中二手左持矩（方形），右举规（折尺形）；穿广袖衣。

（6）迦楼罗。束三珠小冠挽高髻，双眼外凸，鸟嘴，穿双层交领广袖衣。

（7）紧那罗。束三珠冠挽双小髻，顶生尖角，上身穿双层交领广袖衣，双手相握置腹前，下身长裙覆脚。

（8）推为摩睺罗伽。半身残损，头顶部尚存，体肥胖，双手似持物于胸前，残损严重。

五、蒲江尖山寺摩崖造像的天龙八部

尖山寺摩崖造像位于蒲江县城西南20公里白云乡桥楼村尖山寺附近山崖上，现存二十八龛一百五十余尊。

（一）尖山寺摩崖第4号龛的天龙八部（唐代）

第4号龛为唐代开凿，残碎厉害，现龛宽52厘米、高51厘米。仅存龛内左上角，遗迹为天龙八部造像。

（二）尖山寺摩崖第9号龛的天龙八部（唐代）

第9号龛为唐代开凿，方口龛，龛内平面呈马蹄形，弧壁圜顶。现龛高172厘米、宽130厘米、深130厘米。龛内造一佛二弟子二菩萨二力士像，后壁为天龙八部浮雕造像，龛口左右侧各有一蹲狮。近年装补过，重要信息混淆。

（三）尖山寺摩崖第27号龛的天龙八部（唐代）

第27号龛唐代开凿，为外方内圆拱形龛。龛内造一佛二弟子二菩萨像，龛后壁有天龙八部。龛口外立二力士。天龙八部造像，除内龛左壁从外至内第二尊为三头六臂阿修罗，其余皆看不清。

六、蒲江白岩寺摩崖石刻寺后山崖上第5号龛的天龙八部①（中晚唐）

白岩寺摩崖石刻造像位于寿安镇白岩寺村二组，大多数雕刻于八世纪末和九世纪，部分龛像开凿于十世纪。造像主要集中分布于寺后山崖上和寺右侧一方不规则形大石上。寺后山崖上的第5号龛为白岩寺最大龛。敞口大龛，马蹄形圆拱龛。龛中雕一尊大佛像。龛内左壁开一个双层方口龛，为5号龛附龛。龛内造一佛二弟子二菩萨二力士像，诸像后面浮雕天龙八部像，这与川东北南充市灵迹寺中晚唐K4、K5龛的形制相仿。惜已被近年改刻妆彩。（图4-7）

七、蒲江大佛寺造像的天龙八部

大佛寺位于距蒲江县城东南约5公里的天华镇梨山村五社，长秋山西麓。现存唐代造像主要分布在山崖上两个区

图4-7 蒲江白岩寺摩崖石刻寺后山崖上第5号龛的天龙八部

域：东部的大佛区（1—4号龛）和西部的千佛崖（5—17号龛），但多经现代装补。

（一）大佛寺摩崖第1号龛的天龙八部（唐代）

1号龛为马蹄形大佛龛，龛内造弥勒大像。天龙八部存在其多数附龛之中，这与南充灵迹寺中晚唐K4、K5龛天龙八部造像类似。（图4-8）

－5号龛：方形双口龛，内龛上方两角有斜撑，龛楣饰连珠纹，龛内后壁设两层长方形坛，弧壁圜顶。内龛高63厘米、宽56厘米、深25厘米。龛内造三尊佛。弥勒居中，左右侧立二菩萨二弟子像，龛口外立二天王，阶道侧伏二狮。龛内诸像后浮雕天龙八部六身，加上龛外天王身后两身，八部众系统完整，但经过改刻装改。

－6号龛：方形双口龛，龛内弧壁平顶。内龛高36厘米、宽39厘米、深14厘米。龛内造一佛二弟子二菩萨像，龛口外立二力士。龛内诸像后浮雕天龙八部，但经过改刻装改。

－19号龛：双层方口龛，龛内上方两角有斜撑，龛内平面半圆形，弧壁，龛顶悬华盖。内龛高87厘米、宽73厘米、深35厘米。龛内造一佛二弟子二菩萨二天王像。龛内诸像后浮雕天龙八部。龛基前雕九身供养人像。龛外左侧雕三级方塔。像、塔均被补修妆彩。

－22号龛：方口龛，龛口上部两角有斜撑。龛内造一佛二弟子二菩萨二力士像，后壁浮雕天龙八部，龛基前雕二蹲狮。造像皆被改造修补过。

---

① 夏晖、龙腾等：《蒲江白岩寺摩崖石刻造像调查简报》，《成都考古发现（2004）》，第452—453页。

图4-8 大佛寺摩崖第1号龛及其左右附龛

（二）大佛寺摩崖第2号龛的天龙八部（唐代）

2号龛为外方内圆双层龛，外龛敞口平顶，内龛平面马蹄形，其前有两层长方形台阶。内龛高85厘米、宽78厘米、深30厘米，造一坐佛二弟子二菩萨二力士像，后壁浮雕天龙八部。

第二节 邛崃市天龙八部造像

邛崃市古称临邛，自古以来是成都西南面的门户，临岷江、青衣江，南接雅安、攀西，为进藏入滇之要衢，也是茶马古道的第一站。邛崃市是成都地区现存摩崖造像最集中、规模最大的石刻分布地区之一，主要有大同乡石笋山、临邛镇磐陀寺、花置寺、鹤林寺，还有回龙镇、固驿镇、前进镇、桑园镇、卧龙镇、马湖乡、平乐镇天宫寺、火井镇、夹关镇、高何镇石塔寺等摩崖石刻造像，从唐代中期到晚期，反映佛教题材较多，内容与唐中晚期净土思想流行相关，布局严谨，技法精湛，加上此地处于蜀地不同民族的文化冲突地带（是当时吐蕃和南诏入川的重要关口），因此也独具风格，体现了唐代佛像艺术的特质，是摩崖造像中的精品。

一、邛崃磐陀寺2号千佛龛的天龙八部（中晚唐·七尊部众与千佛组合）[①]

磐陀寺位于四川邛崃市区西5公里的磐陀村六组花果山东面山坡上。该寺始建于

---

① 卢丁、雷玉华等：《邛崃磐陀寺和花置寺摩崖造像调查简报》，成都市文物考古研究所编著：《成都考古发现（2003）》，科学出版社，2005年，第489—498页。

唐宪宗元和十五年（820），原名开元寺，明代改名磐陀寺。现存大雄宝殿系明洪武二十五年（1392）重建，明正统二年（1437）培修。磐陀寺大雄殿前后尚存摩崖造像六龛。大雄殿前1号窟为元和十五年刻一佛二菩萨。寺后石窟一为"2号千佛龛"，一为"3号西方净土变"，另一窟为5号密宗造像，4号是碑刻题记龛。天龙八部造像位于大雄殿后岩壁左端的2号千佛龛。该龛后壁中部雕一平台凸出于崖面，平台上再雕一圆壁小龛，内为一佛二弟子二菩萨二力士组合，天龙八部在主尊身后壁面展开。龛内后壁雕满结跏趺坐于仰莲圆台上的小千佛（桃形身光），共计487尊。由于中间小龛风化损毁严重，天龙八部现仅存靠近主尊的两身，头部已半毁，能辨别主尊左侧三头六臂阿修罗的特征。（图4-9）虽然残毁，但作为天龙八部此类罕见形制的代表，是珍贵的遗存资料。

图4-9 邛崃磐陀寺2号千佛龛的天龙八部（上为小龛，下为全景）

二、邛崃花置寺摩崖造像8号龛的天龙八部（中唐·九尊与千佛组合）

花置寺位于临邛镇西北约7公里的花石山。据碑载，花置寺摩崖造像造像始凿于唐贞元十四年（798），由原长安御赐敕上京章敬寺僧马采主持创刻，现存十三龛（均为长方形敞口平顶龛形制），计2 019尊，主要内容有西方净土变、无量寿佛、千佛、毗沙门天王等。

8号龛为双层残龛。内龛高212厘米、宽208厘米、深50厘米。正壁中部平台上小龛中雕一佛二弟子二菩萨二天王二力士像，后壁浮雕天龙八部，从残痕看至少有八身。内龛环壁雕五排小佛像，下排为左右二龛，龛内各雕一佛二菩萨像。与邛崃磐陀寺2号千佛龛的天龙八部为同一形制，但内容更丰富，惜风化严重。（图4-10）

图4-10 邛崃花置寺摩崖造像8号龛天龙八部

三、邛崃石笋山摩崖造像的天龙八部

石笋山摩崖造像位于四川邛崃县城西偏北32公里处的大佛沟,属于邛崃与大邑两县交界的大同乡(原名大兴乡)地界。由于改道等原因,逐渐显得偏僻而鲜为人知。石笋山摩崖造像开凿于唐大历三年(768)。[①]整体背东面西,分布在高约30—50米、长约130米的悬岩上,计三十三龛窟,739尊。有佛传故事、净土变、释迦牟尼、无量诸佛、天王、力士、飞天、舞乐以及殿宇、塔幢、楼阁等,是不可多得的大型唐代石刻佳作。

天龙八部造像一般处于一佛二弟子二菩萨(或加上二力士)龛窟中。1、2、5、7、11、12、13、15、16、17、18、24、25、26(风化严重)、31龛皆是此类型龛。另外,三世佛窟、弥勒佛窟也有天龙八部。

(一)石笋山5号龛的天龙八部(中唐)

石笋山5号龛开口正面为长方形,底面略呈梯形,顶壁与左右壁交接处或作弧形,内容为说法图。龛内雕一佛(外尖桃内圆形头光,结跏趺坐于仰莲台上)、二弟子(圆形头光)、二菩萨(头光与佛同)、二天王,龛口外侧造二力士像。

主尊后塑造八部天龙,右侧五尊,左侧三尊,风化严重,面目都已模糊。(图4-11)

图4-11 石笋山5号龛的天龙八部

(二)石笋山7号龛的天龙八部(中唐)

石笋山7号龛与5号龛类似,但造像内容要丰富一些。龛内雕一佛二弟子二菩萨二天王,龛口外立二力士。力士头顶塑造二高浮雕菩萨在祥云中合十朝拜。天龙八部在后壁风化严重,阿修罗在主尊左侧,其余难辨。(图4-12)

(三)石笋山9号三世佛龛中的天龙八部(中唐)

石笋山9号龛进深空间大,外龛方形,内龛方形圜壁。主尊为三世佛,中间坐佛(外尖桃内圆形头光,中间饰藤蔓纹)两侧为二弟子(无头光)、二菩萨(外尖桃

图4-12 石笋山7号龛的天龙八部

[①] 石笋山摩崖造像大部分应系唐代所刻,在仅有的一通造像碑文中刻有"大历二年(767,唐代宗李豫年号)二月十五日……石笋山菩提,释迦二像龛铭"字样。

内圆形头光,外圈镂空装饰)立像,余二佛(外尖桃内圆形头光,外圈镂空圈装饰,内圈光辐射纹;结跏趺坐一层覆莲台上)两侧各造二菩萨立像。在龛口处又造二菩萨坐像,虽然风化,但基本可判定坐在瑞兽上(象或狮)。龛口外侧有两威武力士。主尊身后壁龛面上浮雕众神。中间佛身后左侧为持香炉的梵天,右侧为持拂尘的帝释天。二者两侧为天龙八部,可惜风化严重,正面看从左至右依次描述为(图4-13):

(1)仅存面部残痕。

(2)风化严重,须发浓卷,双手举长方形物于肩上。

图4-13　石笋山9号三世佛龛中的天龙八部(上为残余局部以及帝释天、大梵天,下为全景)

(3)束高髻,戴三珠冠,冠侧缯带飘起,怒目瞪视,左手置于胸侧,右手举兵器于前。

(4)束饰花高髻,耳侧也垂花形饰物,着交领广袖衣,双手举扇状物于肩侧。

(5)挽云状高发髻,饰花冠,冠侧垂流苏,左手横举如意状物,着交领广袖衫。

(6)风化严重,肩部披帛。

(7)头部风化,着交领衣。

(8)仅存胸部,袒右肩。

(四)石笋山12号龛中的天龙八部(中唐)

石笋山12号龛内造一佛二弟子二菩萨。内龛后壁高浮雕天龙八部。佛左侧,从内向外:左1风化残毁,剩下张脸、嘴,手持花蕾状物。左2脸毁,左肩伸出长柄斧。其左侧完全风化,留下空壁。佛右侧,从内向外:右1阿修罗,虽风化,但三头六臂举日月矩尺、莲蕾等的感觉犹在。其右侧风化残毁,只留空壁。(图4-14)

(五)石笋山第14号弥勒佛窟中的天龙八部(中唐)

石笋山造像最大的14号龛弥勒佛,像高7.5米,二菩萨胁侍左右。佛与菩萨后方的夹壁中造天龙八部像,两边各四尊,由于施工空间有限,加上刻工能力问题,因此与其他造像大异其趣,其间有一张传说中"西域人士"高鼻深目的脸,成

图4-14　石笋山12号龛中的天龙八部

为此处造像的标志。天龙八部皆着僧袍,毋宁说是八个僧人,难以判定尊格。(图4-15)

图4-15 石笋山14号弥勒佛窟的天龙八部

(六)石笋山第24号龛的天龙八部(中唐)

石笋山第24号龛布局构成很奇特。其为方形双层龛。外龛上部断裂坍塌。内龛龛楣为佛帐式。龛内造一佛二弟子二菩萨二天王二力士,在两侧的弟子和菩萨之间各造一供养人。内龛后壁及两龛门造天龙八部像。(图4-16)

佛左侧,从内向外:

(1)乾闼婆。残像似戴兽头帽,手托琴盒。

(2)不详。武将装扮,脸残毁,右手持长柄斧靠肩上。推为紧那罗。

图4-16 石笋山第24号龛天龙八部

3、4皆在龛门天王身后：

（3）不详。位于天王身后，扎团形发髻，两侧垂缯带，面残毁，穿广袖长袍，双手于胸前持团扇。

（4）夜叉。残三花冠形，面残毁，龇牙咧嘴的感觉，裸上身，肌肉筋腱发达，左手上举，右手胸前托小儿（残形）。

佛右侧，从内向外：

（1）已经全毁。

（2）阿修罗。非常美的造型。三头各有表情，六臂上持日月，中持矩尺和称，下二手合十。

3、4皆在龛门天王身后：

（3）不详。位于天王身后，风化严重，戴冠，穿宽袖长袍，双手举于胸前。

（4）摩睺罗伽。戴三花冠，扎圆髻，面丑，脖颈缠蛇，左手抚眼，右手持长棍置右肩。

此龛天龙八部造型很有新意。（图4-17）

图4-17 石笋山第24号龛的天龙八部：摩睺罗伽、不详、阿修罗、残毁、乾闼婆、不详、不详、夜叉

（七）石笋山第32号龛的天龙八部（中唐）

石笋山第32号龛为方形双层龛。内龛龛楣上檐两角圆拱形。龛内雕一佛二弟子二菩萨。龛口立二力士。在主尊身后正壁上左右各雕三身八部众头像，在龛口菩萨头光外侧各造一部众像。由于风化严重，基本无法识别细节。从左到右大体根据特征辨识：迦楼罗（鸟嘴形迹）、乾闼婆（兽头帽形迹）、不详、不详、阿修罗（举月形迹）、不详、不详、夜叉（恐怖面）。（图4-18）

图4-18　石笋山第32号龛的天龙八部

四、邛崃天宫寺摩崖石刻天龙八部[①]

天宫寺摩崖造像位于邛崃平落镇金华村四组的金华山上的红砂石崖壁上，现存七十七龛（编号为74龛，其中57号龛又分出小1—3龛）造像，绝大多数都开凿于八世纪末和九世纪，除34号龛为大佛龛外，其余均为小龛小像。由于近年开始在此造像，将原来造像修补妆彩，所以保存状况堪忧。

（一）天宫寺31号龛的天龙八部（中晚唐）

天宫寺31号龛为中晚唐造像，双层龛，外龛方形，敞口平顶，内龛佛帐形，单层檐，檐顶雕山花蕉叶，檐下刻垂帐纹。龛内平面近半圆形，弧壁平顶。龛内造一佛二供养人二弟子二菩萨二力士像，诸像身后分两排各浮雕八尊像，其中有天龙八部像，但部分像有后代改动痕迹。（图4-19）

左侧从内到外：

（1）龙部。为持剑武将立象，头两侧生龙爪，头顶龙头。

（2）迦楼罗。站立，手中持芦笙形象，鸟嘴。

（3）乾闼婆。戴虎头帽。

（4）摩睺罗伽。头上有蛇缠绕至脖颈。

右侧从内到外：

（1）阿修罗。三头（半毁）六臂，手举日月轮。

（2）紧那罗。高发髻，宽袖长袍，手中持长方状物于胸前。

[①] 胡立嘉、李子军等：《邛崃天宫寺摩崖石刻调查简报》，《成都考古发现（2004）》，第485—509页。

图4-19 邛崃天宫寺31号龛的天龙八部

（3）推为天部。面目丰润，脸部上扬，其他不清。
（4）推为夜叉。损毁严重，似有炎发，胸前似有小儿。

（二）天宫寺43、44号龛的天龙八部（中晚唐）

天宫寺43、44号龛为中晚唐造像，形制类同。双层龛，外龛方形，43号内龛佛帐形，方形龛口（44号内龛平面呈半圆形，龛口圆拱形）。内龛龛基上雕垂帐纹。龛内造一佛二弟子二菩萨像，龛口立二力士像，环壁雕刻八尊天龙八部像（左右各四尊）和二天王像，主尊座前左右侧各立一尊供养弟子像，下部雕八足香炉。内龛龛基左右侧雕二狮。可惜此二处天龙八部像皆为浅浮雕全身立像，均经改造妆彩，面目全非。（图4-20）44号龛能识别出：佛左2龙部，头顶一龙；左4夜叉，手持小儿。佛右1阿修罗，三面；右4摩睺罗伽，面目狰狞宽大。

（三）天宫寺49、50号龛的天龙八部（中晚唐）

天宫寺49、50号龛为双层龛。外龛为横长方形，内龛一分为二，均为圆拱形，49号龛即右侧内龛，50号龛即左侧内龛。龛内雕一佛二弟子二菩萨像，龛口雕二力士像，龛内后壁浮雕八尊天龙八部像，二力士身后各雕一尊天王像。但龛内像风化严重，天龙八部无法辨识。

（四）天宫寺53龛的天龙八部（中晚唐）

53号龛为中晚唐造像，外方内圆拱形龛，外龛残破，内龛平面呈半圆形，弧壁圆顶。内龛高85厘米、宽85厘米、深35厘米。龛内造一佛二供养二弟子二菩萨像，龛口外立二尊高浮雕力士像，龛后壁浮雕护法神像，右侧四身，左侧六身，其中有天龙八部像。（图4-21）

图4-20　邛崃天宫寺44号龛天龙八部

图4-21　邛崃天宫寺53龛的天龙八部

后壁浮雕天龙八部像,左壁从内向外:
(1)不详。面部残,穿交领衣,右手捧物于胸侧。
(2)不详。面部残,穿交领广袖长袍,头顶挽圆形发髻。
(3)迦楼罗。头顶挽高发髻,戴三珠冠,双手捧笙状物于前,头侧有缯带垂下。
(4)不详,推乾闼婆。面部残,头侧缯带垂下,穿交领广袖衣,双手举长条状物于肩侧。
(5)残毁。
(6)残毁。

右壁从内向外:
(1)阿修罗。三头六臂像,穿天衣帔帛,当胸双手合十,中间右手拿秤,中间左手残损所执物不能辨认。上举右手托新月,左手托日轮。
(2)天部。长耳垂胸像,右手握右耳垂,结高髻,穿交领广袖衣。
(3)不详。着战袍,头顶戴高异形冠,左手握物于胸前。
(4)摩睺罗伽。着战袍,颈上缠蛇,左手握物于左腹侧(抓蛇尾)。

五、邛崃鹤林寺摩崖石刻造像的天龙八部[①]

鹤林寺摩崖石刻造像位于邛崃市临邛镇鹤林寺后山林中。四川大学艺术学院、成都市文物考古研究所、邛崃文管所、日本早稻田大学等单位于2003年对其进行了调查清理。他们从银顶开始至塔林结束,将发现窟龛分成六个区。一、二、三区在银顶山上,其余区在寺后塔子山上。在鹤林寺摩崖石刻发现了四川唯一——龛林中禅定降魔题材浮雕,存天龙八部四处,其历史可追溯至唐代。

(一)鹤林寺一区5号龛的天龙八部造像(唐代)

一区造像位于银顶山顶山石上,共七龛,天龙八部造像在5号龛中。该龛为双层龛,外龛方形敞口,高140厘米、宽240厘米、残深20厘米。内龛方口,高124厘米、宽158厘米、深72厘米。龛内坛上造一佛二弟子二菩萨像,左右龛口立二力士,环壁浮雕两排神像,前排左右各三身(左侧从外向内:天王、着袈裟有圆形头光者、高发髻着交领广袖衣举如意者;右侧从外向内:天王、地藏样佛像、高发髻着交领广袖衣举扇者),后排左右各五身。(图4-22)天龙八部位于后排。

左侧从外向内:
(1)夜叉(?)。尖发,面丑,风化严重。
(2)不详。高发髻,脖颈露青筋,双手合十,交领衣。
(3)不详。高发髻,面残。
(4)天部。高发髻,长耳垂肩,交领衣,腰系带,左手举物于胸侧,残。
(5)龙部。顶戴有缨头盔,着铠甲,头后伸出龙头,龙左前爪置于其右手掌上。

[①] 胡立嘉、李子军等:《鹤林寺摩崖石刻造像》,《成都考古发现(2003)》,第527—550页。

图 4-22　邛崃鹤林寺一区5号龛立面图

右侧从外向内：

(1) 风化严重。竖发。

(2) 乾闼婆(?)。高发髻(是否为妆彩将兽头帽遮掩?)，双手抱长条状物于前。

(3) 不详。圆发髻，双手拱于胸前。

(4) 不详。面部残毁，高发髻，颈上有蚕纹，双手相握置于胸前，交领广袖衣。

(5) 阿修罗。三头六臂，上二臂举物风化，中二臂举日月，下二臂合十，戴项圈，上身挂璎珞，帔帛顺肩下垂。

(二) 鹤林寺二区2号龛的天龙八部造像（唐代·千手观音二十八部众的成员）

2号龛外龛方形顶。内龛方口，有方形龛楣和方形龛柱，高72厘米、宽75厘米、深26厘米。龛楣和斜撑上饰忍冬纹，龛柱饰缠枝花卉。

龛内后壁雕千手观音一尊。龛左右壁各分四层浮雕共八组像。

左壁外侧从下至上——

一层：一尊，叉腿站立四臂立像。

二层：二尊，立于云中，风化严重。

三层：三尊，立于云中，风化严重。

四层：一尊，四肢张开，风化严重。

内侧从下至上——

一层：一尊，坐姿小像，风化。

二层：二尊，立于云中，左手叉腰，右手持武器，其左侧立一小人像。

三层：二尊，立于云中，两手伸掌展开，其后侧立一小人像。

四层：二尊，云中结跏趺坐。

右壁外侧从下至上——

一层：一尊，上举四臂明王像，双脚叉立。

二层：三尊（鬼子母），第一层明王托举云中立像一尊，左右侧雕二小人像拉其手。

三层：三尊，云中一头戴高冠着广袖衣杵兵器于身前的立像，其左侧有一高发髻着广袖衣拱手而立之小像，其右侧有一着三叉裙举物于右肩的小鬼像。

四层：一尊，立于云中，四肢展开。

内侧从下至上——

一层：一尊，坐姿小像。

二层：三尊，云中一着长裙左手叉腰右手举物之尊像，其左侧立一小人残像，其右侧跪一小人像。

三层：二尊，两手展开立于云中像一，其左侧跪一小人像，风化严重。

四层：二尊，云中结跏趺坐佛像，有身光和桃形头光。

此龛应为千手观音与二十八部众，天龙八部作为二十八部众的成员而存在，从残存迹象看，应主要集中于右壁外侧从下至上的尊像中。

（三）鹤林寺第三区4号龛的天龙八部（唐代）

该龛为双层方口龛。龛内雕一佛二弟子二菩萨像，环壁浮雕十尊像，龛柱正面雕二尊力士像，龛基中部存三尊雕像残痕，中间为坐像，两侧二尊为跪像，龛基左右侧雕刻风化，龛基下方、外龛底部中间有一横长方形小坑。龛内壁雕刻天龙八部像（图4-23），从左至右是：

图4-23 邛崃鹤林寺第三区4号龛的天龙八部

（1）头顶有双角，裸全身，仅腹前系小布，双手举兵器于前。推夜叉。

（2）头顶有发髻，风化严重。

（3）阿修罗。风化严重，三头六臂，上二手举日月，中右手举类斧状物，左臂残，下二手合十。

（4）天部。头顶横长方形物，面部残，双耳垂肩，圆领衣，双手合十于前。

（5）龙部。主尊背光左侧，穿圆领衣，头顶一龙举爪，回首反顾，与右侧第一尊像同。

（6）龙部？或是乾闼婆？位于主尊背光右侧，穿戴盔甲，头上方雕一回首龙（龙左前上爪举，右前爪撑其头顶），左手举于肩侧。但参考阆中佛子岩石窟K1中的乾闼婆和龙部，曾经也被认为是两个相同的龙部。笔者以为应该仔细鉴别。

（7）不详。面部残毁，双手举长方形条状物于肩上，穿圆领袈裟，内罩长裙，着鞋。

（8）光头，面部残，披通肩袈裟，双手合十。

（9）残损。

（10）残损。

（四）鹤林寺第三区10号龛的天龙八部（唐代）

鹤林寺第三区10号龛是双层龛。内龛弧壁圜顶，高79厘米、宽68厘米、深30厘米。龛内坛上造一佛二弟子二菩萨像，龛口外立二力士，环壁雕刻天龙八部，目前剩七尊残痕（无三头六臂像，既有形制或风化与否？无定论）。

第五章
重庆地区的天龙八部造像
——合川、潼南、大足、忠县

重庆地区宋、明、清时期造窟龛较多,①而天龙八部盛行的隋、唐、五代之遗存较少。②据目前资料显示,在合川、潼南、大足、忠县等地还有部分天龙八部造像,但大多保存状况欠佳。当然,并不排除还没有识别出来者,像大足的天龙八部造像就属于文物部门重新普查时甄别出来的,填补了相关艺术遗存和研究的空白。

重庆地区摩崖窟龛分散,风化、重妆、涂鸦、凿毁等破坏严重,如重庆合川西郊的濮岩寺,原有大量唐宋摩崖龛像,现已不存。在天龙八部不被重视的学界,考古记录又往往对此含糊其词,这些脆弱的窟龛一旦损毁,就会造成无法弥补的研究缺憾。

第一节 合川区摩崖石刻的天龙八部

重庆市合川区乃涪江、渠江、嘉陵江三江交汇处,西与窟龛造像大县潼南接壤,自古水陆交通发达。就水路而言,由嘉陵水道可至广元、剑阁与重庆,由渠江水道可连巴中、通江,经涪江水道可通川西绵阳。就陆路而言,一有蜀汉时期诸葛亮开辟的通往涪陵的"阳关大道",③加强了嘉陵江、涪江、渠江与峡路的联系;二有嘉陵故道,自陕西宝鸡陈仓驿到阳平关后,南取金牛道顺嘉陵水道经合州到渝州接峡路;④三有米仓道,即从陕西汉中循

---

① 据二十世纪八十年代第二次全国文物普查,在重庆市范围内尚存有元、明、清时期佛教摩崖造像二百余处,其中元代造像四处,明代造像六十余处,清代造像一百八十余处,主要分布在大足、潼南、合川、江津、荣昌、南岸等二十五个区县。王玉:《重庆地区元明清佛教摩崖龛像》,《考古学报》2011年第3期,第411页。
② 三峡库区唐代佛教石刻造像,经数次调查仅发现4处(忠县忠州镇临江岩和石宝区石佛岩摩崖龛像;云阳县双江镇下岩寺和云安镇大佛头摩崖龛像)。目前,其中一处已破坏殆尽,一处被切割搬迁至重庆中国三峡博物馆,另两处被175米第三期水位淹没。王玉:《重庆三峡库区唐代佛教石刻造像调查报告》,《考古学报》2006年第4期,第509—528页。
③ 池开智编著,重庆合川区政协文史编辑委员会编:《合川历史文化纲要》,重庆出版社,2009年,第62页。
④ 蓝勇:《四川古代交通路线史》,西南师范大学出版社,1989年,第40页。

濂水河谷翻米仓山,再循南江河谷入蜀,之后再过巴中、广安、合州抵江州(今重庆)。[①]这些水陆要道,既是经济文化发展的通联枢纽点,也是巴蜀地区佛道石窟艺术发展传播的大动脉,合川地处其间,占据着十分重要的地位。

合川的石窟寺分布亦较集中、地方特色较浓厚,重要的摩崖窟龛造像包括涞滩二佛寺、龙多山、濮岩寺、钓鱼城等。

一、涞滩石刻东寨门山王与天龙八部造像合龛[②](晚唐至五代·道教龛的佛护法)

涞滩镇在合川区东北35公里的渠江西岸鹫峰山上,始建于晚唐,兴盛于宋代,有晚唐石刻、宋代古镇、清代民居等文物古迹,历史文化底蕴深厚。

在涞滩东寨门下约100米处,往渠江方向的路边坎茔旁,有一块正面凿方形三层龛的巨石。龛内居中雕刻铠甲武将装坐式山王像,其双手叉腰,右脚踏于虎背上。山王像下部左右各刻一尊侧身向主的侍者像。龛靠外侧门转角处刻立姿力士像。龛门两侧镌刻对联,左"宏功资伟业",右"威烈镇群山",龛楣刻横批"感应显灵"。

山王像两侧上半造人形化天龙八部像,左右各四尊,可惜漫漶不可识别。山王与天龙八部像合龛,是罕见的世俗化佛道融合造像样式。山王像主要是晚唐和五代时期的造像题材内容,推测该龛造像应早于二佛寺下殿[③]的摩崖造像。(图5-1)

图5-1 合川涞滩石刻东寨门山王与天龙八部合龛

---

① 蓝勇:《四川古代交通路线史》,第59—61页。
② 黄理编著,廖国伟、尹宏杰摄影:《涞滩石刻》,重庆出版社,2012年,第28页。
③ 二佛寺下殿的摩崖造像为我国第三期石刻艺术高潮的代表作,也是我国规模最大的佛教禅宗造像聚点,总计有42龛窟,1 700余尊造像。

二、龙多山摩崖石刻东下K19的天龙八部造像[①]（晚唐至五代）

据罗洪彬研究，龙多山摩崖石刻，包括摩崖造像九十四龛窟和题刻九十二方，分布于合川区龙凤镇龙多山村一组龙多山的东岩（因山石崩塌分东岩上二十二龛、东岩下十九龛）、南岩四龛、西岩二十六龛、北岩七龛及田湾十六龛，造像时代约从盛唐开元、天宝时期，到晚唐至五代时期，直至两宋，元初至清末民国时期，其部分题材及装饰技法受巴中、广元、绵阳等地石窟的影响，与涞滩二佛寺及大足石刻等又具有重庆地方的特色。

疑似出现天龙八部造像在东岩下的第19龛（编号：东下K19），惜风化残损严重。该龛为方形双层平顶龛，内龛宽约85厘米、高80厘米，龛楣装饰忍冬纹。龛内为一佛（桃形双重头光）、二立弟子（圆形头光）、二立菩萨（头光同佛）格局，龛后壁弟子头光周围似有造像头颅痕迹，疑为天龙八部。龛外二力士，其足下似踏瑞兽。主尊座下似有香炉，香炉两侧似有瑞兽。

第二节　潼南区摩崖石刻的天龙八部

潼南区位于重庆市西北部，东邻合川，南接大足，西连四川安岳，北靠四川遂宁，上述地区摩崖窟龛造像都很发达。潼南摩崖石刻总共有五十九处，绝大多数龛像凿于唐代。其中规模较大的唐代龛像群有五处，按时代顺序排列：崇龛镇薛家村、崇龛镇南家湾、大佛寺西岩、新胜镇五硐岩（涂改严重）、玉溪镇万佛崖（风化严重）。潼南天龙八部造像较多，据不完全统计现存九龛。

一、潼南崇龛镇薛家村千佛寺摩崖造像的天龙八部[②]

崇龛镇距潼南城区约30公里，接壤遂宁和安岳。千佛寺摩崖石刻位于崇龛镇[③]薛家村一社张家湾（华家沟）北部山脚下，存四十三龛，计造像283身，文字题记二十七则，可见"开宝三年（970）""开宝四年"等题记信息，以及令狐璋、令狐庆等捐资人名字，推测最早可追溯到唐天宝年间，晚至元明，其中以晚唐、北宋时期造像为主。千佛寺摩崖石刻第20号和36号等龛中遗存天龙八部造像。

（一）崇龛镇千佛寺第20号龛的天龙八部（中唐·道教龛的佛护法·摩竭鱼神王）

该龛为外方内圆拱形龛。内龛龛口边沿从内到外依次刻一周连珠、花瓣、忍冬纹样，龛楣正中阴刻花瓣，花瓣上有一枚摩尼宝珠。龛内壁呈弧形，内龛高81厘米、宽

---

① 罗洪彬：《重庆市合川区龙多山摩崖石刻研究》，西华师范大学硕士学位论文，2015年。
② 于桂兰、方刚等：《重庆潼南县千佛寺摩崖造像清理简报》，《考古》2013年第12期，第36—57页。
③ 陈抟（871—989），著名道士，传出生于崇龛，唐代属普州（安岳）管辖，所以安岳圆觉洞还有陈抟的墓地。一传其出生于亳州真源县（今亳州市谯城区十八里镇陈庄村）。

50厘米、深32厘米。龛内造一天尊二胁侍二女真及天龙八部，外龛左右两侧各雕一力士。

龛后壁天龙八部，左侧四身，右侧五身。左侧从左至右：

（1）夜叉。戴五边形冠，怀抱一童子。

（2）乾闼婆。戴兽头帽，兽爪搭在胸前。

（3）不详。戴冠，冠上有月牙形物（龙部？）。

（4）天部。戴高冠，长耳，右手抚于腹前。

右侧从左至右：

（1）摩睺罗伽。戴宝冠，颈部缠蛇。

（2）不详。戴宝冠，冠顶圆形。

（3）不详。戴宝冠，冠顶方折，身头朝左侧，推为迦楼罗。

（4）阿修罗。三头六臂，左二手上托日，下持物，右二手上托月，下持棍状物，中二手合十。

（5）摩竭鱼王（河神）。戴鱼头帽，鱼头朝右。

本龛是唐代道教窟龛，其河神王和主流八部众造像同在一龛，体现了天龙八部造像的历史脉络和交融痕迹，因此，龛窟虽小，在巴蜀石窟寺天龙八部研究中却应特别关注。（图5-2）

（二）崇龛镇千佛寺摩崖造像第36号龛的天龙八部（中唐）

该龛为方形双层龛。外龛为长方形。内龛为圆拱形，高112厘米、宽117厘米、深48厘米。内龛造一佛四弟子四菩萨，菩提双树，龛后壁浮雕天龙八部。外龛有力士残痕。（图5-3）

天龙八部，主尊左侧四身，从内至外：

（1）夜叉。大张口，左手掌心向内托婴孩。

（2）阿修罗。手托日月，剩下被挡住。

（3）不详。面部残损，左手握拳置胸前。

（4）不详。头戴冠。

主尊右侧三身（推测毁掉一身），从内至外：

（1）摩睺罗伽。面目狰狞，持蟒蛇。

（2）龙部。头戴山形冠，龙头从冠顶伸出。

图5-2　潼南崇龛镇千佛寺第20号龛造像示意图及右壁天龙八部造像

图5-3 潼南千佛寺摩崖造像第36号龛造像示意图

（3）不详。残损。

二、潼南崇龛镇万佛岩摩岩（南家湾摩崖）造像的天龙八部[①]

万佛岩摩岩造像在万佛寺地界，即千佛寺向上前行约2公里的崇龛镇柿花村二组南家湾（故也称之为南家湾摩崖造像）的长坡山腰两侧，座东向西，主要造像分布在长坡南面崖壁，存造像五十一龛366尊，大多为中晚唐至北宋石刻，造像风格与千佛寺的相似，但新妆彩较多。

（一）潼南南家湾第4号龛的天龙八部（中唐晚段）

南家湾第4号龛为方形双层龛，元和四年（809）开凿，属于中唐晚段。平顶外龛。弧顶内龛，高115厘米、宽110厘米、进深45厘米。龛内造一佛二弟子二菩萨二力士及八部众像。

（二）潼南南家湾第9号龛天龙八部（晚唐早段·三教合龛）

该龛位于"万佛岩摩岩造像潼南县文保碑"上方约4米处，为双层方形平顶龛。内龛平顶抹角，高100厘米、宽105厘米、深48厘米。龛内凿三教合一造像。主尊头部均残，中尊（老君像，身着道袍）和左尊（佛陀）身后背光由桃形头光与圆形身光相叠而成，右尊（儒，着翻领广袖大衣）仅施桃形头光。中尊左右两侧各一胁侍（风化），右尊右侧有二胁侍（身着交领袈裟的弟子；真人像）。左尊佛像身着双领下垂大衣，内穿僧祇支，其左侧有

[①] 重庆中国三峡博物馆、重庆博物馆：《重庆地区唐代佛教摩崖龛像调查》，《考古学报》2014年第1期，第113—116页。该文称万佛岩摩岩造像为南家湾摩崖造像。

一身着比丘装弟子像。主尊下方有八胁侍立像，即四真人和四菩萨，均立于带茎单层仰莲上。两侧龛壁上分别有菩萨、女真和四天王立像（右侧壁为：上北方多闻天王托塔，下西方广目天王持蛇。左侧壁为：上南方增长天王持剑，下东方持国天王持宝棒）。内龛外壁各一力士像。在三主尊像的后壁及侧壁上方隐起天龙八部，可识别三头六臂阿修罗。（图5-4）

南家湾第9龛为巴蜀地区年代最早的三教合一像，表现出早期合龛中儒教地位低于佛道二教，具有重要的研究价值。

三、潼南新胜镇五硐岩摩崖造像中的天龙八部

五硐岩摩崖造像位于潼南新胜镇桅杆村五社五硐岩西面陡岩，坐东北向西南，唐至清代均有开凿，保存有六龛128尊。

图5-4　潼南崇龛镇南家湾第9号龛示意图（上）及实景（下）

（一）新胜镇五硐岩1号龛的天龙八部（晚唐早段·道教龛的佛护法）

五硐岩1号龛为双层方形平顶龛，晚唐早段。内龛龛楣施网状帷幕，悬华绳，龛侧施卷草纹。龛内凿一天尊、六真人、二女真、二天王、天龙八部像。由于现代涂漆，大部分改刻，天龙八部已经面目皆非。（图5-5）

（二）新胜镇五硐岩2号龛的天龙八部（晚唐早段）

五硐岩2号龛为外方内弧顶双层龛，晚唐早段〔原有太和九年（485）造像题记〕。内龛龛楣为尖拱形，龛缘施卷草纹装饰带。龛内凿一佛（尖桃形头光）、二弟子（圆形头光）、六菩萨（椭方圆形头光）、二力士（圆形头光）、四天王及天龙八部像。因为涂漆并部分改刻，天龙八部识别困难，佛左侧从内至外：

（1）面貌端正，戴头冠，推为天部。

（2）三头六臂阿修罗。

（3）绾高发髻，推为紧那罗。

（4）手持小儿的为夜叉。

佛右侧从内至外：

（1）头顶飞龙的龙部。

（2）戴兽首帽的乾闼婆。

图5-5 潼南新胜镇五硐岩1号龛的天龙八部

(3)绾发髻,戴冠,推为迦楼罗。
(4)面丑,似缠蛇,推为摩睺罗伽。
该龛造像俱置于高坛上,坛前有九个呈跪姿供养人。(图5-6)

图5-6 潼南新胜镇五硐岩2号龛的天龙八部

(三)新胜镇五硐岩3号龛的天龙八部(晚唐)

五硐岩3号龛为外方内弧顶双层龛,晚唐。龛楣为尖拱形。龛内凿一佛、二弟子、二菩萨、二力士、四大天王及天龙八部像、菩提双树以及护法童子等。外龛侧壁有供养人小龛。天龙八部造像保存完整,可惜部分涂漆或改刻。(图5-7)佛右侧从内至外:

图5-7 新胜镇五硐岩3号龛的天龙八部

(1)阿修罗。三头六臂举日月。
(2)迦楼罗。戴冠,头顶上浮雕金翅鸟。
(3)推紧那罗。绾发髻,面容端正。可能独角被毁坏了。
(4)夜叉。面目狰狞,托小儿。

佛左侧从内至外:

(1)龙部。头顶有龙。
(2)乾闼婆。戴兽首冠。
(3)天部。大耳垂肩。发髻只剩下一部分,看起来比例怪异。
(4)摩睺罗伽。项缠蟒。

第三节 大足区石刻中的天龙八部造像[①]

大足石刻也即大足石窟,是大足区石窟寺的总称,包括石窟点167处,计1 131龛,造

---

① 四川省社会科学院等:《大足石刻内容总录》,四川省社会科学院出版社,1985年。

像两万余尊,[①] 著名并较为集中的有宝顶山、北山、石篆山、南山、石门山石刻。其造像以佛教居多,儒、道次之,但极少见有保存完整的天龙八部造像。

一、大足石刻北山第51号龛的天龙八部（晚唐光化二年）

大足城区西北约2—3公里处的北山,古代曾有龙岗山之名,晚唐昭宗景福元年(892)昌(大足)、普(安岳)、渝(重庆)、合(合川)四州都指挥兼静南军节度使韦君靖在此处建永昌寨,同时开始雕凿佛像窟龛的事业。经五代至南宋绍兴时期,历时250余年建成现存规模。北山石刻造像主要集中在佛湾,其余散布在北塔、营盘坡、佛耳岩、观音坡等处。

大足石刻北山第51号龛开凿于晚唐光化二年(899),系彼时昌州刺史王宗靖为其眷属往生西方极乐世界而开凿。该龛正中为三世佛像,后壁为十二身佛像和二飞天。在左右两边的侧壁上,各布局为上面三身,下面一身,计八身天龙八部造像。(图5-8)

图5-8 大足北山第51号龛天龙八部：乾闼婆、摩睺罗伽、紧那罗、龙部；迦楼罗、天部、夜叉、阿修罗

右侧壁天龙八部造像。位于上面的三像依次为：
(1)乾闼婆。头戴虎头冠,虎爪搭在双肩上；
(2)摩睺罗伽。中年男像,合十胸前。
(3)紧那罗。面相清秀,头顶上装饰有圆锥形的尖角。
下面的一像为龙部,武将装扮,在头后浮雕一龙。
左侧壁天龙八部造像。位于上面的三像：
(1)夜叉。面呈凶相,上身赤裸,下身着短裙,双手在胸前捧一小人。
(2)天部。长耳垂到胸前。
(3)迦楼罗。头梳高髻,有鸟形刻痕。

---

① 黎方银：《大足石窟艺术》,重庆出版社,1990年。书中称称造像有5万余尊。

下面一像为阿修罗,三头六臂,正面微笑圆脸,左侧凶相脸。

二、宝顶山珠始山① "佛与八护法神像"疑似八部众(宋代)

该龛凿于宋代,位于大足大佛湾东北1公里田坎边。佛身两侧壁上各立四护法金刚,分两排站立。

左侧:

(1)上排内侧金刚,无冠,怒发飘忽,身着铠甲,右手持大刀。
(2)上排外侧金刚头残,右手放胸前,左手高举持物已风化。
(3)下排内侧金刚面目丑陋,顶盔着甲,肩围斗篷,双手拱于胸前。
(4)外侧金刚额宽腭短,头戴束发小冠,身着斜襟宽袖大袍,手持宝剑。

右侧:

(1)上排内侧金刚头戴束发小冠,颈后两带向上飞拂,身着甲,外罩袍,右手撩袍,左手持一长枪负于左肩上,矛头上挂一物似葫芦,头向右回顾。
(2)外侧金刚突嘴深目,兽头人身,顶盔着甲,肃立云上,双手拄立一旗。
(3)下排内侧金刚头戴四角瓦楞帽,面目狰恶,胸以下已风化,右手残。
(4)外侧金刚脸颊瘦长,头戴方形软冠,身着长袍,双手持一葫芦。

此处虽为八护法神像,但与天龙八部相去甚远,为不遗漏,收集在此,供学者探讨。

三、南山第6号佛道合龛疑似天龙八部(南宋后·佛道合龛)

大足城区东南大约2—3公里处的南山(古代有广华山之名)石刻造像,肇始于南宋(1127—1279),主体性质属道教造像。南山第6号佛道合龛为平顶龛,时代不详。龛内壁面成阶梯形,龛高168厘米、宽290厘米、深126厘米。龛内造像分为三层,每阶上有一层。

上层:主像为一结跏趺坐于金刚座上佛陀。龛左右壁各有一天尊,相对坐于二龙头背靠椅上。二天尊外侧各排立三侍者。

下层:中部现已无像。左壁上立四身拱揖男供养人像。右壁上立拱揖三女一男供养人像,风化严重。

中层:疑似天龙八部所在位置。中部站立三像,类似天王,现已残缺破损。两侧各立一护法神,均为三头六臂,手中持枪、弓等兵器,部分手已残。左侧边壁上立三侍者,右侧边壁上立四侍者,现皆已风化残蚀。

四、大足法华寺石窟第1号窟内的天龙八部像(盛中唐)②

法华寺石窟位于重庆大足区城东25公里的金山镇水口村法华寺前殿外侧的一块巨石(约120平方米)上。该石窟残存两龛窟(共八龛窟,除第1、8龛窟有造像,其余六龛窟

---

① 四川省社会科学院等:《大足石刻内容总录》,第260页。
② 米德昉、高秀军:《大足法华寺第1窟四佛尊格问题探讨》,《四川文物》2016年第4期,第62—63页。

皆空）六十余尊。在巨石左边第1号洞窟内，三面开龛造像。正壁主尊像并坐罕见的四佛，与夹江千佛岩D区72龛中唐四佛形制、仁寿牛角寨盛中唐D34号和D39号龛四佛形制相类，具有紧密的文化关联性。右侧壁凿三排计三十七尊小佛。左侧壁靠内凿十六身共两排小佛。两壁合小佛五十三数，又与五十三佛信仰紧密联系。

左侧壁靠窟口处另开方形小浅龛，内造一佛（特征与四佛一致）、二弟子、二菩萨、八尊浅浮雕半身天龙八部，但大多残毁。龛内下部残痕有一博山炉居中，左右各蹲一狮。

据该窟"上合州""大通院"的题刻，可以推断这些造像不会晚于唐乾元元年（758）。（图5-9）《大足法华寺石刻造像调查简报》判断为初盛唐之际，本书折中到盛唐至中唐。

图5-9　大足法华寺石窟第1号窟内天龙八部像（线描采周颖绘图）

第四节　忠县临江岩第2龛的天龙八部①（唐中期）

临江岩造像位于忠县临江路忠县物资局大楼底层之下（重庆政府公布文保单位地址：忠县忠州镇人民路281号），现存唐代摩崖石刻五龛。

从风格上，临江岩第2龛可能作于唐中期，与龙门奉先寺的仪轨近似，风格与安岳卧佛沟唐代作品相近。该龛为双层龛。内层龛宽121厘米、高141厘米、进深50厘米。龛底设"凸"字形低坛，坛上雕造惯常规制的一佛二弟子二菩萨二天王二力士像，形制紧凑。龛楣饰有二伎乐飞天，一吹箫、一奏横笛形象，皆浅浮雕。后壁一字排开浅浮雕天龙八部群像。（图5-10）

---

① 王玉：《重庆三峡库区唐代佛教石刻造像调查报告》，《考古学报》2006年第4期，第509—528页；方文华：《四川忠县临江岩发现唐代摩崖石刻》，《文物》1986年第5期，第95—96页；国家文物局主编：《中国文物地图集·重庆分册》（下），文物出版社，2010年。

图 5-10　忠县临江岩第 2 号龛的天龙八部造像示意图：摩睺罗伽、迦楼罗、天部、乾闼婆、阿修罗、紧那罗、龙部、夜叉

右壁从内至外：
(1) 乾闼婆。头戴兽头冠。
(2) 天部。留有胡须和长耳。
(3) 迦楼罗。头顶金翅鸟。
(4) 摩睺罗伽。脖颈绕物，手执宝剑的武士形象。

左壁从内至外：
(1) 阿修罗。三头四臂持日月。
(2) 紧那罗。头上有角，双手胸前交握。
(3) 龙部。头顶上刻有龙形。
(4) 夜叉。于胸口处手托童子。

第六章
巴蜀天龙八部造像研究的几个基础性问题

第一节 巴蜀地区八部众造像系统标准的确立

关于巴蜀摩崖窟龛天龙八部造像的识读问题,学界一直表现出大而化之的态度,试举几例如下:

一、在考察调研中,明确窟龛内容有天龙八部,但没深入描述并确定尊格。这种现象在相关研究论文、考察报告甚至是内容总录等文献中普遍存在。随着风化和人为破坏,这些窟龛造像的信息也在逐渐消亡湮灭,成为进一步研究的死角,甚至形成误导,殊为遗憾。

二、在考察调研中能明确记录八部众造像的特征,但在学理上尚未澄清,因此无法准确描述和识别尊像,导致分析结果偏颇、不完善。

此类典型的问题主要集中在"长耳垂肩者""戴兽头帽者"和"天部"的判断上。由于相关研究并不多,刘成先生2004年的硕士学位论文《四川唐代天龙八部造像图象研究》算是对相关文献研究的集大成者,在推动天龙八部研究上有先行之功,但其中尊格辨识所存在的问题也具有典型性。他认为易于辨识的天龙八部造像有:

(1)阿修罗:三头六臂,正面呈肃穆相,左面呈微笑相,右面呈忿怒相,上举二手托日月轮……

(2)龙部:头上盘腾一龙。

(3)迦楼罗:人脸人鼻尖嘴。

(4)夜叉:面相狰狞,嘴生獠牙,赤裸上身,右手持一小儿……

(5)紧那罗:头生独角。

对"耳朵长垂及肩"的形象,刘成认为,佛教经典没有关于耳长形象相关的记载,"学者们猜测是乐神乾闼婆的形象,因其善于舞乐,而耳朵长垂及胸正能表现这一特征"。[①] 而对"戴兽头冠"的形象,刘成指出,学者定为摩睺罗伽,但没有形象上和经典上的暗示。

---

① 参见刘成:《四川唐代天龙八部造像图象研究》,四川大学硕士学位论文,2004年。

同时，刘成还提出将"身穿铠甲，体态雄硕，仪容威严，手执宝剑"的形象定为"天部"。

笔者经过对相关造像的仔细对比研究，发现若按此种方式认识，会导致八部众在同一窟龛中重复出现的状态，如千佛崖806窟（多宝窟）就同时出现了"戴兽首冠者"和"颈部缠绕一蛇"者，按以上解释，同出一窟龛就会有两个特征截然不同的"摩睺罗伽"。而且，这种现象比比皆是，是上述判定方式所不能解释的。因此，找到标准窟龛，仔细研究各尊像，给出合理的辨识就成为首要任务。

天龙八部标准窟龛的要求至少有三条：

（1）原始信息保存较好，包括窟龛形制、尊像布局、题记等信息。
（2）八部众系统完整，形象特征明确。
（3）具有典型性、代表性。

一、第一类标准窟龛——常规天龙八部

据此，笔者筛选出第一类标准窟龛，即巴中南龛第53龛（图6-1）、巴中水宁寺8龛、宣汉县浪洋寺第3龛、大足石刻北山第51龛等，其八部众造像属于同一个体系，即佛经中常见表述的八位护法神——天、龙、夜叉、乾闼婆、紧那罗、阿修罗、迦楼罗、摩睺罗伽，尊像完整，特征明确，是那些残损窟龛辨识工作重要的参考标版。

首先，我们将常见的"戴兽头冠"形象定为乾闼婆。其根据乃本书第一章中所采霍熙亮《敦煌地区的梵网经变》一文中所编"现存梵网经变说戒会画面、榜题与经文对照"所指出的：敦煌莫高窟第454窟壁画中有"一虎帽神将，抱琵琶"，其榜题"乾闼婆"。日本奈良兴福寺国宝馆所藏八部众像中乾闼婆也是"戴兽头冠"形象。总体说来，巴蜀地区摩崖窟龛采用的乾闼婆与北方石窟和壁画一脉相承，乃密教中的"旃檀乾闼婆神王"形象，依据《护诸童子陀罗尼经》《守护大千国土经》以及唐代善无畏译《童子经念诵法》等经典而造，功能为守护胎儿及孩童之神。可想造像之初，充分对接了民间的心理需求。明末高僧紫柏真可（1543—1603）所撰《紫柏老人集》卷一八《旃檀乾闼婆神王赞》曰："无生路绝，有生门开。圣人之权，变化莫猜。现容威猛，慈母之痛。凡有赤子，爱如麟凤。"①就延续着上述对乾闼婆的理解。笔者不禁产生疑问：在血缘宗族观念强大的古代中国，"旃檀乾闼婆神王"与汉族民间儿童穿戴虎头帽、虎头鞋有何文化关联？

既然"戴兽首冠"者是乾闼婆，不是摩睺罗伽，也不是天部，而在上述窟龛中，均有明确的脖颈上缠绕蛇的形象，可以确定这正是摩睺罗伽的典型特征。因此，现在只有"天部"能对应"大耳垂肩"者了。这样，八部众系统的识别工作基本做到清楚准确了。

诚如刘成所言，目前尚未发现经典或文献记载"大耳垂肩者"的出处。笔者以为，民间自古就有"富贵齐天"的说法，也重视面相，认为耳大有福。据《麻衣相法》，耳宜高、宜大（英豪）、宜坚（有威）、宜厚（富足）、宜亮（智聪），两耳垂肩、耳门垂厚、耳带垂珠者皆命当富贵。造像中选择"大耳垂肩"的特征，既放大了尊格的特征，正好也可以匹配天部的

---

① 《卍新续藏》第73册，第299页上。

德行与庄严。笔者发现，在巴蜀天龙八部造像系统中，天部长耳垂肩（甚至垂到胸部），与菩萨等造像耳朵长度一般相当，甚至更长，其余部众耳朵相对要小些、正常些，这也突出了天部在八部众中地位的独特性。我国面相起源依赖阴阳与五行学说合流形成的古代传统思维的框架，相面的最早记录可以追溯到公元前七世纪的春秋之际。如果天部造型的缘由确是如上分析，就可证明巴蜀天龙八部造像具有深刻的民族化、世俗化属性。当然，还有一个天部为大耳垂肩的解释，在佛经中乾闼婆、紧那罗、摩睺罗伽皆有乐师的职能，愉悦帝释天等，因此，善于欣赏音乐的耳朵一定会与众不同吧！

图6-1 巴中南龛第53龛的天龙八部：摩睺罗伽、天部、乾闼婆、阿修罗、龙部、迦楼罗、紧那罗、夜叉

另外，在安岳县卧佛院摩崖造像北岩区3号卧佛龛的天龙八部造像中，出现了第一类标准窟龛的亚型，摩睺罗伽、龙部、乾闼婆、阿修罗、紧那罗、夜叉、迦楼罗虽然都有特征表现，但是其天部却是"高额头，额上有圆形肉团，眉尾下垂，咧嘴，着袒右袈裟"的老僧形象。这种"高额头，额上有圆形肉团"类型，在明代巴蜀佛寺壁画中较常见，如平武报恩寺、新繁龙藏寺、资中甘露寺的明代天龙八部题材壁画，[①]金维诺先生称为"寿星"，但具体所指尚待研究。

二、第二类标准窟龛——带摩竭鱼的组合

在巴蜀天龙八部造像中还有一个存在摩竭鱼的体系，定为第二类标准窟龛，有：

通江佛尔岭石窟出现头顶雕有鱼的尊像。

达州市宣汉县浪洋寺第12龛，由阿修罗、持笙的迦楼罗、龙部、摩睺罗伽、天部、乾闼婆、摩竭鱼神、夜叉八尊组成，替代了紧那罗；

绵阳市三台县胡文寺第4龛，由龙部、不详、不详、夜叉、阿修罗、摩竭鱼神、天部、乾闼婆八尊组成；

南充市营山县太蓬山透K37号龛，由天部、夜叉+摩睺罗伽、摩竭鱼神、乾闼婆、阿修罗、紧那罗、龙部、迦楼罗（或特征不详）八尊组成；

南充市顺庆区石佛嘴摩崖造像A2龛，由夜叉、天部、不详、乾闼婆、不详、阿修罗、紧那罗、不详、不详、摩竭鱼神、龙部、青苗五谷神（或摩睺罗伽）十二尊组成；

---

① 刘显成、杨小晋：《梵相遗珍——四川明代佛寺壁画》，2014年。

广安市冲相寺K23龛,由夜叉、乾闼婆、龙部、不详(推摩睺罗伽)、紧那罗、天部、比丘(不详)、阿修罗、摩竭鱼神、迦楼罗十尊组成;

遂宁市安居区梵慧寺一龛,由夜叉、龙部、乾闼婆、推迦楼罗、摩睺罗伽、阿修罗、摩竭鱼神、天部八尊组成,佛道合龛,或缺紧那罗;

重庆潼南崇龛镇千佛寺摩崖造像第20号龛,由夜叉、乾闼婆、不详(推龙部)、天部、摩睺罗伽、不详、不详(推迦楼罗)、阿修罗、摩竭鱼王九尊组成,佛道合龛。

从地域看,第二类标准窟龛分布在通江、达州宣汉、绵阳三台、南充顺庆、广安市广安区、遂宁市安居区、重庆潼南等地,主要在川东、川北以及川南的部分地区。这种分布格局是现有资料的反映,因为巴蜀许多窟龛的天龙八部造像不同程度损毁而造成了统计的困难,还与诸多窟龛藏在深闺人未识有关,但也大致反映出相关粉本传播的态势。至于广元、巴中为何没发现摩竭鱼神八部众,笔者以为,摩竭鱼神造像粉本流传时,广元、巴中的主要造像活动已经结束,粉本传播并非没有经过此地。

摩竭鱼,又称摩羯鱼、磨蝎鱼、摩伽罗,是梵语Makara的音译。故宫博物院研究馆员杨伯达的文章《摩羯、摩竭辨》认为"摩竭鱼"符合佛教和印度神话原意,而非代指公羊的"羯"字。① 唐慧琳撰《一切经音义》卷四一"六波罗蜜多经卷第二"条云:"摩竭者,梵语也,海中大鱼,吞啖一切诸水族类及吞船舶者是也。"② 摩竭鱼造像往往是龙首、利齿、双翼、鲤鱼身的组合形态。在印度神话中,摩竭鱼是水神伐楼那(Varuna)的坐骑,因此有学者称摩竭鱼神为河神。据唐义净译《根本说一切有部毗奈耶》卷十《妄说自得上人法学处第四》载,时有五百渔人捕到一尾十八头摩竭鱼,此乃迦摄波如来时种下恶果转生的婆罗门论师劫比罗,佛陀为其讲法,使其脱离恶趣得生天上。高齐那连提耶舍译《大悲经》卷三《礼拜品第八》则记载了摩竭鱼闻佛音声心生喜乐而放弃杀害商船众生,命终得生人中,并闻法得阿罗汉道达般涅槃的事迹。北朝杨衒之《洛阳伽蓝记》载摩竭国百姓深受疮病之苦,如来化身摩竭大鱼十二年以肉济人。人们在大鱼出现的辛头大河(印度河)西岸建鱼鳞纹样塔纪念此事,摩竭鱼便成了如来的象征。可见摩竭鱼神与其他八部众一样,是作恶多端与护法护众生的结合体,曾是民间信仰的一种符号与寄托。公元前一世纪,早期摩竭鱼造型出现在印度山奇大塔(The Great Stupa at Sanchi)的塔门装饰中,公元四世纪左右传入中国,至隋唐时期,摩竭鱼造像和装饰设计较活跃。(图6-2)

图6-2 印度山奇大塔的塔门装饰摩竭鱼

天龙八部组合出现摩竭鱼神,不得不

---

① 杨伯达:《摩羯、摩竭辨》,《故宫博物院刊》2001年第6期,第41—46页。
② 《大正藏》第54册,第577页上。

提到莫高窟第158窟西壁《涅槃变》(图6-3)。据王中旭《吐蕃时期敦煌壁画中天龙八部图像辨认》①一文所辨认尊格为：左侧前端四身铠甲神像为四大天王，四大天王后八部诸神辨认如表6-1：

表6-1　莫高窟第158窟西壁《涅槃变》天龙八部尊格识别（据王中旭文）

行＼列	一	二	三	四
一	龙王（头上有龙形象）	摩竭鱼（头上有摩竭鱼形象）	孔雀王（头上有似鹅的孔雀形象）	阿修罗（三头多臂，手托日月）
二	摩睺罗伽（头上有蟒形象）	紧那罗（头上有獐鹿形象）	迦楼罗（头上有金翅鸟形象）	夜叉（头顶长角，头发竖起，面目狰狞，手抱小孩）
三			狮头为冠（一判师子神王，一判乾闼婆）	

在王中旭的判定中，天龙八部并不齐全。而且，"狮头为冠"者，在唐代以来的壁画或水陆画中大量出现，学者对其也没有明确界定。某一尊神判定不明，就会进一步导致对天龙八部整体图像识别的不确定性。

笔者认为，敦煌莫高窟第158窟《涅槃变》的天龙八部特征明显，是一个完整、标准的体系，尊格判定如表6-2：

表6-2　莫高窟第158窟西壁《涅槃变》天龙八部尊格识别

列＼行	一	二	三	四
一	龙王	摩竭鱼	大梵天	阿修罗
二	摩睺罗伽	紧那罗	迦楼罗	夜叉
三			乾闼婆	

龙王、摩睺罗伽、紧那罗、迦楼罗、阿修罗、夜叉的尊格如王中旭所判定。其他尊格判定需要说明三点（图6-3）：

第一，摩竭鱼是与天龙八部并列出现的，这在佛教经典中是有明确记载的。如唐代释智严译《大乘修行菩萨行门诸经要集》卷下第二十四"出《阿阇世品经》"提到"诸龙、夜叉、乾闼婆、阿修罗、金翅鸟王、紧那罗、摩睺罗伽、摩竭鱼等"悉居住在大海中。

第二，第三列第一行并非孔雀王，而是大梵天王，其头上是天鹅形象。据《摩奴法典》，大梵天的坐骑是一只天鹅或七只天鹅拉的车。此处将天鹅绘于神祇头顶，是绘画语

---

① 王中旭：《吐蕃时期敦煌壁画中天龙八部图像辨认》，《中华文化画报》2009年第10期，第101—105页。

图6-3 敦煌158窟吐蕃时期壁画天龙八部

言符号化的表现。

第三，尽管《涅槃变》的天龙八部体系完整，但也得与诸神，如四大天王、摩竭鱼共同列队，所以看起来不十分规整，容易干扰人们的认知。

另外，敦煌、巴蜀地区天龙八部窟龛中的摩竭鱼神组合，在九世纪韩国襄阳陈田寺址三层石塔天龙八部中也是建制化出现的，只是用摩竭鱼神替代了天部，说明这种体系的历史影响一度很大，值得深入研究。

巴蜀地区窟龛中的摩竭鱼神组合天龙八部，一种是用摩竭鱼神置换出一尊，保持八部众的八尊数量，如达州市宣汉县浪洋寺第12龛置换的是紧那罗。由于其他地区窟龛风化残毁，没办法准确判断所置换的尊神。

另一种是加入的方式，突破八尊的限制，如重庆潼南崇龛镇千佛寺摩崖造像第20号龛就是九尊组合，应该是"第一类标准龛+摩竭鱼神"的样式。而广安市冲相寺K23龛是十尊组合，是在此基础上再加上一位僧人。南充市顺庆区石佛嘴摩崖造像A2龛十二尊的组合，由于风化毁损而无法了解尊格变化的规律，但大体可以肯定跟前二龛应属同一种思路。加入僧人的做法在阆中地区也有，是否应该将其排除出天龙八部造像识别体系，这还需要进一步调查才能下结论。

三、第三类标准窟龛——佛道合龛

还有一类天龙八部造像属于佛道合龛的，由于本书目前只用功于佛教文化研究，所以在对道教护法神的理解上采取暂时搁置的方式，但要确定天龙八部造像标准窟龛，还是难以绕过此问题。

据现有资料，巴蜀佛道合龛的天龙八部窟龛主要集中在通江、简阳、安岳、仁寿、潼南

图6-4 莫高窟第158窟壁画天龙八部尊格辨识。上排：龙部与摩呼罗迦、摩竭鱼与紧那罗、大梵天与迦楼罗；下排：阿修罗与夜叉、乾闼婆

等地，尤其是安岳县和仁寿县特别集中。具体如下：

通江县佛尔岩石窟东区第3、6号龛，岳池县东岩寺摩崖石刻，简阳奎星阁摩崖造像第30号窟，安岳县圆觉洞摩崖造像第23号龛、玄妙观1、6、10、16、17、18号佛道并坐龛，安岳县舍身岩摩崖造像第12号龛、仁寿县白艮罐第3、4号龛，仁寿县渣口岩第8、10号龛，仁寿县千佛寺第4号龛，仁寿县大化镇杀人槽第11号龛，潼南万佛寺的佛道合龛，等等。

上述窟龛天龙八部造像方式：一类是佛、道共用八部众，一般是沿用佛家天龙八部体系，如仁寿县千佛寺第4号龛、简阳奎星阁第30号窟、安岳玄妙观1号老君龛；二类是左佛右道各塑八身，即两个体系护法神，如安岳县圆觉洞第23号龛；三类是佛、道共用阿修罗，各自加上七尊进行组合，如通江佛尔岩石窟东区第3号龛；四类为佛、道共用阿修罗，但左右各加三尊的组合，如安岳玄妙观6、10、17、18号佛道并坐龛为七尊八部众；五类是在八身佛家天龙八部造像上再加一道教护法神，如仁寿县白艮罐第4号龛。

另外，崇龛镇千佛寺第20号龛为唐代道教龛，其天龙八部按佛护法的形制，还出现了摩竭鱼神王的形象，潼南南家湾第9号龛为唐代三教合龛，都值得特别关注。

四川是道教的发祥地，道教文化和佛教文化在唐代就融合在一起了，甚至还出现了儒释道三教合流的窟龛。除了主尊、弟子、天真、菩萨造像的和而不同之外，天龙八部造像在相关文化传播中扮演了重要的角色，是窥探护法神系统与民间民俗精神互动融合的解题密钥，对此深入钻研定能拓展出一片学术天地。

四、巴蜀八部众造像尊位数量分析

巴蜀地区窟龛中八部众的数量，除了前述十二身、十身、九身、八身、七身之外，成建制的还有六身、四身、二身、一身等形制。

一身形制：仅见于巴中南龛第25号龛的阿修罗。该龛造于盛唐，为地藏龛，阿修罗作为六道之一而被镌刻在地藏右侧。这个主题在龟兹壁画中有表现，见本书第一章介绍，但不完全算建制性的天龙八部题材。（见图2-25）

二身形制：如广元千佛崖第744窟，为"龙部+阿修罗"组合，中心坛式窟，非常华丽。皇泽寺第9龛为小型龛，方便雕刻。这种形制凸显出龙部、阿修罗在相关造像系统中的重要地位。

四身形制：阆中雷神洞1号窟，由乾闼婆、龙部、阿修罗、迦楼罗组成。旺苍县普济镇佛爷洞摩崖石刻1号龛，由龙部、夜叉、阿修罗、紧那罗组成。龙部和阿修罗为构成基础，其余搭配较自由。

六身形制：达州大竹县杜家湾第1龛，由龙部、摩睺罗伽、紧那罗、夜叉、阿修罗、乾闼婆组成。达州大竹县乌桥第1龛，由紧那罗、阿修罗、乾闼婆、迦楼罗、龙部、摩睺罗伽组成。雷神洞2号窟，由夜叉、乾闼婆、龙部、阿修罗、迦楼罗、摩睺罗伽组成。龙部、阿修罗和乾闼婆为基础，搭配紧那罗、夜叉、迦楼罗。

七身形制：广元千佛崖第806窟，由摩睺罗伽、迦楼罗、紧那罗、阿修罗、龙部、乾闼婆、夜叉组成，省略了天部。广元皇泽寺56号龛为二佛并坐龛，二佛之间雕阿修罗，两侧壁各造三尊八部众。这种二佛并坐龛对佛道合龛的影响无疑是巨大的，同时，阿修罗的地位也得以凸显。但笔者以为，除了三头六臂的"有求必应"功能在民俗信仰中积蓄的力量，人们对阿修罗并不十分了解，方便艺术构成平衡和华丽表达才是促成其在窟龛造像中占据显要位置的主因。

第二节 巴蜀地区八部众的尊格特征

按第一、二类标准窟龛八部众造像，我们可以大致整理出其尊格特征，见表6-3。

总体说来，天龙八部造像发展相对比较平稳，就算时间跨度从隋末、唐初、盛唐、晚唐、五代、宋代到元代，形象和风格变化都不太大。单个八部众雕刻除了标志性的配兽或其他属性特征外，还涉及头部发型的装饰，初唐时期流行在头盔、冠冕和发箍上装饰三珠花，这些花朵雕刻精细，装饰繁复。盛唐以降，头盔、冠冕和发箍的装饰显得较随意，甚至没有装饰（后期妆彩或风化损坏对此影响很大，不好下结论）。

表 6-3 巴蜀地区天龙八部的尊格特征

八部众	形象特征	持物（或手势、动作）	标准图
天部	束刀形发髻,耳长垂及肩（胸）,仅见忠县临江岩第2龛留胡须	拱手或合十,捻指状、手抓耳朵等	
	袒右袈裟,老僧形象（仅见于安岳卧佛院北岩区3号卧佛龛）	哀伤哭泣	
龙部	武将装扮,头顶一龙	拱手或合十,部分握剑（环首刀）,或持长矛	
	穿交领广袖衣,头顶一龙		
夜叉	怒目张口,或有獠牙,裸上身,部分脖颈戴念珠,或有头发分成几个尖锥形凸起	托、持、举小儿	
		执棍棒	
阿修罗	三头六臂；也有四臂的	六臂：上二手持日月轮,中二手持称和矩尺,下二手合十 四臂：上二手持日月轮,下二手合十	
紧那罗	高发髻（束发、戴冠）,长独角	拱手或合十；部分持笛,少许持斧钺（与明代佛寺壁画关联紧密）	
乾闼婆	戴兽头冠,兽脚搭在肩上或在胸口打结	手抓兽脚,或抱长条状琉璃琴（有横置胸前,有斜置一肩的）；或将长方持物理解为经卷盒	

（续表）

八部众	形象特征	持物（或手势、动作）	标准图
迦楼罗	人形鸟嘴	拱手或合十，或有手呈尖爪状的鸟类属性表现。达州浪洋寺LYS-3、12龛的执芦笙；或疑似持长柄锤（与明代佛寺壁画关联紧密）	
	人面，头顶金翅鸟		
摩睺罗伽	丑陋相，脖颈缠蛇	合十，手持蛇或手持剪刀尖角状莲蕾，或持狼牙棒状法器，皇泽寺51号窟的手指呈软条状	
	丑陋相，戴盘圈的兜鍪		
摩竭鱼神	龙首、双翼、鲤鱼身的组合形态	拱手或合十；其他动作	
	普通鱼形		

要说变化，工匠的理解与粉本创造会带来一些，但同时也带来了误读现象，主要是对摩睺罗伽的。在广元千佛崖第206窟，天部、龙部、乾闼婆、阿修罗、紧那罗、夜叉、迦楼罗虽然都有特征表现，但出现一个形象"手执长茎莲花状物"，在广元千佛崖第86窟、广元千佛崖第689窟、广元千佛崖第827龛、巴中西龛第73龛、中江县黄鹿镇愿果寺唐代摩崖造像龛、太蓬山透K37号龛、阆中牛王洞摩崖石刻1号龛、阆中南观梁村佛尔岩第3龛、夹江县牛仙寺第225号龛等窟龛中，也有类似举着莲蕾形状（头部像剪刀有两个尖角，后面连接茎秆），笔者认为这是工匠对摩睺罗伽手持大蟒的误读样式，即将蟒蛇头部吐出分叉的信子当成花蕾①进行表现。在榆林窟第2窟《说法图》（西夏）壁画中的摩睺罗伽头侧也有这种莲蕾表现，表明壁画粉本对摩崖造像的影响。其实，将蟒蛇头部吐出信子看作莲蕾只能算简单误读，在南充市顺庆区石佛嘴摩崖造像A2龛有个青苗五谷神，在巴蜀地区仅此一处。笔者对其内涵百思不得其解，最后，认为是工匠将粉本中摩睺罗伽的大蟒误读成了一株有果实和叶子的青苗。所以，解读天龙八部造像的内涵时，要特别小心这种历史造成的误会。

上述对摩睺罗伽的误读，还有一些明明白白的误读粉本的例子，如南充市营山县太蓬

---

① 说明：在敦煌、榆林、西夏等壁画中，也有诸神持莲蕾法器的形象，要跟摩睺罗伽造像的蟒蛇区分开来。

山透K37号龛的"夜叉+摩睺罗伽",将夜叉左手持小儿与摩睺罗伽脖颈绕蛇的特征融合在一起,中江县黄鹿镇愿果寺唐代摩崖造像龛的"摩睺罗伽+迦楼罗",将摩睺罗伽手持莲蕾与迦楼罗尖嘴的特征融合在一起,阆中牛王洞摩崖石刻1号龛的天龙八部中还存在"夜叉+摩睺罗伽"的混合。

另外,迦楼罗造像也容易引起误会。迦楼罗主要有两种造像方式:一种是头顶金翅鸟,鸟嘴的造型。鸟嘴突出,很容易风化残毁,如果金翅鸟痕迹存在就很好分辨。一种是人形鸟嘴,如果鸟嘴风化残毁,就很难判断了。笔者注意到,迦楼罗的发髻,往往是一种类似"T"形的样态,如果说天部是长方形刀型发髻,紧那罗是三角形发髻,夜叉是炎发,在对比中就能把握住迦楼罗的发髻。

在浪洋寺第3、12龛,还有一种持笙的迦楼罗。笙,古代乐器,东汉末年刘熙撰《释名》说:"笙,生也。象物贯地而生,以匏为之,其中空以受簧也。"①《乐书》中提到笙有十七簧、十九簧、二十三簧等多种形制,一般将多簧的笙称为"竽",又把大笙称为"巢",小笙称为"和"。②湖北随县曾侯乙墓曾出土几支匏笙,据研究有两千四百多年的历史。一般认为笙是由中原传入西域的,因为汉文古籍中已有不少关于笙的记载,如《礼记》的"女娲之笙簧",《毛诗》的"我有嘉宾,鼓瑟吹笙",反映出在中原地区笙既历史古老又十分流行。西汉时期笙传入龟兹,成为龟兹壁画中的符号,如库木吐喇石窟23、63、68窟的壁画。龟兹人对笙进行了改造,反过来又影响了中原笙音乐及其文化。在唐代天龙八部中出现持笙的迦楼罗,是否是对《千手观音造次第法仪轨》中迦楼罗"右手宝螺笛"的误读?

还有就是在一些研究考察记录中,有同一窟龛出现两个龙部的现象,经笔者实地考察确系研究误读。典型就是阆中佛子岩石窟K1中的乾闼婆和龙部,头部都是飞龙状浮雕,但仔细分辨就能看出其差异。工匠将通常乾闼婆的兽头帽造型改变成活生生的神兽造型了,与龙部对称布局,显得大气磅礴,这是画工非常珍贵的艺术创造(见第二章,此不赘述)。

第三节 巴蜀地区八部众的地区风格和布局差异

从图像分析,除了地区风格和布局上的差异外,巴蜀天龙八部造像形态特征是比较稳定的。所谓地区风格和布局上的差异,乃是对各地区天龙八部造像的观感,其间搭配着窟龛样式、布局组合和雕工效果的直观感受。

广元、巴中地区天龙八部造像雕工精湛,保存相当完好,对形象的来龙去脉理解到位,细节精彩,发髻、服饰、特征表现都简洁明快。难能可贵的是,线刻(千佛崖第827龛、兴文沙溪第7龛)、浅浮雕(千佛崖第806窟、巴中西龛第73龛)、高浮雕(皇泽寺第28号、巴中

---

① [唐]徐坚等辑:《初学记》(下卷),京华出版社,2000年,第28页。
② 王建林、朱英荣主编:《龟兹文化词典》,第405页。

水宁寺第8龛）都有，让我们能直观粉本与浮雕成品的关系。而且广元、巴中地区天龙八部造像以赞颂神祇为主要目标，因此没有出现冗多的供养人以致影响窟龛的完美，构成简洁大气，意义言简意赅，造像仪轨严谨。此处造像的粉本与敦煌莫高窟的联系紧密，主持造像者多为达官贵人，因此是研究天龙八部造像文化内涵及传播演变的重要文物资料。

达州地区的天龙八部造像，除了严格遵照造像仪轨外，还出现了持芦笙的迦楼罗、摩竭鱼神，这两个特异的形象表明，身处"米仓道"和"荔枝道"的达州地区的造像粉本另有来源。另外，盛唐以后的大竹县乌桥第1龛采用六身天龙八部形制，没有天部和夜叉，与六位伎乐天搭配，外龛两壁线刻供养人五身，可以看见民间对娱乐以及供养人自身的重视。

绵阳、德阳地区早期的天龙八部造像雍容华贵，晚唐的则出现了摩竭鱼神，同时也伴随着大量供养人挤入窟龛，使构成变得复杂，但整体依然显得气度严整。

南充、广安地区的天龙八部造像比较复杂，既有摩竭鱼，也有佛道合龛，还有诸多尊像误读混合的案例。但总体来看，南充地区前期造像与广元、巴中造像的联系更紧密，有摩竭鱼的营山太蓬山石窟、南充顺庆区窟龛以及广安冲相寺摩崖窟龛则跟达州一线的联系更紧密，造像时间应该也较晚，大体为盛唐以下。其中，摩竭鱼龛——冲相寺K23龛是相关研究的重要案例，其造像集广元粉本和达州粉本之大成，体现出唐代佛教造像艺术的雍容大气与精湛。

遂宁地区的天龙八部造像也存在摩竭鱼神，造像样式没有广元、巴中的古雅犀利之味，有种平实的感觉，但其颂神的初衷没有被世俗过多侵蚀，因此尽管雕刻许多供养人，但并未破坏其承传的窟龛布局，如遂宁梵慧寺摩崖造像。

简阳、自贡、重庆潼南地区唐代的天龙八部造像延续了广元、巴中饱满的造型方式、简洁的构成，奎星阁摩崖造像第30号窟宋代佛道合龛保留了从唐至宋天龙八部造像的嬗变痕迹，而且其全身造像、特征及法器保留完整，是不可多得的珍贵研究标本。

资阳、乐至、眉山、内江地区的天龙八部造像的风格既有巴中、广元石窟的韵味，也以佛道合龛独树一帜。其佛道合龛可以看出广元石窟二佛并坐窟龛的影子。内江的千手观音窟龛造像精美，让人印象深刻。

乐山地区五代至宋初的天龙八部窟龛，尤其是夹江千佛崖摩崖造像以尊像布局繁多而区域特征明显，天龙八部分布在层层叠叠的护法、听法、供养众生中，需要仔细甄别。天龙八部手中所持法器逐渐增多，也成为其重要特征之一，惜乎风化毁坏现象日趋严重，需要近距离仔细查看研究才能有更深入的认识。

蒲江的摩崖造像，至少有两种不同风格：一种是看灯山摩崖石刻6号龛的天龙八部类，与安岳卧佛院摩崖造像一脉相承，是悲伤的表情。一种是蒲江飞仙阁第9号龛的天龙八部造像，具有菩提瑞像的精致华丽。总体来看，蒲江的摩崖造像中天龙八部半身、全身像居多，满壁风动。邛崃天宫寺有持芦笙的迦楼罗呼应着达州、简阳的迦楼罗，石笋山窟龛中天龙八部持棒、长柄斧、琴盒等，呼应着乐山地区的天龙八部造像。邛崃地区鹤林寺摩崖造像中除了一佛二弟子二菩萨二力士和八部众，还将大梵天、帝释天、四天王等神祇组合进来，以形成更完善的膜拜系统。总体来说，成都及成都以西地区天龙八部造像窟龛非常流行和密集，与广元、巴中相类。

重庆地区天龙八部遗存较少，盖其造像主要繁盛阶段在宋代，错开了天龙八部造像流行时期。但大足北山第51号唐龛天龙八部造像的构成很独特，独树一帜。忠县临江岩第2龛的天龙八部也符合仪轨，与广元、巴中石窟联系紧密，但其长耳垂肩的天部留胡须，巴蜀地区独此一处。而潼南的八部众龛像与广元、巴中、邛崃等地一样密集和流行。

至于天龙八部造像的排列布局规律，可能由于工匠遵循对称与平衡的原则，考虑窟龛形制与大小，出资人的要求等，整体是比较自由的，但阿修罗、龙部、乾闼婆、夜叉、摩睺罗伽等一般居于显眼位置，阿修罗与龙部相对，一般居于靠近窟龛后壁中部，夜叉与摩睺罗伽相对，一般居于窟龛后壁两侧，等等，这是从窟龛造像的艺术效果考量，但并不绝对化。一般而言，八部众都镌刻在内龛后壁，但蒲江县大佛寺摩崖第1号龛内附龛—5号龛的两尊部众则雕刻于外龛力士身后，而巴中水宁寺8龛、遂宁安居区大佛岩的天龙八部甚至溢出到外龛壁，呈现出令人震撼的视觉冲击力。

巴蜀天龙八部搭配的窟龛有弥勒龛、释迦龛、药师龛、地藏龛（巴中南龛第25号为地藏菩萨与六趣轮回变）、山王龛（重庆合川）、千手观音龛、二佛并坐龛、四佛并坐龛、佛道合龛、儒释道三教合龛（重庆潼南南家湾第9号龛）、千佛龛，等等。在对摩崖造像的深入研究中，应将天龙八部的布局视作整体窟龛的有机部分来考察，这样才能有望深刻地把握住造像的风格、时间、粉本、工匠等内涵。

第四节　巴蜀地区天龙八部窟龛造像的时间问题

据现有研究的文献资料，笔者整理出巴蜀地区天龙八部造像的时间表6-4，随着研究的深入和细化，估计以后会有更精确的研究成果面世，天龙八部也许会成为窟龛断代研究的一个重要指标。

表6-4　巴蜀地区八部众的造像时间

地　区		窟　龛	时　间	备　注
广元地区	广元千佛崖	千佛崖第86窟	盛唐	
		千佛崖第206窟	开元（713—741）初年	
		千佛崖第207窟	唐代	
		千佛崖第212窟	唐代	
		千佛崖第452窟	初唐	

(续表)

地区		窟龛	时间	备注
广元地区	广元千佛崖	千佛崖第689窟	唐开元前后	
		千佛崖第744窟	初唐	两身形制
		千佛崖第747窟	初唐	
		千佛崖第806窟	开元前夕	二佛并坐,七身形制
		千佛崖第827龛	唐代	线刻八部众全身像
	广元皇泽寺	皇泽寺第9龛	初唐	
		皇泽寺第13龛	初唐	
		皇泽寺第28号大佛窟	隋初或初唐	巴蜀最早系统化人形八部众
		皇泽寺51号窟	初唐	
		皇泽寺55号龛	初唐	三世佛并坐
		皇泽寺56号龛	初唐	二佛并坐,七身形制
	旺苍县	普济镇佛爷洞1号龛	初唐贞观时期	四身形制
巴中地区	巴中南龛	巴中南龛第53龛	盛唐	保存完整,可作标本
		巴中南龛第70龛	盛唐	
		巴中南龛第91龛	盛唐	
		巴中南龛第100龛	盛唐	
		巴中南龛第101龛	盛唐	
		巴中南龛第137龛	盛唐	
		巴中南龛第139龛	初唐	
		巴中南龛第140龛	初唐	
		巴中南龛第25龛	唐代	地藏龛,一身阿修罗
	巴中北龛	巴中北龛第7龛	初唐	窟龛结构独特
		巴中北龛第14龛	初唐	药师佛龛,夜叉与摩睺罗伽的混合体
		巴中北龛第29龛	初唐	
		巴中北龛第30龛	盛唐	释迦龛
		巴中北龛第32龛	盛唐	释迦龛

(续表)

地区		窟龛	时间	备注
巴中地区	巴中北龛	巴中北龛第33龛	盛唐	释迦龛
	巴中西龛	巴中西龛第2龛	初唐	释迦龛
		巴中西龛第3龛	初唐	弥勒龛
		巴中西龛第5龛	初唐	别于其他的弥勒龛,听法众多
		巴中西龛第10龛	唐开元三年(715)	弥勒龛
		巴中西龛第21龛	隋代,其题记:外龛左壁镌刻唐乾符五年(878)题记;中龛左壁的前蜀"永平三年(913)院主僧傅芝记""捡得大隋大业五年(609)造前件古像"	
		巴中西龛第30龛	盛唐	
		巴中西龛第44龛	盛唐	
		巴中西龛第73龛	盛唐	二佛并坐龛,九身形制
	巴中东龛	巴中东龛第1龛	隋至初唐	
	兴文镇	兴文沙溪摩崖第7龛	唐高宗前期	线刻八部众
	水宁镇	巴中水宁寺第8龛	盛唐	异常精美,可作标本
		巴中水宁寺第9龛	盛唐(一说中晚唐)	释迦龛
		巴中水宁寺千佛崖第19龛	初唐	二佛并坐龛
	三江乡	巴中三江佛爷湾第1龛	初唐	
	恩阳镇	恩阳佛尔崖摩崖第3龛	隋至初唐	
	麻石垭乡	麻石佛尔崖摩崖第4龛	唐开元二十八年(740)	
	通江县	白乳溪摩崖造像A区4号龛	开元后期至天宝时期	疑似出现持芦笙迦楼罗
		诺江镇千佛岩石窟第17窟	唐龙朔三年(663)至开元七年(719)	
		诺江镇千佛岩石窟第31窟		

(续表)

地　　区		窟　　龛	时　　间	备　　注
巴中地区	通江县	佛尔岭石窟东区第3号龛	唐代	佛道合龛
		佛尔岭石窟东区第5号龛	唐代	
		佛尔岭石窟东区第6号龛	唐代	佛道合龛
		佛尔岭石窟东区第7号龛	唐代	
		佛尔岩摩崖石刻第2号龛	唐代	
		佛尔岩摩崖石刻第3号龛	唐代	
		平昌县古佛洞摩崖造像12号龛	唐代	弥勒龛
		平昌县小廓寺摩崖造像第2号龛	唐代	
达州地区	大竹县	明星村第1龛	盛唐前期，约684—779	
		乌桥第1龛	盛唐后期，约684—779	六身形制，搭配六伎乐天
		杜家湾第1龛	唐开元三年（715）	六身形制
	宣汉县	浪洋寺第3龛	唐至德元载（756）	持芦笙的迦楼罗
		浪洋寺第12龛	唐至德元载至永泰元年前后（756—765前后）	摩竭鱼神、持芦笙迦楼罗
绵阳地区	梓潼县	卧龙山千佛崖第2龛	唐贞观八年（634）	已知唐代巴蜀人形天龙八部造像的最早纪年
		卧龙山千佛崖第3龛		
	游仙区	碧水寺第20龛	唐贞观年间	
	三台县	胡文寺第4龛	晚唐	摩竭鱼神
	涪城区	吴家镇佛祖岩摩崖造像	年代不详（一说唐代贞观年间）	弥勒龛
德阳地区	中江县	苍山镇大旺寺摩崖造像11、13、14、15龛	盛唐及其以后时期	破坏严重
		黄鹿镇愿果寺摩崖造像龛	唐代	弥勒龛
南充地区	营山县	太蓬山透K25号龛	盛唐—五代时期	千手观音与二十八部众
		太蓬山透K27号龛的天龙八部	初唐—盛唐	道教龛
		太蓬山透K37号龛的天龙八部	初唐—盛唐	摩竭鱼，夜叉与摩睺罗伽融合形象

(续表)

地　　区		窟　　龛	时　　间	备　　注
南充地区	营山县	太蓬山透K41号龛的天龙八部	初唐—盛唐	有持长笛形象
	阆中市	云台观雷神洞1号窟	初唐	四身形制
		云台观雷神洞2号窟	初唐	六身形制
		佛子岩石窟K1	初唐	八部众中穿插二沙弥造像,乾闼婆兽首帽立体化
		牛王洞摩崖石刻1号龛	唐代	迦楼罗风格独特
		千佛镇南观梁村佛尔岩摩崖第3龛	唐代	
	南充市	高坪区青居山石窟灵迹寺大佛洞区灵K4、K5龛	晚唐	为大佛附龛,不早于唐开元八年
		顺庆区佛香寺1号龛	宋代	毁坏
		顺庆区石佛嘴摩崖A2龛	宋代	弥勒菩萨立像龛,摩竭鱼神,青苗五谷神(摩睺罗伽?),十二身
		顺庆区石佛嘴摩崖A3龛	宋代	弥勒菩萨立像龛,摩竭鱼神,十身
	蓬安县	桐桷寨摩崖造像第2号龛	唐代	
		桐桷寨摩崖造像第7号龛	唐代	
	仪陇县	西寺湾摩崖造像8龛	初唐	
广安地区	广安县	冲相寺K1龛	盛唐	
		冲相寺K23龛	隋代到初唐贞观时期	十身组合、摩竭鱼
		冲相寺K31龛	盛唐	
		冲相寺K43龛	盛唐	K43龛中有造像记,时代为永泰二年(766)
		冲相寺K47龛	约唐高宗时期	
		冲相寺K50龛	盛唐	有手持琵琶的形象
	岳池县	东岩寺摩崖石刻	唐代	
遂宁地区	安居区	梵慧寺第8号龛	唐代	三世佛
		梵慧寺第3号龛	唐代	摩竭鱼神
		大佛岩摩崖石刻	元至正乙未(1355)	在嘉陵江流域时代最晚
	大英县	地址不详摩崖窟龛	晚唐—五代	地址不详

（续表）

地区		窟龛	时间	备注
简阳地区	东溪镇	奎星阁摩崖造像第30号窟	宋代	佛道合龛,可做标本
	老龙乡	瓦房沟（大林）摩崖石刻第6号龛	中晚唐	
	董家埂乡	朝阳寺摩崖造像第4号龛	中晚唐	
		简阳朝阳寺承露池右上方窟龛	中晚唐	
	安乐乡	长岭山摩崖造像第2号窟	中晚唐,建中二年（781）	
资阳地区	安岳县	卧佛院北岩区3号卧佛龛	唐开元初	天部为老僧形象,涅槃变
		卧佛院月亮坪区菩萨崖第119号窟	晚唐五代	佛道合龛
		卧佛院南岩区D段68号龛	后蜀广政二十二年（959）	
		圆觉洞摩崖造像第23号龛	前蜀天汉元年（917）	佛道合龛
		千佛寨摩崖造像50、51龛	盛唐开元年间	
		玄妙观1号老君龛	盛唐,题记纪年（唐开元六年、天宝七载等）	佛道合龛（中国迄今最大、最繁复、雕刻人物最多的唐代老君龛）
		玄妙观6号龛		佛道合龛
		玄妙观10、16、17、18号龛		佛道合龛
		上大佛摩崖造像第1龛	盛唐	
		上大佛摩崖造像第4龛	盛唐	佛道合龛
		上大佛摩崖造像第6龛	盛唐,题记刻有"天宝十四载（755）"	涅槃变
		上大佛摩崖造像第7龛	盛唐	
		上大佛摩崖造像第16龛	盛唐	
		舍身岩摩崖造像第2龛	盛唐	
		舍身岩摩崖造像第12龛	盛唐,唐玄宗天宝前后（752—756）	佛道合龛
		舍身岩摩崖造像第13龛		
		高升乡千佛岩摩崖造像20号龛	中唐,长庆元年（821）至大和二年（828）	十二尊形制

(续表)

地区		窟龛	时间	备注
资阳地区	安岳县	安岳毗卢洞1号窟	宋代	护法守护碑
		安岳木鱼山摩崖造像	中晚唐	
	乐至县	石匣寺第16号龛	唐代	弥勒龛
		杨家湾摩崖造像	唐代	似乎缺阿修罗
		马锣睏佛寺摩崖石刻第27号龛	唐末宋初	弥勒龛
		龙门乡报国寺千佛岩	晚唐	已毁
眉山地区	丹棱县	郑山第51号龛	盛唐,天宝十三载(754)	释迦龛,明确八部众题记
		刘嘴第8号龛	盛唐,天宝十二载(753)	弥勒龛
		刘嘴第36、38号龛	中唐,八世纪中叶	
	仁寿县	望峨台摩崖造像	盛唐	已毁
		牛角寨摩崖造像D34号、D35号、D39号、D60号	唐天宝八载(749)、贞元十一年(795)题记	D34、D39为四佛龛
		龙桥乡白艮罐第3号龛	中唐	佛道合龛
		龙桥乡白艮罐第4号龛	中唐	佛道合龛
		渣口岩第6号龛	早于大历十一年(776)	
		渣口岩第8、10号龛		佛道合龛
		石佛沟第14号龛	唐代	
		千佛寺第4号龛	唐代	佛道合龛
		千佛寺第8号龛	唐代	
		大化镇杀人槽第11龛	约九世纪上半叶	佛道合龛
乐山地区	夹江县	千佛岩A区4龛	晚唐至五代	尊像众多
		千佛岩B区下部14龛	五代至宋初	尊像众多,二佛
		千佛岩像D区72龛	中唐	尊像众多,四佛,配菩萨坐骑为青狮、白象
		千佛岩像D区73龛	晚唐至五代	尊像众多,四佛,配菩萨坐骑为青狮、白象

（续表）

地区		窟龛	时间	备注
乐山地区	夹江县	千佛岩D区86龛	晚唐	华严三圣龛，八部众持物值得重视
		千佛岩D区88龛	晚唐	尊像众多，华严三圣龛，十大弟子，四大天王
		牛仙寺摩崖造像225号龛	晚唐，元和十五年（820）	题记明确载"八部龛"
		牛仙寺摩崖造像编号不明龛	晚唐至五代	三世佛龛
内江地区	资中县	重龙山第62龛	中唐，会昌法难（840—846）之前	
		重龙山第63龛	中唐	
		重龙山第93龛	中唐，会昌法难之前	华严三圣龛
		重龙山第113龛	晚唐，大中八年（854）之前	千手观音龛
	威远县	老君山石刻	晚唐五代	佛道合龛
	内江市区	圣水寺"释迦说法龛"	晚唐	释迦说法龛
		翔龙山摩崖造像千手观音龛	晚唐或宋代	千手观音二十八部众
自贡地区	荣县	窝棚湾第1龛	盛唐	大佛龛
		二佛寺第4龛	中晚唐	一佛、二垂一脚菩萨布局
		二佛寺第15龛	中晚唐	
		佛耳坝第4龛	中晚唐	
		小井沟造像2、5、15号龛	中晚唐	
		贡井千佛崖第15龛	初唐	
		贡井菩萨石第8龛	中晚唐	
泸州地区	泸县	玉蟾山摩崖造像第5龛	明代，本龛有"大明永乐二十二年（1424）"的造像题记	佛祖说法龛
宜宾地区	宜宾市岷江北岸旧州坝	大佛沱唐宋摩崖造像二躯神龛	晚唐或宋代	疑似阿修罗

（续表）

地　区		窟　龛	时　间	备　注
成都及以西地区	蒲江县	看灯山摩崖石刻6号龛	晚唐	八部众类安岳卧佛龛
		鸡公树山大石包第2号龛	唐代	
		鸡公树山漏米石第12号龛	唐代	
		飞仙阁第9号龛	初唐，唐永昌元年（689）	菩提瑞像龛，是四川省年代最早的菩提瑞像
		佛儿湾21号龛	唐代	
		佛儿湾27号龛	初唐，七世纪中叶八世纪初	
		尖山寺摩崖第4、9、27号龛	唐代	
		白岩寺摩崖石刻寺后山崖上第5号龛	中唐，八世纪末和九世纪	附龛，与南充市灵迹寺K4、K5龛形制相仿
		大佛寺摩崖第1号龛中的-5、-6、-19、-22号龛	唐代	附龛，与南充市灵迹寺K4、K5龛的形制相仿
		大佛寺摩崖第2号龛	唐代	
	邛崃	磐陀寺2号龛	中晚唐，唐宪宗元和十五年（820）	千佛龛
		花置寺摩崖造像8号龛	中唐，唐贞元十四年（798）	千佛龛，由原长安御赐敕上京章敬寺僧马采创刻
		石笋山5、7、9、12、14、24、32号龛	中唐，唐大历三年（768）	第24号龛造像持物有长柄斧、团扇、琴盒、长棒
		天宫寺31、43、44、49、50、53号龛	中晚唐	53号龛疑似有持笙迦楼罗
		鹤林寺一区5号龛	唐代	组合进大梵天、帝释天等
		鹤林寺二区2号龛	唐代	千手观音二十八部众
		鹤林寺第三区4号龛	唐代	乾闼婆和龙部造像类似阆中佛子岩石窟K1龛
		鹤林寺第三区10号龛	唐代	
重庆地区	合川区	涞滩石刻东寨门山王龛	晚唐五代时期	山王与天龙八部造像合龛
		龙多山摩崖石刻东下K19	晚唐至五代	
	潼南区	崇龛镇千佛寺摩崖造像第20号龛	唐代	道教龛的佛护法、摩竭鱼神王

(续表)

地区		窟龛	时间	备注
重庆地区	潼南区	崇龛镇千佛寺摩崖造像第36号龛	唐代	
		南家湾第9号龛	晚唐早段	三教合龛
		南家湾4号龛	中晚唐,元和四年(809)	
		新胜镇五硐岩1号龛	晚唐早段	佛道合龛
		新胜镇五硐岩2号龛	晚唐早段	
		新胜镇五硐岩3号龛	晚唐	
	大足区	大足石刻北山第51号龛	晚唐,光化二年(899)	搭配文殊青狮、普贤白象
		宝顶山珠始山"佛与八护法神"	宋代	疑似八部众
		南山第6号龛	时代不详,南宋后	佛道合龛疑似天龙八部
		大足法华寺石窟内天龙八部像	早于唐乾元元年(758)	四佛并坐龛,五十三佛
	忠县	临江岩第2龛	中晚唐	

注:唐代分期惯例沿袭唐代文学分期:初唐(618—704,高祖—武周),盛唐(705—763,开元—安史之乱),中唐(764—846,安史之乱—会昌灭佛),晚唐(847—907,会昌灭佛—唐亡)

  巴蜀地区天龙八部造像,时间跨隋、唐、五代、宋、元、明代。主要集中在初唐和盛唐,以盛唐时期最为繁荣,中晚唐和五代次之。最早约在隋代(或初唐),有广元皇泽寺28号窟,巴中西龛第21龛。最晚在泸县玉蟾山摩崖造像第5龛,龛内有"大明永乐二十二年(1424)"的造像题记。而遂宁安居区大佛岩摩崖石刻八部众造像,有"元至正乙未(1355)"纪年题记,在嘉陵江流域属时代最晚。宋代天龙八部造像有简阳奎星阁摩崖造像第30号佛道合龛,南充顺庆区佛香寺1号龛,顺庆区石佛嘴摩崖A2、A3龛,潼南万佛寺佛道合龛,和安岳毗卢洞1号窟的护法守护碑。诚如雷玉华所言,在宋朝以及此后的佛教石刻中,已经把各种天神天官都纳入表现题材,天龙八部也就渐渐淡出了。

  从时间分布上看,广元、巴中、达州、绵阳、阆中、广安等地的天龙八部造像集中在初唐和盛唐,而重庆、自贡、内江、乐山等地的则集中在中晚唐,其他地区的天龙八部造像一般跨越盛唐、中唐、晚唐等时段,少部分凿刻于宋、元、明代,如南充市顺庆区、遂宁市、合川区、大足区等地部分窟龛,因此,整体呈现出一种区域发展的规律性态势:由川东、川北起始,逐渐向川西、川中、川南发展。重庆地区在古代文化传播上存在一定的滞后,其中晚唐像龛中还流行着四川境内初盛唐时期常见的佛帐龛和天龙八部样式。当然,由于历史上损毁窟龛较多,窟龛断代仍旧见仁见智,所以本书不把上述现象作为最终结论。

第五节　巴蜀地区天龙八部造像的盛行原因与价值

一、巴蜀天龙八部造像的盛行原因

天龙八部造像在巴蜀为何会有如此之多？而且其时间大多在唐代，这意味着什么？

巴蜀天龙八部造像兴盛，究其原因有三：一是物质条件，巴蜀地区地质以砂岩地为主，方便造像施工；二是群众基础，巴蜀地区佛教文化兴盛，经济相对发达，民间佛事活跃，处于"真经至上"的修行氛围；三是历史机遇，巴蜀地区两度成为大唐皇族避难地，有深厚的唐王朝情结。

巴蜀佛事艺术早熟于魏晋南北朝时期。彼时（420—589），该地区属于南（刘宋、南齐、南梁和南陈）、北（北魏、东魏、西魏、北齐和北周）政权之间在长江上游冲突对峙的分界线，实际上也成了文化交融的前线，如广元这样的地方，南北朝时就不断在南北政权之间易手改名，南齐置东晋寿郡，北魏改西益州，梁改黎州，西魏改利州，北周沿袭未变。统治者的变化，对社会经济与文化有直接的影响。据雷玉华研究，南朝与西域间的官府往来要道在巴蜀，当北方战乱时，从西域与南朝之间的佛事往来，基本是形成"凉州——巴蜀——江东"的路线。所以，巴蜀地区造像直接受西域影响，并与南方联系紧密，是有地理文化根源的。[①]

唐代"安史之乱"（755—763）以后，大量的高僧、工匠、官员等随着金牛道、米仓道纷纷入蜀，以广元、巴中、安岳等窟龛为代表的"天龙八部"题材，流行于巴蜀各地，繁盛时间正好与之相对应。由于主要为达官贵人主导（如巴中南龛随玄宗入蜀的严武等），高级工匠施工，所以从建造规模和艺术水平来说，这个时期的佛教造像遵循仪轨，艺术水准上乘。唐朝晚期，黄巢起义（878—884），唐僖宗再次入蜀避难，僧侣、艺匠、官员（如巴中南龛随僖宗入蜀的张祎等）又一次将中原的造像风格与水准赋予巴蜀的佛窟寺。

值得一提的是成都的大圣慈寺，这是玄宗等特意关照的重要佛刹，在公元七世纪中叶扩建后成为佛教艺术宝库。据宋代黄休复《益州名画录》及范成大《成都古寺名笔记》等记载，该寺保存着数量惊人的壁画及造像。这些被苏轼誉为"精妙冠世"的艺术品，既对中原佛教文化的繁荣产生过深远影响，也直接成为成都周边石窟寺的典范，更成了高级艺匠的培训与实习基地。因此，在巴蜀出现石窟造像的高潮就不令人意外了。

而且，前蜀皇帝王建一直倾心于唐朝的文化传统，在唐朝灭亡后，巴蜀地区没有像中原其他地方那样洗刷唐文化的痕迹，相反，更多地保留着唐代的风尚，使得天龙八部这样的佛教造像样式一直在巴蜀地区延续。这也是中国天龙八部造像大量遗存于巴蜀的原因之一吧！

[①] 王茜：《南北朝和唐朝：四川历史上两次佛教造像高峰》，《华西都市报》2016-05-15。

至于天龙八部造像为何逐渐淡出雕塑技术成熟稳重的宋代，其实道理跟天龙八部造像在巴蜀开始流布一样，就是民间佛教信仰的兴趣转变。我们看到巴蜀天龙八部造像有很多是初唐雕刻的，这是由于敦煌等地流传的粉本和窟龛让广元等地的官员和百姓看到了新的修行观想的可能性。西域的洞窟在这里转化成了砂岩窟龛，二维的壁画和泥塑转化成了三维的石刻。因此，经变保留的佛经中天龙八部听法护法的相关内容就转化到石头上，成为有生命力的直观情境。这也印证，隋唐时期，人们拥有跟玄奘法师一样求经学法的热情，而且直接浸淫于经典原文之中。

而宋代，"不立文字，教外别传"的禅宗在巴蜀地区已经特别发达，人们对佛教的理解也就不同了。更重要的是，如果说唐代造像多为官员主导，宋代则主要是民间行为，佛教世俗化加剧，对"灵瑞"的期待，对教条的宣讲多于对佛教本意的探寻，因此，密宗乘机成为巴蜀佛教造像的重要因素，世俗人生准则、试炼故事、欲求偶像等取代了天龙八部的护持与诫勉。同时，佛教义理的学习探讨成为文人士大夫的功课，他们对开窟造像的热情逐渐淡去。

但宋明以降，巴蜀地区佛寺大兴，窟龛中的石刻终于得以走进庙宇，模仿早期西域窟龛的布局变成雕塑与壁画的搭配。在四川明代佛寺中，如蓬溪宝梵寺、平武报恩寺、资中甘露寺、剑阁觉苑寺、新繁龙藏寺等，人们在佛殿进门两侧壁开始创作天龙八部壁画，这是对古老西域佛教窟龛文化的礼敬，也是对唐代巴蜀窟龛艺术的回向。这些壁画融入了元代紧那罗王的理解，加入了道教雷神与金翅鸟的混合元素，与水陆画的格局更趋近。

很快，清朝世俗化的洪流彻底打破了佛教造像表现佛经的严整性，老百姓造神的热情远远大于学习并遵循经典的热情，天龙八部对于普通信众或僧侣而言都已经相当陌生了。

当然，上面论述回答了天龙八部造像在巴蜀流传盛衰的原因，却无法回答为何人们选定这一题材创作的原因。就此问题，笔者以为可以从两个角度思考。

一方面，经变的佛教艺术思维促成了天龙八部造像题材的出现。唐智顗说、湛然略《维摩经略疏》卷二曰："二释经文，就杂众为四：一、梵天众。二、释天众。三、八部众。四、四部众。"[1]可见法会或佛国的符号结构之一就是"八部众"。"图解"佛经时，一佛二弟子二菩萨二天王二力士加天龙八部就构成了较完整的法会现场，也符合众多佛经起始部分的记载。在具体操作时，依据洞窟大小、出资多少和要求，进行组合与取舍，就形成了多姿多彩的布局与风格。

另一方面，"礼忏"活动提升了天龙八部的重要性。佛教有"放下屠刀，立地成佛"的忏悔传统，并有忏仪传世。《梁皇宝忏》的产生，与梁武帝皇后变成蟒蛇（摩睺罗伽）并求助有关，经过礼忏后，摩睺罗伽的罪过得以昭彰，生命得以升华，无论是在生之人还是亡人皆得到心灵的解脱。人非草木，孰能无过，折射在佛教里正如天龙八部各部的生命属性。因此，在重视求经解法的唐代，人们对天龙八部的认识应该比其他任何时代都清晰。在唐代发展起来的诸多忏仪中有礼拜龙神八部的记载，通过这个行为，警醒自己天龙八部的罪

---

[1] 《大正藏》第38册，第581页下。

与福,不断修持,精进不辍。

二、巴蜀天龙八部造像的价值

第一,巴蜀天龙八部造像是珍贵而独特的历史文化遗产。系统化人形天龙八部造像并不是巴蜀地区所独有的造像题材,从敦煌莫高窟、榆林石窟的壁画到韩国、日本的历史文化遗存中均能看到其身影。

宋代王钦若等编修《册府元龟》卷五二《帝王部·崇释氏第二》记载:"永泰元年(765)九月,于京城资圣、西明两寺置百高座讲《仁王经》,内出二宝舆,中命有力者衣金甲舁出。又结彩为菩萨、神王及八部鬼神……"① 表明唐代北方寺院也应该存在过天龙八部。但就摩崖石刻造像而言,中国北方却罕见相关造像实物遗存。所以,巴蜀地区人形化天龙八部造(图)像就显得格外珍贵,成为一种承载历史与文化的独特文化遗产。

第二,巴蜀天龙八部造像是文化传播节点的古老化石。首先,就国内而言,敦煌莫高窟、榆林石窟的天龙八部图像与巴蜀天龙八部造像具有图像学的一致性,八部众每一尊神的形象特征和文化内涵都能呼应。同时,巴蜀窟龛中除天龙八部的其余造像,如佛、弟子、菩萨与金刚力士等,也与长安、洛阳一带的艺术特征相吻合。这些情况说明北方与巴蜀佛教文化的互动是积极和畅通的。

其次,就国际而言,日本三十三间堂持琵琶的摩睺罗伽与广安冲相寺的摩睺罗伽,韩国天龙八部造像的摩竭鱼神与巴蜀窟龛中的摩竭鱼神均有着奇妙的文化关联。显然,巴蜀天龙八部造像在时间上早于韩国与日本,在文化传播链条上处于上游,其间的传播影响的路径值得学界深入研究。

巴蜀天龙八部造像研究才刚刚起步,许多信息还需要进一步澄清。我坚信,巴蜀天龙八部造像是巴蜀的瑰宝,更是中国佛教艺术的骄傲,其研究一定会被学界重视起来。

幸甚至矣!世界天龙八部造像艺术在中国!中国天龙八部造像艺术在巴蜀!

---

① [北宋]王钦若等编:《册府元龟》第1册《帝王部》,中华书局,1960年,第576页。

后　记

所谓人生，因缘际会，随顺而已。

2013年，我和搭档杨小晋老师完成教育部社科项目，写成专著《梵相遗珍——四川明代佛寺壁画》一书。在解读明代佛寺壁画中的天龙八部图像时，我们突然意识到巴蜀地区天龙八部造（图）像的丰富珍贵。但国内相关研究才刚刚起步，而日本学者水野さや甚至比国人对此更富有热情，这不能不让人汗颜。我们是喝着巴蜀江河水、踏着巴蜀山川路的地道巴蜀人，荣耀她的历史，歌颂她的文化，融入她的历史血脉之中，是献祭给这片土地的最深沉的爱！于是，研究巴蜀地区天龙八部造（图）像的想法萌芽了，并有幸获批2015年度文化部文化艺术科学研究项目。

三年沉浸在巴蜀大地佛教美术文化之中，我们收获了诸多善缘情谊。

2016年菜花金黄的3月时节，中国国家博物馆研究员李翎老师带着我到巴中、广元石窟进行田野考察。李老师女汉子的生活作风、知性的学者风范给我留下了诸多教益和美好回忆。她关心我的研究工作，将著作《佛教与图像论稿》送给我，提示我夜叉、戴兽首冠者的最新研究成果。

西华师大历史文化学院著名学者蒋晓春、王雪梅也给予我无私的帮助。蒋晓春大哥将其还未出版的《嘉陵江流域石窟寺调查及研究》书稿发给我，为我们的研究工作提供了莫大的方便。

2018年6月至7月，西北大学艺术学院屈健院长和刘艳卿老师组织的国家艺术基金人才培养项目"'互联网+'艺术理论评论人才培养"开班。我跟随杨国栋、王江鹏老师和培训班25个同学从西安沿丝绸之路向西考察佛窟至龟兹。乐舞佛国，沧桑羁旅，收获了友情也充实了认知。

研究期间，我们带着研究生谭显珍、李春丽、谭斌考察广元、剑阁、绵阳、遂宁一线的石窟寺，带着谭斌、杨荞伊、黄博、贾曜宁考察南充石窟寺，一路吟诗访古，文化承继就这样在阳光明媚中催化着。这里要感谢陈玲同学，本书有几幅图片是由她处理的。

历劫保存较好者，大多居处僻野。我们每次田野考察，都会遇到淳朴善良的老乡带路，甚至用柴刀披荆斩棘开路。他们会讲那些破坏佛像遭报应的故事，大多所指名姓确凿。他们也希望通过我们呼吁，让其守望的古老文化遗存能得到政府部门的有效保护，让自己的奉献能有所回馈。

做一次研究是一次呕心沥血的战斗。我要吐槽一下，文化部项目经费为六万，在现今物价下，出版一本彩印书是困难的。为了让本书顺利付印，我们申请了西华师大英才科研基金和出版资金资助。所以真心感谢学校科研处、财务处和院校相关领导对课题组提供的热忱帮助。

做一次研究是一种徜徉书海史迹的成长，是一次真情真知的收获。我和杨小晋老师假期外出考察一般都带着儿子杨宬，希望他能参与我们的调研工作，伴着这些民族文化的瑰宝健康成长。

写书的过程中，我爱的人和爱我的人都付出很多，感恩遇见你们！感恩与你们同行！

故，巧把尘劳作佛事，随顺工作，随顺人生，随顺是记。

2019年2月19日夜于给孤独居

图书在版编目(CIP)数据

梵相遗珍：巴蜀天龙八部造(图)像研究/刘显成，
杨小晋著．—上海：上海古籍出版社，2021.11
ISBN 978-7-5732-0041-9

Ⅰ.①梵… Ⅱ.①刘…②杨… Ⅲ.①寺庙壁画-研究-巴蜀(历史地名)②佛像-造像-研究-巴蜀(历史地名) Ⅳ.①K879.414②K879.34

中国版本图书馆CIP数据核字(2021)第226910号

梵相遗珍：巴蜀天龙八部造（图）像研究
刘显成　杨小晋　著

出版发行　　上海古籍出版社出版发行
地　　址　　上海市闵行区号景路159弄A座5F
邮政编码　　201101
网　　址　　www.guji.com.cn
E-mail　　guji1@guji.com.cn
印　　刷　　上海颛辉印刷厂有限公司印刷
开　　本　　787×1092　1/16
印　　张　　19.75
插　　页　　12
字　　数　　432,000
版　　次　　2021年11月第1版　2021年11月第1次印刷
印　　数　　1—1,300
书　　号　　ISBN 978-7-5732-0041-9/B·1220
定　　价　　98.00元

如有质量问题，请与承印公司联系